Religiões na História do Brasil

Maria Cecilia Domezi

Religiões na História do Brasil

Dados Internacionais de Catalogação na Publicação (CIP)
(Câmara Brasileira do Livro, SP, Brasil)

Domezi, Maria Cecilia
  Religiões na história do Brasil / Maria Cecilia Domezi. – São Paulo : Paulinas, 2015. – (Coleção temas de religião)

  ISBN 978-85-356-3880-6

  1. Brasil - História 2. Brasil - Religião 3. Religiões I. Título.
  II. Série.

  15-00377   CDD-200.981

Índice para catálogo sistemático:

1. Religiões : Brasil   200.981

1ª edição – 2015

Direção-geral: *Bernadete Boff*
Editores responsáveis: *Roseane do Socorro Gomes Barbosa*
Afonso M. L. Soares
Copidesque: *Ana Cecilia Mari*
Coordenação de revisão: *Marina Mendonça*
Revisão: *Sandra Sinzato*
Gerente de produção: *Felício Calegaro Neto*
Projeto gráfico: *Manuel Rebelato Miramontes*
Diagramação: *Jéssica Diniz Souza*

Nenhuma parte desta obra poderá ser reproduzida ou transmitida por qualquer forma e/ou quaisquer meios (eletrônico ou mecânico, incluindo fotocópia e gravação) ou arquivada em qualquer sistema de banco de dados sem permissão escrita da Editora. Direitos reservados.

Paulinas
Rua Dona Inácia Uchoa, 62
04110-020 — São Paulo — SP (Brasil)
Tel.: (11) 2125-3500
http://www.paulinas.org.br
editora@paulinas.com.br
Telemarketing e SAC: 0800-7010081
© Pia Sociedade Filhas de São Paulo — São Paulo, 2015

Sumário

Apresentação 7

Primeira parte
Religiões na luso-cristandade

I. Religião dos povos nativos 17
II. Padrão da cristandade lusitana 39
III. Religião proibida 59
IV. Missão e colonização 81
V. Religião recriada 107

Segunda parte
Religiões no estado liberal e republicano

I. Cristianismos no Brasil imperial 129
II. Religiões e sociedade em mudança 155
III. Movimentos sociorreligiosos 179
IV. Política autoritária e cristianismo da libertação 203
V. Religiões no Brasil contemporâneo 225

Considerações finais 245
Fontes e referências bibliográficas 251

Apresentação

> *Muita religião, seu moço!*
> *Eu cá, não perco ocasião de religião.*
> *Aproveito de todas.*
> *Bebo água de todo rio...*
> Guimarães Rosa[1]

Aqui se apresenta uma busca de compreensão da trajetória religiosa que acompanha a História do Brasil. Será algo como percorrer uma viagem de volta ao passado, carregando bagagens do presente e mantendo perspectivas para o futuro. O caminho é todo desigual, com uma série de interrupções, pontes e pinguelas, atalhos, túneis e emaranhados de trilhas. Entre as inúmeras possibilidades de percurso, arriscamo-nos a algumas escolhas. Uma delas é ir mais longe, na direção da fascinante antiguidade dos aborígenes desta terra, também sintonizados com a antiguidade dos milhões de africanos trazidos para a escravidão. Outra possibilidade é a de nem sempre seguir a estrada mais larga, a das instituições oficiais, mas tomar também algumas trilhas alternativas.

Motivações para este exercício temos de sobra. Por exemplo, o imperativo de superarmos o triste paradoxo da persistência de fundamentalismos religiosos e intolerância diante de religiões diferentes, no mundo de complexa pluralidade cultural e religiosa em

---

[1] ROSA, João Guimarães. *Grande Sertão: veredas*. 19. ed. Rio de Janeiro: Nova Fronteira, 2001, p. 32.

que vivemos. Ou, positivamente, a rica possibilidade de provermos sentido para ações conjuntas pela justiça social e pela paz, somando o que está no âmago de cada religião ou caminho religioso.

A divisão do tempo em duas partes tem em conta a imposição da racionalidade iluminista e a mudança de estratégia econômica a partir dos ventos modernos. Primeiro vem o Brasil colonial, como cristandade de marca ibérica e bastante medieval, gerenciada através do padroado por um Portugal invicto como império colonizador e capitalista mercantil. Esta é a primeira parte. A segunda começa por volta de 1750, quando ainda vigora o regime colonial, mas já no palco de grandes transformações sociais. A cristandade é sacudida pelas reformas conduzidas pelo Marquês de Pombal, pautadas num iluminismo católico-burguês que objetiva submeter a Igreja Católica à razão do Estado. Segue-se o tempo do Império, da República Velha, da Nova República até chegarmos aos dias atuais.

Ao revisitarmos o Brasil colônia, deparamo-nos com o choque cultural entre os cristãos portugueses e as muitas etnias nativas, por eles vistas como "sem fé, nem rei, nem lei". Os Tupi, ao longo da costa, estão acabando de chegar por migrações movidas por seus mitos religiosos. Mas a sacralidade "outra" não é percebida pelos estrangeiros, que ressacralizam o território conquistado, com missa diante da cruz plantada, na perspectiva da totalização do império cristão. Começa a missão salvacionista embutida numa colonização violenta, escravista e predatória. Os jesuítas chegam meio século depois e junto com o primeiro governador-geral, em 1549. Passados sete anos do otimismo inicial, diante dos graves tropeços da missão, Nóbrega escreve o seu *Diálogo da conversão do gentio*, convencido de que o único método viável de cristianização dos nativos é o da sujeição e coerção.

Como uma parada temática para pensar nas reações dos submetidos à conversão por força, tratamos de alguns fatos e processos que chamamos de "religião proibida". É o que faz aparecer um pluralismo religioso desde o início, burlando a totalização da cristandade.

Nos séculos XVI e XVII há a rebeldia religiosa dos Tupinambá e de outros Tupi, chamada pelos europeus de "a santidade". Sua busca da *Ivy maran'ei*, que tem sido traduzida como "a Terra sem Mal", nos faz apelo à reflexão. Além disso, cristãos de outras Igrejas são perseguidos e condenados como hereges e como estrangeiros, mas instauram um protestantismo de invasão, notadamente em duas colônias de calvinistas. Primeiro a dos huguenotes franceses na Guanabara, com seu curto tempo de cinco anos; depois, a dos holandeses no Pernambuco que, em seus 24 anos de duração, praticou a tolerância e a liberdade de religião. Além disso, o Brasil recebe muitos "cristãos novos", judeus obrigados à conversão. Mas também muitos judeus assumidos praticam sua religião no interior das casas, sendo as mulheres suas maiores guardiãs e propagadoras.

No universo afro vemos o colorido dos cultos dos escravos que, em meio à tragédia da escravidão, tiveram todos os seus laços rompidos. Sua reverência aos nkices, eguns, voduns e orixás é guardada no universo santoral do catolicismo. Na brecha das irmandades e confrarias católicas, todas por divisão de cor, ocorre o quase milagre da criação de novos laços. Na Bahia fervilham os calundus e no Pernambuco os xangôs, enquanto os batuques soam por toda parte. Aos olhos dos brancos são só danças supersticiosas e gentílicas, mas logo serão percebidos como religião e, obviamente, combatidos. Enquanto isso, recompõe-se a identidade no espaço bem vigiado das festas católicas e os reisados aparecem como reconstrução da comunidade negra.

No entanto, precisamos viajar pelos percursos da missão cristã católica, que segue os ciclos e dinamismos da colonização e é submetida ao padroado régio. Os jesuítas têm seu projeto próprio e perdem a oportunidade de seguir a intuição de um segmento menor, que queria fazer missão pelas vias da pobreza, "sem granja nem escravos". A missão começa no litoral, entra na bacia do rio São

Francisco e vai para o Grão-Pará. Além dos jesuítas atuam franciscanos, carmelitas, beneditinos, mercedários. Também capuchinhos e oratorianos, mais à maneira de andarilhos junto da população dominada. O ciclo mineiro é *sui generis*, em meio à caótica situação do garimpo. Proibida a presença de missionários oficiais, só vemos ali padres seculares, mas a força da missão se deve aos muitos missionários leigos anônimos, mulheres e homens, beatos, eremitas, peregrinos e penitentes. No Sul e na fronteira entre as colônias portuguesa e espanhola, os sete povos Guarani missioneiros nos chamam a ver um percurso diferenciado, que termina massacrado pelo duplo poder colonial, apesar da resistência dos Guarani.

Fazemos outra parada para ver o leque das religiões afro-brasileiras, fruto de recriação da africanidade e de muitas trocas em terra estranha. É importante ir à Bahia, verdadeiro retrato do Brasil enegrecido. Ali há muitos escravos islamizados, liderando revoltas. E bem ao lado da igreja da Barroquinha, na periferia de Salvador, duas mulheres negras fundam o primeiro terreiro do Candomblé ketu. Mas também é indispensável passar pelo Maranhão e ver ali o *lócus* da gênese do Tambor de Mina.

Iniciamos a segunda parte com o intervencionismo do Estado português, na fase pombalina. Num extremo esforço para reerguer-se da queda financeira e sob pressão da Inglaterra da Revolução Industrial, a Corte portuguesa tenta nacionalizar a Igreja. Os jesuítas são expulsos, as reduções guaraníticas são destruídas e drásticas intervenções são feitas no espaço interno da Igreja Católica. Porém, longe de submeter-se à razão do Estado português, ela passa a alinhar-se fortemente com Roma. Na política, com a corte instalada no Rio de Janeiro, a descolonização começa com a abertura dos portos marítimos e a proclamação do Brasil como Reino Unido, em igualdade com Portugal. Mas também ocorrem revoltas populares, notadamente no Pernambuco, alvo de dura repressão. Aí estão Frei Caneca e outros líderes da Confederação do Equador.

No Brasil do Império, estabelece-se a tolerância religiosa, mas mantendo o catolicismo como religião de Estado. Eclode a questão religiosa, no conflito da Igreja com a maçonaria. Mas segue a reorganização da cristandade, em moldes do Concílio de Trento e no centralismo romano, deixando em prejuízo o catolicismo popular, com sua maneira heterodoxa. Importante contribuição nessa "romanização" é dada por imigrantes europeus católicos, inclusive através de congregações religiosas europeias.

Mas, com as ondas de imigração, também cresce muito a pluralidade social, ideológica e religiosa. O protestantismo de imigração, especialmente com os luteranos camponeses, vive a religião como espaço de identidade social, em meio à sociedade ainda submetida ao padroado. Chega também o protestantismo de missão, com o carisma dos agentes das sociedades bíblicas. A missão protestante, que vem dos Estados Unidos e é financiada por agentes norte-americanos, enfatiza a subjetividade e o pietismo. Também se vale dos anseios populares pelo acesso à Bíblia e por uma cultura religiosa mais liberal e menos autoritária.

Na República, sente-se a laicização da vida católica, desde o decreto de separação entre Igreja e Estado. A aliança entre governo e Igreja se põe numa cordialidade de conveniência, mas a Igreja se lança numa reconquista de territórios e ressacralização da sociedade. No clima populista do governo, a Igreja mostra sua força arregimentando multidões. Mas, ao impulso da *Rerum Novarum*, lentamente começa a abrir-se para as novas necessidades sociais.

Entretanto, na primeira década do século XX, o pentecostalismo é trazido dos Estados Unidos e se implanta de modo espontâneo, predisposto a adaptar-se à cultura popular brasileira. É ainda o pentecostalismo "clássico", austero, messiânico e pré-milenarista. Mas, passada a Segunda Guerra, chegam novas modalidades, que realçam a cura divina e inauguram o leque de denominações pós-milenaristas e autônomas. Também chega dos Estados Unidos, com uma origem ecumênica, a Renovação Carismática Católica, que começa a difundir-se fortemente.

Entre as novidades está também a umbanda, religião de vocação sincrética, imersa no fenômeno da crescente urbanização. Ela surge na oportunidade da penetração do espiritismo kardecista nas classes populares, em diversas direções e como síntese que vem de processos anteriores. Tem seu crescimento diferenciado, nas diversas regiões do país.

Mais uma parada temática se propõe, para pensar no significado dos movimentos sociorreligiosos que ocorrem no tempo da República Velha. O ambiente mais sentido é o do beatismo brasileiro, num catolicismo popular claramente alternativo aos padrões romanos oficiais. Padres se inserem neste ambiente e o legitimam, como Ibiapina e Cícero Romão Batista, ambos do Ceará. Esse fenômeno religioso de devoção e resistência contra a ordem social injusta tem muito a dizer em Juazeiro do Norte, Canudos, Ferrabraz e nas terras contestadas do Sul do país. Ali encontramos mulheres como a beata Maria de Araújo, a revivalista protestante popular Jacobina, as irmãs das Casas de Caridade do Nordeste, as virgens videntes dos monges populares do Contestado. Vemos a luta pela terra como busca religiosa, mas também como concretização histórica da Terra da Promissão, como é o caso de Belo Monte com o beato Antônio Conselheiro.

Continuamos o percurso e chegamos à encruzilhada do fechamento político no país, com a Igreja Católica numa aceleração eclesial. Vemos ali esforços do catolicismo social, influenciado por novas reflexões e práticas de segmentos católicos europeus, mas sem deixar de ser fortemente anticomunista. Com a liderança de Dom Helder Camara, os bispos brasileiros fundam seu colegiado, a CNBB, bastante oportuno a significativas mudanças de posicionamento da Igreja. Vemos uma efetiva e criativa participação dos bispos brasileiros no Concílio Vaticano II. Ao seu impulso de grande abertura, proliferam as experiências de renovação eclesial e pastoral.

O golpe militar desfechado em abril de 1964 ainda é bem-visto pelo episcopado brasileiro, que agradece à cúpula militar autoritária. Porém, o autoritarismo e a repressão desmedida logo atingem membros da própria Igreja, que muda de lado, fazendo-se parceira dos movimentos sociais e defensora dos direitos humanos. Esse posicionamento se reforça com a tradição eclesial latino-americana, nascida na Conferência Geral do Celam, em Medellín.

Partimos para uma trilha ecumênica, interligada por outras que levam ao diálogo inter-religioso, no percurso do cristianismo da libertação. A Teologia da Libertação está no fórum católico, mas também tem um ramo no protestantismo. Também entre as vítimas da violência do regime militar não há só católicos, mas também membros de outras Igrejas cristãs e de outras religiões. Assim, o cristianismo da libertação que se afirma no Brasil, embora sem inteiro aval das diversas Igrejas, ou até rechaçado por algumas delas, tem sua força numa postura macroecumênica e em organizações que a favoreçam.

A última etapa deste estudo se propõe como uma reflexão, na volta ao hoje da história. Mas, para uma compreensão dos dinamismos atuais que ocorrem no campo religioso brasileiro, são necessários ainda alguns recuos ao passado recente. Vemos uma grande diversificação religiosa, ao mesmo tempo em que o Brasil permanece quase todo cristão. Porém, o próprio cristianismo se vai diversificando e no seu interior também ocorrem mutações. Fervilham novas tendências culturais e religiosas e o movimento pentecostal se mantém bastante forte.

Ficamos com o desafio de preservar as identidades e somar forças no engajamento que objetiva uma sociedade fraterna. Para isto, teremos que romper o fechamento daquele conceito ocidental-medieval de religião que tem como única perspectiva a unidade tradicional da cristandade do Ocidente.

Primeira parte
Religiões na luso-cristandade

I
Religião dos povos nativos

Objetivos
- Convidar a entrar, o quanto possível, no universo humano, cultural e religioso dos povos nativos do extenso território que chamamos de Brasil, com atitude de respeito, diálogo e parceria.
- Introduzir uma discussão a respeito da "alteridade" desses povos em relação aos cristãos portugueses colonizadores que os submeteram.

Uma antiguidade plural e complexa

Já antes dos espanhóis, os portugueses lançaram-se "por mares nunca de antes navegados".[1] Começaram pela conquista de Ceuta em 1415, seguindo pelo litoral africano e pelas ilhas de Madeira, Açores, Cabo Verde e Cabo Bojador.

Em 1492, Colombo chegou às ilhas do Caribe, convicto de que seu grande feito era a descoberta de uma nova rota para as Índias. Mas ele descobriu a América, e o fez da parte da Espanha. Curiosamente, isso não perturbou Dom João II, o rei de Portugal, bem mais atraído pelo Extremo Oriente, com suas especiarias, pedras preciosas, sedas e porcelanas exóticas.

Menos de dois anos depois, Portugal e Espanha assinaram o Tratado de Tordesilhas, dividindo entre si, através de uma linha

---

[1] CAMÕES, Luiz de. *Os Lusíadas* [ed. escolar comentada pelo prof. Otoniel Mota]. 5. ed. São Paulo: Melhoramentos, s/d. A expressão citada é o terceiro verso da primeira estrofe.

imaginária, as terras descobertas e as que estavam por descobrir. A rota do Noroeste tocava aos espanhóis e a do Atlântico, o Sudeste, aos portugueses. Então, convinha a Portugal fazer a descoberta oficial e política da sua parte do Novo Mundo. A versão oficial diz que houve um acaso da Divina Providência, através de ventos que desviaram os navios da costa da África e os impeliram para muito longe, na direção Oeste. Provavelmente, não faltou uma instrução secreta ao capitão Pedro Álvares Cabral para fazer esse desvio na altura de Cabo Verde.[2]

Após uma viagem de 45 dias com uma frota de dez naus e três caravelas, ele aportou em Porto Seguro, na Bahia, mais propriamente em Santa Cruz Cabrália, em 22 de abril de 1500. Nesse pedacinho dos mais de três mil quilômetros de linha litorânea da terra que vieram conquistar, os portugueses encontraram um povo caçador-coletor. Assim como os espanhóis, inventaram o nativo como "índio", um ser genérico e estereotipado, selvagem, pagão e sem história.

No entanto, os povos autóctones tinham sua história e antiguidade. Formaram-se através de processos migratórios desde a África, origem comum da humanidade que conhecemos. Dentre as levas de descendentes dos primeiros grupos de *homo sapiens* que partiram em direção ao Extremo Oriente, uma rota de migração dirigiu-se para o Norte, onde alcançou a Beríngia, e dali a terra que se chamaria América.

O continente americano começou a ser povoado no final do período pleistoceno, ou seja, entre 1 milhão e 800 mil anos e 11.500 anos atrás, segundo o cálculo de tempo geológico. A parte que chamamos Brasil já contava com grupos humanos há mais de trinta mil anos, como mostra a datação de vestígios encontrados em sítios arqueológicos como os de Santa Elina, no Mato Grosso, e

---

[2] BIDEGÁIN, Ana Maria. *História dos cristãos na América Latina*. Petrópolis: Vozes, 1993, t. I, pp. 43-44. BASTIDE, Roger. *Brasil, terra de contrastes*. 4. ed. São Paulo: Difusão Europeia do Livro, 1971, p. 19.

Lapa Vermelha, em Minas Gerais. O ambiente era bem diferente do atual, com predomínio dos cerrados, temperaturas até 6 graus mais baixas, animais gigantes e a costa Sudeste e Sul avançando bem mais sobre o mar.[3]

Entretanto, descobertas revolucionárias vêm sendo feitas nos trezentos e cinquenta sítios arqueológicos da Serra da Capivara, município de São Raimundo Nonato, Estado do Piauí. Ali, Nième Guidon criou a Fundação Museu do Homem Americano em 1979. Em 1986, pinturas rupestres dali foram datadas de, aproximadamente, dezessete mil anos atrás. Está certo que já se encontrou arte rupestre noutros lugares do Brasil, como Lagoa Santa e Peruaçu, em Minas Gerais, e também em Pedra Pintada, na Paraíba. Mas a surpresa maior nesses sítios do Piauí foi a descoberta de artefatos produzidos por grupos humanos, datados de mais de 48 mil anos atrás. Em dezembro de 1991, o Parque Nacional da Serra da Capivara foi considerado pela Unesco (Organização das Nações Unidas para a Educação, a Ciência e a Cultura) patrimônio cultural e natural da humanidade.[4]

No entanto, estudos a partir de achados arqueológicos da região de Lagoa Santa, em Minas Gerais, revolucionaram as teorias a respeito do povoamento da América.

Entre 1834 e 1880, o naturalista dinamarquês Peter Wilhelm Lund, ao procurar plantas antigas ali em Lagoa Santa, recolheu ossos humanos, que levou ao Museu de História Natural de Copenhague ainda no século XIX. Para ali se dirigiu, um século depois, o bioantropólogo brasileiro Walter Neves, da Universidade de São Paulo. Em 1989, Neves e também Hector Pucciarelli, da Argentina, fizeram publicações com base em seus estudos da coleção de espécimes de Lund, nos quais mostraram que os mais antigos habitantes

---

[3] Ver: PROUS, André. *O Brasil antes dos brasileiros: a pré-história do nosso país*. 2. ed. revista. Rio de Janeiro: Jorge Zahar Editora, 2006.

[4] GUIDON, Nième. As ocupações pré-históricas do Brasil. In: CUNHA, Manoela Carneiro (Org.). *História dos índios do Brasil*. São Paulo: Companhia das Letras, 1998.

do continente americano tinham traços negroides, parecendo-se muito mais com australianos e africanos. Neves pôde confirmar sua teoria ao estudar o crânio de uma ancestral que os cientistas chamaram de "Luzia", quando finalmente conseguiu ter acesso aos esqueletos de Lagoa Santa, em meados da década de 1990.[5]

Esse crânio e uma parte do esqueleto da mesma ancestral haviam sido encontrados em 1974 e 1975, durante o período de ditadura militar no Brasil, pela missão arqueológica franco-brasileira coordenada por Annette Laming-Emperaire. Ela faleceu subitamente em 1977, deixando a missão prematuramente encerrada. Desenterrado de 13 metros de profundidade no sítio arqueológico de Lapa Vermelha, em Lagoa Santa, esse exemplar feminino de *homo sapiens* era, então, o mais antigo já encontrado no continente americano. O nome "Luzia" foi dado por analogia à famosa *Lucy*, espécime quase completo de *australopitecus afarensis*, encontrado na África, também em 1974. "Luzia" foi uma mulher de pouco mais de 20 anos de idade, deixada morta nos fundos de uma caverna há cerca de 11.500 anos.[6]

A constatação dos traços negroides desmentia a teoria de que os antigos habitantes do continente americano teriam sido somente os antepassados dos indígenas atuais. Conclusões similares vieram da reconstituição da face de "Luzia", feita com tecnologia avançada por Richard Neave, da Universidade de Manchester.

O testemunho das pinturas rupestres não é facilmente entendido por nós. No Brasil encontramos muitas delas, com grande diversidade de formas, estilos e técnicas, desde o arranhado até aos desenhos esculpidos. Mas também ocorre repetição de um mesmo

---

[5] Ver a entrevista concedida por Walter Neves a Marcos Pivetta e Ricardo Zorzetto: Walter Neves, o pai de Luzia. *Pesquisa FAPESP*, ed. 195, maio 2012.

[6] Ver: NETO, Verlan V. G.; SANTOS, Ricardo V. A cor dos ossos: narrativas científicas e apropriações culturais sobre "Luzia", um crânio pré-histórico do Brasil. *Mana*, Rio de Janeiro, v. 15, n. 2, out. 2009. Também revista *Veja*, semana de 25 ago. 1999.

estilo, fazendo com que pensemos em deslocamentos de um mesmo grupo. O que nos parecem ser temas mais comuns são a dança, as práticas sexuais, a caça e rituais em torno de uma árvore.[7]

Entretanto, outra descoberta mais recente se deu no México, em 2007, abrindo a oportunidade para novos estudos. Trata-se de um esqueleto de doze a treze mil anos de antiguidade, o mais intato geneticamente dentre os já encontrados no continente americano. Achado numa caverna inundada, no sítio arqueológico de Hoyo Negro, Península de Yucatán, recebeu dos cientistas o nome de "Naia", que teria sido uma jovem morta por uma queda, com a idade de 15 a 16 anos.[8]

Na região de Lagoa Santa, no Brasil, os habitantes mais primitivos sobreviveram até cerca de 9.500 anos. Os esqueletos datados a partir de oito mil a sete mil anos atrás têm uma morfologia de traços mongóis, semelhante à dos indígenas que os europeus encontraram no século XVI e que nós conhecemos. No entanto, evidenciam-se grandes diferenças entre os seus grupos, por exemplo, no modo de sepultar os mortos, na forma de trabalhar a pedra e na fabricação de instrumentos.[9]

Já eram mongolizadas também as populações dos sambaquis, mas com crânios mais largos que os da população de Lagoa Santa. Esses sambaquis constituem importantes sítios arqueológicos. Trata-se de acúmulos de valvas de mariscos em plataformas, sobre as quais grupos humanos caçadores e pescadores instalavam suas residências e sepultavam seus mortos. Através de escavação, constatou-se que no sambaqui de Jabuticaba II, Santa Catarina, foram sepultadas mais de 43 mil pessoas. Apesar da sistemática destruição

---

[7] PREZIA, Benedito; HOORNAERT, Eduardo. *Brasil indígena: 500 anos de resistência*. São Paulo: FTD, 2000, p. 27.
[8] Instituto Nacional de Antropologia e História (INAH)/Notícias, n. 161, 15 maio 2014.
[9] PROUS, op. cit.

de sambaquis das praias brasileiras, temos ainda os das baías de Guanabara, Iguape, Paranaguá, Joinville e Laguna.[10]

A Amazônia brasileira foi povoada por grupos de diversas tradições culturais, que iam chegando das regiões do Peru e da Colômbia e falavam principalmente as línguas tupi e aruak. Mais tarde, chegaram grupos de língua karib, pano e yanomami, e também de outras línguas, com outras tradições culturais. Provavelmente a região constituía um grande corredor migratório, chegando ali influências de povos da região andina e do Caribe. As relíquias arqueológicas deixadas em alguns sambaquis atestam que, no Baixo Amazonas brasileiro, há cerca de onze mil anos já se fabricavam objetos de cerâmica.[11]

Ali na região amazônica, ao menos duas culturas alcançaram um avançado desenvolvimento: a Marajoara e a de Santarém.

Os mais antigos habitantes da Ilha do Marajó deixaram relíquias de uma cerâmica simples e ornamental, datada de cerca de 3.500 anos atrás. Mais de mil anos depois ali chegaram outros povos, que eram agricultores e possuíam uma cerâmica mais elaborada. Por volta do ano 400 d.C. começou a fase propriamente *marajoara* dessa cultura, com a confecção de objetos mais artísticos e coloridos, desenhos geométricos em preto, branco e vermelho, e vasos adornados com faces humanas estilizadas, que eram utilizados como urnas funerárias. Os marajoaras deixaram estatuetas de divindades e sepulturas na forma de aterros altos à beira dos rios. Não sabemos a causa do seu declínio e desaparecimento, mas outros achados arqueológicos evidenciam a ocupação da região por outro grupo mais guerreiro e de cultura material mais simples; além disso, a agricultura era dificultada pelas constantes inundações na ilha.[12]

---

[10] Ibid.

[11] PREZIA; HOORNAERT, op. cit., pp. 10-97, 45.

[12] Ibid., pp. 33-34.

A cultura de Santarém, com centro na atual cidade paraense de Santarém, surgiu coincidentemente no início da era cristã e estabeleceu-se ao longo dos rios Tapajós e Curuá Una. Ali ficaram mais conhecidos os Tapajó, ceramistas destacados e famosos como guerreiros. Pelo fato de também as mulheres serem guerreiras, pode ter-se originado a lenda das amazonas. Gaspar de Carvajal, por exemplo, descreveu-as "lutando à frente dos homens como mulheres capitoas", com tal destemor que "os homens indígenas não ousavam dar-lhes as costas...".[13]

No entanto, para sabermos a respeito desses grupos humanos e de suas culturas são imprescindíveis os estudos arqueológicos, que se vêm desenvolvendo desde o século XIX, especialmente nessa região da confluência dos rios Tapajós e Amazonas. As informações que ficaram registradas nos dois séculos anteriores são quase sempre de missionários e indivíduos ligados à administração colonial, que fizeram breves descrições de festas, ritos religiosos, guerras e diversos aspectos da vida cotidiana nas aldeias. Essas fontes, escritas sob uma ótima eurocêntrica que camuflava as pretensões dos colonizadores de explorar economicamente os recursos naturais e escravizar os nativos, vêm sendo tomadas atualmente com rigor metodológico e na confrontação com os dados arqueológicos.[14]

É impossível um levantamento exato dos habitantes que, no alvorecer do século XVI, povoavam o território que viria a ser o Brasil.[15] Eram mais de mil povos com sua grande diversidade e também

---

[13] A respeito das crônicas de Frei Gaspar de Carvajal, pode-se ler: PORRO, Antônio. *As crônicas do Rio Amazonas*. Petrópolis: Vozes, 1993. Também: GIUCCI, Guillermo. *Frei Gaspar de Carvajal*. São Paulo: Scritta, 1992. A "lenda das amazonas" está em: CONDAMINE, Charles-Marie de. *Viagem na América Meridional descendo o rio das Amazonas (1743-1744)*. Brasília: Senado Federal, 2000, v. I e II.

[14] Para saber mais dessas fontes, pode-se ler: MARTINS, Cristiane. Sobre contatos e fronteiras: um enfoque arqueológico. *Amazônica – Revista de Antropologia*, v. 4, n. 1, 2012. Também é oportuno ler: FAUSTO, Carlos. *Os índios antes do Brasil: descobrindo o Brasil*. Rio de Janeiro: Jorge Zahar Ed., 2000.

[15] Temos deficiência de estatísticas; além disso, os estudos demográficos a respeito dos povos indígenas do Brasil têm uma grande diversificação em suas vertentes

parentescos. A população toda, que ultrapassava 3 milhões de indivíduos, poderia chegar a 5 milhões. A dizimação foi tamanha que os números da atualidade nos assustam. Em 2010 havia em todo o Brasil 305 povos ou etnias indígenas, perfazendo um total de 896, 9 mil pessoas, das quais 63,8 por cento viviam em áreas rurais e 36,2 por cento em áreas urbanas. Os idiomas falados somavam 274. E as terras indígenas correspondiam a 12,5 por cento do território nacional.[16]

Como afirma Agnolim, "os indígenas brasileiros de hoje são poucos, quase sempre pobres, pilhados nos seus direitos e nas suas terras", enquanto na "triste esquizofrenia brasileira" não se reconhecem os traços da mestiçagem com os indígenas e africanos. Porém, "somos tão índios quanto europeus ou africanos, seja no DNA, seja nos traços fisionômicos, seja na cultura, seja na memória, seja, enfim, no imaginário".[17]

Ao aportar em 1500, os portugueses encontraram povos Tupi. Alfred Métraux afirma que ainda eram recentes as ondas migratórias dos povos Tupi para o litoral. Movidos por uma vivência religiosa, eles teriam passado a deslocar-se de um centro comum de origem, ocupando praticamente toda a costa do Atlântico, enquanto obrigavam a retirar-se para o interior os povos do tronco Jê. Pelo fato de alguns grupos Jê ainda permanecerem na região do litoral, e

---

teóricas e metodológicas. Nas décadas de 1940 e 1950 passou a predominar uma vertente analítica, histórica e etnológica, que levava em conta as repercussões da sociedade nacional envolvente. Os estudos mais recentes tendem a buscar a complexa relação entre modelos culturais e padrões demográficos. Ver: PAGLIARO, H.; AZEVEDO, M. M.; SANTOS, R. V. (Org.). *Demografia dos povos indígenas no Brasil*. Rio de Janeiro: Editora Fiocruz/Abesp, 2005.

[16] IBGE, Censo 2010.

[17] AGNOLIM, Adone. *Jesuítas e selvagens: a negociação da fé no encontro catequético-ritual americano-tupi (séc. XVI-XVII)*. São Paulo: Humanitas/FAPESP, 2007 (prefácio, p. 9).

o fenômeno migratório continuaria até a segunda metade do século XVI, conservou-se um estado de guerra.[18]

Entre as evidências das recentes migrações desses grupos para o litoral estavam suas tradições de nomadismo, na transição para uma incipiente atividade agrícola, que era exercida pelas mulheres. Geralmente eles dormiam no chão, sobre palha ou pele de animal, mas alguns dormiam em rede feita de casca de árvore, como os Puri. Suas moradias costumavam ser rudimentares, ou simplesmente abrigos provisórios. Os Pataxó, os Puri e os Borun, por exemplo, as construíam com folhas de palmeira. Ainda hoje a moradia dos Nambikuara e dos Maxacali consiste em acampamentos provisórios. Pode-se também constatar que os Kayapó e os Timbira constroem suas aldeias em forma circular e os Xavante em forma de meia-lua.[19]

Geralmente os povos do Leste e do Sudeste tinham aldeias grandes, chegando a cerca de seiscentas pessoas, que viviam em cinco ou seis grandes casas na forma oval, feitas com folhas de palmeira. Era comum construírem-nas em círculo, com um pátio central. Em cada casa havia um líder com seus parentes, cujas famílias se instalavam em cada canto, com fogueira e redes, sem divisória interna que as separasse. Esses povos, guerreiros e andarilhos, eram bastante amorosos com os filhos e nunca os repreendiam ou castigavam.[20]

Caminha, em sua carta ao rei, noticiou que os degredados mandados pelo capitão a sondar os nativos viram, distante uma légua e meia da praia, uma povoação de nove ou dez casas, compridas como a nau capitânia, sem repartição interna, feitas de tábuas e cobertas de palha. Cada moradia tinha duas portas pequenas e abrigava trinta ou quarenta pessoas. Em seu interior havia muitos

---

[18] MÉTRAUX, Alfred. *A religião dos Tupinambás*. 2. ed. São Paulo: Companhia Editora Nacional, 1979.

[19] PREZIA; HOORNAERT, op. cit., pp. 46-48, 54.

[20] PREZIA, Benedito. *Indígenas do Leste do Brasil: destruição e resistência*. São Paulo: Paulinas, 2004, v. 2. pp. 23-24.

esteios onde se prendiam redes para dormir, e debaixo delas os nativos faziam fogo para se aquecer.[21]

Os portugueses, que logo se depararam também com outros grupos de nativos bastante diferentes, construíram uma classificação no antagonismo Tupi-Tapuia. Os Tupi, geralmente "índios mansos", eram os que viviam ao longo do litoral, enquanto os "índios brabos", os Tapuia, viviam nas regiões serranas e nas matas.

Geralmente os pesquisadores têm entendido os indígenas do Brasil em quatro grandes grupos linguísticos: Arawak, Karib, Macro-Tupi e Macro-Jê. No Macro-Tupi, o mais conhecido é o grupo Tupi-Guarani.[22] A tendência dos estudos, nas últimas décadas, é a de considerar não somente a grande diversidade étnica, mas também os processos históricos dos diferentes grupos indígenas, especialmente a partir da colonização europeia.

Obviamente, dados os processos históricos desses grupos nativos, bem como as trocas culturais e os conflitos entre diferentes grupos, mesmo antes da colonização europeia, não se pode falar de modos de vida estáticos e imutáveis. Entretanto, de maneira geral, podemos pensar que o seu mundo era completamente diferente do padrão da civilização europeia ocidental.

Os que chegaram da Europa Ocidental, com o olhar condicionado pela perspectiva monoculturalista e a mentalidade marcada pelo exclusivismo cristão, entenderam como barbárie esse mundo que lhes era estranho. No entanto, tratava-se de uma "alteridade". Ali estavam povos diferentes e com diferentes cosmovisões. Eles tinham suas tradições antigas e viviam integrados na natureza,

---

[21] CASTRO, Silvio. *A Carta de Pero Vaz de Caminha: o descobrimento do Brasil.* Porto Alegre: L&PM/História, 1985.

[22] Esta classificação é seguida, por exemplo, por URBAN, Greg. A história da cultura indígena segundo as línguas nativas. In: CUNHA, Manuela C. da (Org.). *História dos índios no Brasil.* São Paulo: Companhia das Letras/Secretaria Municipal da Cultura/Fapesp, 1998, pp. 90-91. Podem-se ver as diferentes línguas em: PREZIA; HOORNAERT, op. cit., pp. 230-239.

como pessoas humanas participantes da interligação de todos os seres, animados ou inanimados, no jogo das influências recíprocas, benéficas ou maléficas.[23]

Sem fé, nem rei e nem lei

A visão dos portugueses acerca dos nativos do Brasil está num documento que foi lido na corte de Portugal, em 4 de agosto de 1502, sendo aprovado pelo rei e seu conselho: "Os habitantes desse mundo não têm fé, nem religião, nem idolatria, nem conhecimento algum do seu Criador, nem estão sujeitos a leis ou a qualquer domínio, mas apenas ao conselho dos velhos...". Joaquim Fernandes, um tabelião público de Lisboa, produziu esse documento juntando as informações da Carta de Caminha e os relatos de Américo Vespúcio. E registrou-o em seu cartório.[24]

O que está no relato de Américo Vespúcio é considerado a primeira fonte: "Não têm lei nem fé nenhuma, vivem segundo natureza [...] não têm rei, nem obedecem a ninguém".[25] A partir de então, entre os escritores circularam relatos e polêmicas, como ocorreu entre Thevet e Léry. André Thevet era religioso franciscano e cosmógrafo; Jean de Léry era pastor e missionário da Igreja Reformada de Genebra, além de escritor. Ambos, que conheciam bem a obra um do outro, influenciaram outros autores, de modo que se tornou praxe entre os colonizadores a afirmação de que faltavam aos "índios" três letras do alfabeto, exatamente f, r, l, pois não tinham fé, nem rei e nem lei.

---

[23] AZZI. *Razão e fé: o discurso da dominação colonial.* São Paulo: Paulinas, 2001, pp. 18-19.
[24] SOUZA, T. O. Marcondes de. *O descobrimento do Brasil.* 2. ed. São Paulo: Michalany, 1956, pp. 140-141.
[25] VESPUCCI, Amerigo. Nota d'una lettera venuta d'Amerigo Vespucci a Lorenzo di Piero Francesco de' Medici l'anno 1502 da Lisbona della loro tornata delle nuove terre... In: GASBARRO, Nicola (Org.). *1492: ... apparve la terra.* Milano: Giuffré, 1992, p. 124.

Nos escritos de viajantes é frequente essa afirmação, já que sua hermenêutica caracterizava como ausência o que não podia ser identificado a partir dos padrões europeus, como a presença de ídolos, sacerdotes, templos.[26] O padre jesuíta Manuel da Nóbrega afirmou categoricamente, em 1549, que "esta gentilidade a nenhuma coisa adora". Thevet, ao regressar da experiência na França Antártica, assim a descreveu em 1558: "... esta região era e ainda é habitada por estranhíssimos povos selvagens sem fé, lei, religião e nem civilização alguma, vivendo antes como animais irracionais...".[27] A mesma caracterização foi feita em 1570 por Pero de Magalhães Gandavo, escandalizado por não ver autoridade coercitiva em seu modo de sociedade tribal:

> Esta gente não tem entre si nenhum rei, nem outro gênero de justiça senão um principal em cada aldeia, que é como capitão, a quem obedecem por vontade, e não por força. Quando este morre fica o seu filho no mesmo lugar por sucessão, e não serve doutra coisa sendo de ir com eles à guerra, e aconselhá-los como se hão de haver na peleja; mas não castiga erros nem manda sobre eles coisa alguma contra sua vontade.[28]

Interessante é o relato do Padre Fernão Cardim, em 1625:

> ... não têm adoração nenhuma, nem cerimônias, ou culto divino, mas sabem que têm alma e que esta não morre [...] e têm grande medo do demônio, ao qual chamam de Curupira, Taguaigba, Macachera, Anhangá [...] Não têm nome próprio com que expliquem a Deus, mas dizem que Tupã é o que faz os trovões e relâmpagos,

---

[26] POMPA, Cristina. Profetas e santidades selvagens: missionários e caraíbas no Brasil Colonial. *Revista Brasileira de História*, São Paulo, v. 21, n. 40, 2001.

[27] NÓBREGA, Manuel da, sj. Informação das Terras do Brasil. In: LEITE, Serafim. *Cartas dos primeiros jesuítas no Brasil (1538-1553)*. São Paulo: Comissão do IV Centenário da Cidade de São Paulo, 1954. v. I. p. 150; THEVET, André. *As singularidades da França Antártica*. São Paulo/Belo Horizonte: EDUSP: Itatiaia, 1978, p. 98.

[28] GANDAVO, Pero de Magalhães. *Tratado da Terra do Brasil: história da província de Santa Cruz*. Belo Horizonte: Itatiaia, 1980, p. 124.

e que este é o que lhes deu as enxadas e mantimentos, e por não terem outro nome mais próprio e natural, chamam a Deus Tupã.[29]

Por sua vez, Nóbrega escreveu: "... só ao trovão chamam Tupana, que é como quem diz coisa divina. Assim, não temos outro vocábulo mais conveniente para trazê-los ao conhecimento de Deus do que chamá-lo Pai Tupana".[30]

A necessidade que tinham os europeus de atribuir "crenças" aos nativos, mesmo as que a seu ver seriam vagas ou errôneas, obedecia a uma exigência cultural de "ler" o outro e traduzi-lo em seus próprios termos, como também traduzir o "eu" para o "outro". Por isso, nos escritos de Nóbrega e Cardim fica evidente que os jesuítas construíram o "deus Tupã" para, a partir dele, elaborar o seu projeto catequético.[31]

Não só os jesuítas, mas os colonizadores cristãos de maneira geral se empenharam em fazer uma reelaboração cristã ocidental desse universo estranho com o qual se depararam, motivados por uma vocação primária, a escatológica e providencialista.[32]

É preciso desvendar isso para mantermos o foco no modo "outro" dos nativos e também considerarmos suas longas trajetórias históricas, com etapas bastante complexas. Como observa Suess, cada grupo cultural se afirmou após milênios de elaboração e amadurecimento humano. Resultaram múltiplas culturas, cada qual com seu mundo construído e sempre em construção. Amadureceram formas específicas de invocar a proteção de seres sobrenaturais e de conviver em paz com eles, o que incidiu em convicções

---

[29] CARDIM, Pe. Fernão. *Tratados da terra e da gente do Brasil*. São Paulo: Companhia Editora Nacional, 1978, p. 102.

[30] NÓBREGA, op. cit., p. 150.

[31] POMPA, M. Cristina. *Religião como tradução: missionários, Tupi e "Tapuia" no Brasil Colonial*. (Tese de Doutorado). Campinas, SP: Universidade Estadual de Campinas, 2001, pp. 31 e 35. Esta tese está publicada: Id. *Religião como tradução*. São Paulo: EDUSC, 2003.

[32] MAZZOLENI, Gilberto. *Maghi e Messia del Brasile*. Roma: Bulzoni, 1993, p. 103.

profundas, signos e significados, comportamentos. À semelhança de uma canoa, construída para atravessar o rio, eles construíram o seu modo religioso, para atravessar o tempo e a história e viajar até o além.[33]

Essa construção chegou a elaborações religiosas mais complexas, como hoje se pode ver, por exemplo, nos povos Borun, Wayana e Aparaí.[34]

O povo Borun, também conhecido como Botocudo, Guerén, Aimoré, era uma grande nação e ocupou parte da região Leste do Brasil. Porém, devido às violências dos colonizadores, após a integração dos Tupinikim no sul da Bahia, esse povo saiu do sertão em grandes levas, indo para o litoral, onde passou a atacar engenhos e vilas.

É crença dos Borun que cada pessoa adulta possui vários *nakandyún* (almas ou espíritos) que podem chegar a seis, mas apenas um ocupa o corpo, enquanto os demais ficam ao redor dele. Quando a pessoa dorme, o *nakandyún* abandona temporariamente o corpo e atua independentemente dele, mas tem que voltar logo, pois senão a pessoa vai adoecer. E quando uma pessoa morre, os ossos do cadáver formam o *nandyón* (fantasma), que mora no *kiyém parádn*, um lugar situado debaixo da terra e iluminado pelo sol quando aqui na terra é noite. Ali os fantasmas têm vida semelhante aos deste mundo e são vigiados pelos *Marét* (seres superiores) para não virem a este mundo, mas, se aparecerem aos vivos, é preciso enfrentá-los corajosamente, surrando-os ou matando-os, para não ser morto por eles. Já o *Tarú* (céu) abriga os *Tokón*, que são espíritos invisíveis às pessoas comuns, mas alguns seres, como os *Marét*, podem vê-los e comunicar-se com eles. Os *Marét*, entre os quais há homens, mulheres e crianças, vivem no céu em grande felicidade e abundância,

---

[33] SUESS, Paulo. *Evangelizar a partir dos projetos históricos dos outros: ensaio de missiologia*. São Paulo: Paulus, 1995, p. 23.

[34] Segundo Prezia e Hoornaert, op. cit., pp. 48-51, 83.

sem precisar trabalhar. Entre eles não há doença ou morte. Eles são bondosos e sempre dispostos a ajudar os seres humanos.

A crença dos Wayana e dos Aparaí, que são povos da floresta, diz que o ser humano é animado pelo *akwari*, um princípio espiritual. Quando a pessoa morre, o *akwari* se subdivide, e uma parte, o *akwarimpé*, permanece nas proximidades da residência da pessoa falecida e pode ser nociva aos parentes vivos. Por isso, geralmente eles abandonam a aldeia onde ocorreu um falecimento, principalmente se o morto foi um pajé ou outra pessoa importante. Conforme sua crença, também os animais e as plantas têm um princípio vital geralmente nocivo. Além disso, cada espécie animal também tem o seu *yum*, um espírito coletivo e pai da espécie, que interfere na sua reprodução. Os ritos antes da caçada são dirigidos a esses espíritos.[35]

Esses dois povos mantêm o xamanismo como um espaço importante, apesar do número reduzido dos seus pajés. Quando da chegada dos portugueses havia ao menos um pajé para cada aldeia. Eles atribuíam quase todas as doenças e mortes a feitiços de pajés e, quando um espírito entrava no corpo de alguém, só podia ser retirado por cura xamanística.

Aliás, o xamanismo dos povos da terra do Brasil, chamado pajelança, é a base da sua religião. Diferentemente do xamanismo típico latino-americano, que intensifica o emprego de ervas alucinógenas, é mais parecido com o xamanismo asiático originário. Pode-se ver, por exemplo, que os povos Tupi-Guarani, com características mais conservadas dos mongóis siberianos, têm pajés muito semelhantes aos xamãs siberianos. Seus pajés, homens ou mulheres, fazem a viagem ao mundo dos espíritos da natureza através do exercício do transe extático. Apossam-se dos espíritos, fazem curas, dirigem preces, aconselham. Às vezes, acreditando que a enfermidade foi causada porque a alma do enfermo o abandonou, saem em busca

---

[35] Ibid., p. 83.

dessa alma e a fazem retornar ao corpo da pessoa doente para, assim, restituir-lhe a saúde.[36]

Também no que se classificou como tronco Macro-Jê pode-se ver o caso dos Bororo, com a centralidade do bari, que é o pajé dos espíritos. Respeitado e temido por toda a comunidade, o bari conhece os segredos da natureza. Cura as doenças, acompanha as caçadas rituais e benze a caça, afasta os maus espíritos, prevê o futuro.[37]

Os pajés foram vistos como demônios perigosos pelos missionários e colonizadores em geral, que os combateram. E as práticas antropofágicas, vistas como pura violência e barbárie, foram reprimidas com uma violência muito maior. Para citarmos um caso, Mem de Sá, o primeiro governador-geral do Brasil colonial, matou mais nativos nos catorze anos do seu mandato do que a festa antropofágica dos Tupi durante todo o século XVI.[38]

A festa antropofágica era usual entre os Carijó-Guarani da Lagoa dos Patos, os Aimoré do sul da Bahia, os Tupiniquim e Tupinambá de São Vicente. Alguns estudiosos a têm visto no contexto do caráter guerreiro da sociedade Tupi. Já no rito de iniciação o jovem fazia a quebra do crânio de um "contrário" e ganhava um novo nome, pois, para ser homem completo, havia de ser guerreiro. Essa tradição, longe de ser vingança como expressão de ódio pessoal, objetivava a afirmação da identidade ritualizando a diferença. Incluía a cumplicidade com os contrários, o bom trato com o prisioneiro e a compreensão dessa morte ritual como honrosa. E em

---

[36] PIAZZA, Waldomiro. *Religiões da humanidade*. São Paulo: Loyola, 1996, p. 39.

[37] PREZIA; HOORNAERT, op. cit., p. 68.

[38] SUESS, Paulo. A catequese nos primórdios do Brasil. In: VV.AA. *Conversão dos cativos: povos indígenas e missão jesuítica*. São Bernardo do Campo: Nhanduti Editora, 2009, pp. 22-23.

respeito ao prisioneiro que matara, o novo guerreiro recolhia-se e não participava da festa antropofágica.[39]

Portanto, a antropofagia ritual não era um mero canibalismo nem uma refeição comum. Ela só se realizava após um combate ou guerra entre tribos, depois de um longo cerimonial e na relação sagrada com a natureza. Mas isso não foi percebido pelo jesuíta Padre Anchieta, que, em seu Auto de São Lourenço, descreveu o demônio Guaixará como um ser antropofágico: "Sou Guaixará embriagado/ sou boicininga, jaguar/ antropófago, agressor/ andirá-açu alado/ sou demônio matador".[40]

Por sua vez, a descrição de André Thevet é mais atenta ao universo "outro": o prisioneiro não tinha preocupação com a morte; ao contrário, no dia em que sabia que iria ser morto, entoava canções aos que o aprisionaram, chamando-os de amigos, enaltecendo seus valores e habilidade guerreira e reconhecendo que "já matei e devorei muitos parentes e amigos do homem que me aprisionou". O dia da execução constituía-se numa festa solene, da qual todos participavam, com pinturas no corpo e adornos de belas plumas, especialmente aquele que iria desferir o golpe fatal. Bebia-se muito cauim (bebida forte de milho e raízes). Após longa cerimônia, o prisioneiro era executado. Seu corpo era reduzido a postas, com o cuidado de separar o sangue, utilizado para lavar os filhos homens, a fim de torná-los mais corajosos e ensiná-los como agir no futuro com os "contrários". O cacique cuidava que todos comessem ao menos uma migalha da carne do executado, ou mesmo comessem algo embebido no caldo da carne, quando o grupo era muito numeroso.

---

[39] Ver texto de Manuela C. da Cunha e Eduardo V. de Castro: Vingança e temporalidade: os Tupinambá. *Anuário Antropológico*, 85, Rio de Janeiro, p. 61, 1985. CLASTRES, Pierre. *Arqueologia da violência: pesquisas de antropologia política*. São Paulo: Cosac & Nafty, 2004, pp. 256ss. CARDIM, op. cit.

[40] ANCHIETA, José de. O Auto de São Lourenço. In: Id. *Teatro de Anchieta: obras completas*. São Paulo: Loyola, 1977. v. 3.

E Thevet acrescenta: "É de crer que os seus contrários procedam de maneira idêntica com relação a eles".[41]

Tempos depois, o padre jesuíta Antônio Vieira lançaria este questionamento: "Cuidais que só os Tapuias se comem uns aos outros, muito maior açougue é o de cá, muito mais se comem os brancos...".[42]

Entretanto, é pertinente a orientação de Adone Agnolim. Os europeus construíram um discurso sobre a antropofagia dos Tupinambá na mesma dinâmica em que "inventaram" a América, construindo uma alteridade e repensando-se a si próprios. O que eles chamaram de antropofagia foi por eles inventado, interpretado e transformado em valores culturais ocidentais. Foi assim que cronistas, missionários, colonizadores e até antropólogos e historiadores foram produzindo um discurso ocidental sobre ela. Porém, trata-se de um canibalismo ritual e, portanto, sagrado. A prática antropofágica dos Tupinambá não tem discurso, e seu silêncio se constitui em ameaça à cultura europeia. Por isso, em oposição ao que essa prática expressa, o discurso dos europeus faz o silêncio dos Tupinambá configurar-se como prática antropofágica. Atentos a isso, teremos que ver a festa antropofágica dos Tupinambá não só como um ritual a ser analisado, nem como fato universal, mas como prática viva e pulsante dentro da história e da realidade situada dos Tupinambá.[43]

Da mesma forma, é preciso considerar os colonizadores e missionários em sua própria história, realidade, mentalidade. Para eles, já o simples fato de os nativos viverem completamente inseridos no mundo natural causava horror. No mínimo, parecia-lhes uma tolice, como se vê neste relato de André Thevet:

---

[41] THEVET, op. cit., p. 132.
[42] VIEIRA, Antônio. *Sermões*. (Org. e introd. Alcir Pécora). São Paulo: Hedra, 2003, v. I, p. 327.
[43] AGNOLIM, Odone. *O apetite da antropologia*. São Paulo: Humanitas, 2005.

> Os selvagens observam um tolo preceito quando vão despojar as árvores de suas cascas – o que fazem, aliás, tirando a casca desde a raiz até a copa. Nesse dia, nada bebem nem comem. Dizem eles – e nisso acreditam firmemente – que estariam sujeitos a grandes azares nas suas navegações se não procedessem desta maneira.[44]

Essa compreensão dos europeus colonizadores se explica pela cultura vigente na Europa Ocidental, marcada pela filosofia clássica e caracterizada por uma crescente separação entre o mundo humano e o mundo da natureza. Como seres humanos, eles se afirmavam cada vez mais independentes do mundo natural. Além disso, entendiam a vida urbana como superior à vida rural. Desse modo, eles viram a terra "descoberta" num distanciamento, como um objeto totalmente de fora, ao mesmo tempo que se puseram imediatamente a explorá-la e a transportar seus produtos naturais para a metrópole.[45]

A ideia de que era preciso romper com o mundo natural pautava-se na visão de Platão, de que só o mundo espiritual é o verdadeiro, enquanto o visível e material é ilusório, aparente e efêmero. Porém, com uma cosmovisão utilitarista, colocavam-se em superioridade sobre os demais seres da natureza e exploravam o mundo material para seu próprio benefício. Nisto, pautavam-se na concepção aristotélica do mundo como um organismo composto de inúmeras partes, sendo as inferiores dependentes das superiores e destinadas a seu serviço. Segundo Aristóteles, o mundo está dentro da ordem e harmonia que se fundamentam na autoridade. Ora, a teologia católica retomava Platão através de Santo Agostinho e Aristóteles através de Santo Tomás de Aquino.[46]

---

[44] THEVET, op. cit., p. 128.
[45] AZZI, op. cit., pp. 17-21.
[46] Ibid., pp. 22-24. Pode-se consultar: PLATÃO. *Diálogos*. 2. ed. São Paulo: Abril Cultural, 1979, p. 118. ARISTÓTELES. *A política*. Rio de Janeiro: Tecnoprint, 1980, p. 22.

Os missionários jesuítas, pertencentes a uma ordem recém-fundada na Europa, denominada Companhia de Jesus, produziram e difundiram uma representação do meio natural brasileiro adequada ao pensamento e à mentalidade da Europa cristã, ao menos o quanto possível. Como portadores de uma visão da natureza essencialmente utilitária, construíram uma imagem própria da "terra dos brasis", sistematizando a ordem do mundo e pondo as realidades terrenas em função do plano divino.[47]

De acordo com essa visão, cada elemento do mundo natural era posto em função da utilidade para o ser humano, mas num ordenamento orientado para a vitória da civilização dos colonizadores e da sua religião cristã católica. No seu entender, a natureza "selvagem" precisava ser domada e destruída para que crescesse o espaço civilizado. De fato, a construção de aldeias ia-se fazendo à medida da derrubada de árvores e limpeza do solo, retirando-se a vegetação nativa e impondo-se uma flora noutro padrão. Assim, a cultura e a civilização daqueles cristãos colonizadores partiam da destruição para construir o edifício da cristandade.[48]

Com base nos estudos de Roger Bastide,[49] pode-se dizer que o mesmo ocorreu em relação aos africanos traficados e mantidos como escravos no Brasil. Eles vinham de etnias diversas e eram muito religiosos, de maneira que trouxeram um rico panteão de divindades. Os bantos chegaram com seu culto da ancestralidade, os *eguns* (espíritos dos mortos) e os *nkices* (divindades da natureza). Os sudaneses trouxeram diversas tradições religiosas e cultos que foram muito assimilados. Dos iorubás herdamos o culto aos *orixás* e dos jejes herdamos os *voduns*.

---

[47] ASSUNÇÃO, Paulo de. *A terra dos Brasis: a natureza da América portuguesa vista pelos primeiros jesuítas (1549-1596)*. São Paulo: Annablume, 2000, p. 19.

[48] Ibid., pp. 263-264, 156.

[49] BASTIDE, Roger. *As religiões africanas no Brasil: contribuição a uma sociologia das interpretações de civilizações*. São Paulo: Pioneira, 1971.

Não faltaram seguidores do monoteísmo. Eram principalmente os malês, que pertenciam a civilizações islamizadas, originárias do Tchad. Eram diversos povos malês, destacando-se os *haussá, mandinga* e *peula*, com uma cultura muito desenvolvida, alto conceito de liberdade e capacidade de liderança. Eles promoveram grandes revoltas no Brasil colonial. Sendo muçulmanos, sabiam ler e escrever em caracteres árabes e também tinham costumes árabes, inclusive o do uso de vestimentas cujos resquícios ficaram no povo brasileiro até hoje, como os turbantes, as saias rendadas, as chinelas e os panos nas costas das baianas.

Porém, o imperativo do projeto colonizador era o da conversão à fé cristã, e converter implicava destituir um suposto domínio de Satanás, que dominava esta terra, povoando-a de mentiras e enganos,[50] bem como vencer a "desordem" dos costumes dos naturais e estabelecer a "ordem" da conquista.

QUESTÕES

1) Construa uma linha do tempo que situe os antepassados do povo brasileiro; acrescente um título ou frase que expresse respeito e apreço por sua antiguidade e pelas heranças que nos deixaram.

2) Elenque o que considera as principais diferenças culturais entre os portugueses e os povos que estavam na terra "descoberta" por eles em 1500.

3) Que tal um modo novo de celebrar o "Dia do Índio" nas escolas? Escreva uma proposta aberta à superação dos estereótipos equivocados e ao fomento de atitudes de apoio e parceria às causas dos povos da terra.

---

[50] MELO E SOUZA, Laura de. *O diabo e a Terra de Santa Cruz*. São Paulo: Companhia das Letras, 1993, pp. 21-57.

II
Padrão da cristandade lusitana

Objetivos
- Introduzir uma interpretação histórica do estabelecimento da religião cristã no Brasil colonial por parte dos portugueses.
- Provocar a discussão a respeito das convicções religiosas e dos propósitos missionários dos colonizadores, na contradição com a sua ambição de exploração de riquezas materiais.

Messianismo guerreiro

Uma convicção estava fortemente arraigada na mentalidade do povo português: sua monarquia era de fundação divina e seu rei era "dado por Deus". Portugal tinha seu rei como figura sagrada, um eleito de Deus e seu representante na terra.[1]

Essa sacralização do reino lusitano vinha desde a sua fundação, no século XII, com o rei Afonso Henriques. Alimentada com lendas de aparições sobrenaturais, passagens bíblicas e especial proteção da Mãe de Deus, teve o acréscimo de um forte sentido nacionalista, dado pelos cronistas. O historiador Rocha Pita, na segunda metade do século XVIII, deu grande destaque a essa suposta fundação divina da monarquia lusa, fundamentada na promessa divina que

---

[1] A respeito do messianismo guerreiro lusitano, ver: AZZI, Riolando. *A Teologia Católica na formação da sociedade colonial brasileira*. Petrópolis: Vozes, 2005, pp. 15-27. HOORNAERT, Eduardo. *Formação do catolicismo brasileiro – 1550-1800*. 2. ed. Petrópolis: Vozes, 1978, pp. 32-36.

deu a vitória aos portugueses cristãos na guerra contra os bárbaros infiéis, no campo de Ourique.[2]

O monarca "dado por Deus" foi principalmente Dom Sebastião, um jovem rei desaparecido. Com a bula da cruzada, concedida pelo Papa Gregório XIII, ele partiu para uma expedição militar na África a fim de conter a ameaça do poderio árabe, mas morreu na batalha de Alcer-Quibir, em 4 de agosto de 1578. Dom Sebastião foi tão glorificado pela tradição popular que se tornou uma figura mítica. O jesuíta Antônio Vieira chegou a apresentar Dom João IV, o restaurador da monarquia lusitana, como o rei Dom Sebastião redivivo, um milagre e graça especial divina.

Entretanto, toda a sociedade portuguesa entendia-se revestida de sacralidade, como o novo povo eleito e predestinado por Deus para reduzir os infiéis, conservar e expandir a fé católica.

A confirmação de tudo isso vinha do papa, como detentor do poder das chaves, isto é, com domínio absoluto sobre todo o orbe terrestre e seus habitantes. O Papa Alexandre VI deu aos soberanos de Portugal e Espanha o privilégio de serem os administradores plenipotenciários dos "territórios de Deus" por eles descobertos, com a missão de neles implantar e expandir a cristandade.

Mesmo com a afirmação do Estado moderno, essas duas nações permaneceram firmes na mentalidade medieval de império cristão. Além disso, haviam comprovado especial fidelidade à Igreja, em suas contínuas lutas contra os não cristãos, principalmente os árabes muçulmanos, chamados mouros, que se haviam estabelecido na Península Ibérica desde o século VIII.

Desse modo, através da concessão das prerrogativas do padroado régio, o papa delegou ao rei de Portugal a missão de implantar a fé e de gerenciar a cristandade nas terras que ia conquistando. No entanto, era toda a nação portuguesa que, assumindo-se como um feudo do papado, lançava-se na missão político-religiosa de

---

[2] ROCHA PITA. *História da América portuguesa*. Belo Horizonte: Itatiaia, 1976, p. 135.

dilatação da fé e do império cristão. Todos, padres e leigos, tomavam essa tarefa como sua, firmes na ideia de que o Reino de Deus se estabelecia através de Portugal.

O padroado já era uma tradição antiga em Portugal, desde a reconquista que derrotou os mouros, em 1319. Nessa ocasião foi fundada a Ordem de Cristo, com os antigos fundos da riquíssima Ordem dos Templários. A Ordem de Cristo passou a canalizar os recursos do país para os cofres da nobreza territorial e se impôs com autoridade, mas tinha pouca importância financeira e política, porque Portugal era terra de agricultura.[3]

Porém, isso mudou em 1415, com a conquista de Ceuta. A Ordem de Cristo passou a proclamar bem alto, e com discursos de teor religioso e missionário, seus direitos sobre os recursos trazidos a Portugal pela empresa marítima. Ainda mais porque teve que custear as dispendiosas expedições marítimas do Infante Dom Henrique, que era seu grão-mestre. Ao organizar a empresa africana, Dom Henrique pediu à Santa Sé a ereção de um convento de frades franciscanos menores em Ceuta, "para a defesa e o aumento da santa fé e a redução dos infiéis".[4]

Dessa maneira, a partir de 1442 o direito de padroado passou a significar direito de conquista, o que foi confirmado nas bulas papais *Romanus Pontifice (1454) e Inter Coetera (1493)*. Portugal, senhor dos mares "nunca de antes navegados", era organizador da Igreja em termos de conquista e redução, bem como planificador da união entre missão e colonização. Por onde chegava plantava o seu famoso "padrão", o da cruz estreitamente unida às armas reais. Pode-se ver isso na Carta de Caminha: "Chantada a cruz com as armas e divisa de Vossa Alteza, que lhe primeiro pregaram, armaram altar ao pé dela...".

---

[3] HOORNAERT, Eduardo. A evangelização do Brasil durante a primeira época colonial. In: VV.AA. *História da Igreja no Brasil: ensaio e interpretação a partir do povo. Primeira Época*. 4. ed. São Paulo/Petrópolis: Paulinas/Vozes, 1992, pp. 34-35.
[4] Ibid.

Diante dessa cruz, a posse solene e sagrada do território conquistado sacramentou-se em 1º de maio de 1500, com missa oficiada por um ministro de Deus e súdito de Sua Majestade, o franciscano Frei Henrique de Coimbra.

A Carta de Caminha insiste na prioridade da missão de dilatar a fé e o império:

> Nela [na nova terra] até agora não pudemos saber que haja ouro, nem prata, nem nenhuma cousa de metal, nem de ferro; nem lho vimos. A terra, porém, em si, é de muito bons ares [...] Águas são muitas, infindas. E em tal maneira é graciosa que, querendo-a aproveitar, dar-se-á nela tudo por bem das águas que tem. Mas o melhor fruto que nela se pode fazer me parece que será salvar esta gente. E esta deve ser a principal semente que Vossa Alteza em ela deve lançar. E que aí não houvesse mais que ter aqui esta pousada para esta navegação de Calecute, bastaria, quanto mais disposição para se nela cumprir e fazer o que Vossa Alteza tanto deseja, a saber, acrescentamento de nossa santa fé.[5]

Em 1514, o rei Dom Manuel, o Venturoso, reconfirmou as prerrogativas do padroado, sobretudo o direito de provisão de bispados, paróquias, cargos eclesiásticos em geral, em troca do financiamento das atividades eclesiásticas.

Os lusitanos lançaram-se na conquista do além-mar atiçados pelo fervor religioso mais fanático, certos de que eram novos cruzados em missão salvacionista de colocar o mundo inteiro sob a regência católico-romana, mas atiçados também pela violência mais desenfreada na busca de riquezas a saquear ou a fazer produzir pela escravaria.[6]

---

[5] CASTRO, op. cit.
[6] RIBEIRO, Darcy. *O povo brasileiro*. São Paulo: Companhia das Letras, 1995, p. 67.

Conquista predatória

Os portugueses, missionários da expansão da cristandade, eram também comerciantes vulneráveis à febre do ouro e orientados para a ampliação dos negócios do reino lusitano.

Já no primeiro contato com os nativos, os navegadores portugueses traíram-se em sua intenção missionária. Como diz a Carta de Caminha, aprisionaram dois dos nativos e tentaram, através de mímicas e de objetos mostrados, fazê-los indicar onde se poderiam encontrar os metais preciosos. Em sua obsessão chegaram a interpretar os gestos dos dois aprisionados como sinalizadores do caminho das minas de ouro e prata.

Porém, o que encontraram como produto economicamente válido foi o pau-brasil. Já na segunda viagem, em 1501, foi descoberta a abundância dessas árvores que forneciam, além de madeira nobre, o pigmento cor de brasa para tingir tecidos de vermelho. Dois anos depois começou o saque sistemático das matas brasileiras.

A exploração comercial do pau cor de brasa assumiu tamanha importância, que a terra logo se transformou num "braseiro" e os nativos foram transformados em brasileiros, no sentido de trabalhadores braçais do pau-brasil. Assim, a primeira profissão do Brasil foi a de brasileiro; depois apareceram outras, como a de pedreiro, carpinteiro, mestre de açúcar.[7]

O processo de afirmação do nome da terra conquistada evidencia esse conflito entre a intenção missionária e a ambição de riquezas materiais. Cabral a havia chamado Terra de Vera Cruz, nome que passou a ser oficialmente Terra de Santa Cruz. Portugal não aceitou o nome "Terra dos Papagaios", dado por dois italianos que,

---

[7] SOUZA, B. José de. *O pau-brasil na história nacional.* São Paulo: Companhia Editora Nacional, 1939.

em 1501, de Lisboa enviaram notícia de sua descoberta à senhoria de Veneza.[8]

Não obstante, o nome que passou a vigorar não é religioso. Em 1511, o livro da nau Bretoa chamou-a "Terra do Brasil". Cinco anos depois esse nome constou num documento alemão intitulado *Nova Gazeta da Terra do Brasil*, que narrava uma viagem ao Novo Mundo.[9] E o nome Brasil foi assumido em 1512, no primeiro mapa-múndi a apresentar a costa da nova terra.[10] Entretanto, ainda vigoraram vários nomes até 1530, quando o rei de Portugal, Dom João III, reconheceu oficialmente o nome Brasil. Portanto, ficou estabelecido um nome ligado ao projeto de exploração econômica da terra invadida, embora o termo "brasileiro", no sentido atual, só tenha começado a ser usado a partir da independência do país.

Esse processo de afirmação do nome Brasil acompanhou a dinâmica da colonização, que inicialmente não foi feita através do sistema de povoamento, e sim mediante a exploração da terra, desmedida, violenta e predatória. Por três décadas o território conquistado pelos portugueses ficou praticamente abandonado. O atendimento religioso, dado por padres seculares, era quase exclusivamente para os colonos portugueses, se bem que diversos religiosos franciscanos atuaram junto aos nativos, de forma esporádica e sem planejamento.[11]

O povoamento se deu em meio a uma desenfreada busca de mão de obra por parte dos portugueses.

---

[8] Os dois italianos eram Pedro Pasqualigo e Mateo Cretico. SOUZA. *O descobrimento do Brasil*. 2. ed. São Paulo: Michalany, 1956, p. 160.

[9] DIAS, Carlos M. (Dir.). *História da colonização portuguesa no Brasil*. Porto: Litografia Nacional, 1921-1924, v. II, pp. 343-366.

[10] O nome Brasil foi dado para a costa no primeiro planisfério de Jerônimo Marini. ADONIAS, Isa. A cartografia vetustíssima do Brasil até 1530. *Revista do Instituto Histórico e Geográfico Brasileiro*, Rio de Janeiro, n. 287, abr./jun. 1970, p. 113.

[11] AZZI, Riolando. Ordens religiosas masculinas. In: VV.AA. *História da Igreja no Brasil...*, cit., t. II/1, p. 213.

Segundo a teoria de Darcy Ribeiro, ele passou primeiro pelo cunhadismo socialmente instituído. Os colonizadores usaram e abusaram de uma antiga tradição de povos nativos, que era o seu modo de incorporar os estranhos à sua comunidade através da oferta de uma jovem mulher. Assumi-la como esposa significava estabelecer mil laços que aparentavam o estranho com todos os membros do grupo, pois ela se tornava a temericó do estranho.[12]

Os portugueses, tendo várias temericó, contavam com uma multidão de parentes a seu serviço. Ao mesmo tempo estabeleciam, nos focos onde se assentavam náufragos e degredados, criatórios de gente mestiça. Eram as matrizes mamelucas, constituídas por filhos e filhas de portugueses com "índias" da terra. Para a instituição colonial era uma forma vasta e eficaz de recrutamento de mão de obra, se bem que os portugueses não tardaram a substituir o cunhadismo pela guerra de captura, escravização e tráfico de nativos.[13]

Porém, é preciso cuidado para não tomarmos essa teoria como explicativa da formação do Brasil de um modo generalizante. John Monteiro nos dá outras explicações. Não havia uma homogeneidade das características físicas e culturais de todos os chamados "índios". Além disso, os Tupi-Guarani eram segmentados, de modo que os contatos entre os seus grupos e povos ficavam quase restritos às ações de guerra. E no caso específico da região de São Paulo, que, nos séculos XVI e XVII, era uma periferia da América portuguesa, fica evidente que os nativos também foram sujeitos ativos na formação do Brasil. Apesar da baixa que sofreram pela ação dos colonizadores, que acelerou a sua escravização, a matança, o genocídio e, em não poucos casos, o etnocídio – os chamados "índios" também tomaram iniciativas, resistindo bravamente contra a colonização e movendo-se na ocupação do solo. Ao mesmo tempo, iam

---

[12] RIBEIRO, op. cit., p. 81.
[13] Ibid., pp. 82-85.

sofrendo mudanças nos seus costumes e padrões de vida, a partir do contato com os europeus.[14]

Sem dúvida, pesou bastante o incremento do cultivo da cana-de-açúcar, junto com o aumento do tráfico de africanos escravizados. Em 1534, quatro anos depois da chegada da expedição comandada por Martim Afonso de Souza, o rei Dom João III impôs para o Brasil o sistema de donatarias ou capitanias, que já estava implantado nas ilhas atlânticas de Madeira, Açores e Cabo Verde. Todo o território do Brasil foi recortado em quinze lotes, à maneira de feudos, entregues a doze donatários que, assim, ganharam a mercê dessas capitanias e se constituíram nos seus capitães e governadores. Para povoá-las, houve transladação forçada de degredados. Porém, só prosperariam as de Pernambuco e São Vicente, de modo que o regime das donatarias desembocaria num fracasso.

Segundo Darcy Ribeiro, a implantação das capitanias hereditárias se fez frente ao uso desenfreado do cunhadismo, o que ameaçava a ordem do sistema colonial. Nova medida da Coroa foi a implantação do governo-geral, que trouxe ao Brasil numerosos povoadores. Porém, os colonos recém-chegados continuaram a abusar das "índias" e a viver amasiados com muitas delas. Preocupados, os jesuítas pediram ao reino o envio de mulheres, até mesmo meretrizes, para se evitar pecados e aumentar a população "no serviço de Deus". Mas vieram pouquíssimas portuguesas, que pouco papel exerceram na constituição da família brasileira. Por isso, as mamelucas é que foram as mães primárias do povo brasileiro.[15]

Os Tupi da costa, constrangidos pela violência crescente no processo de povoamento da colônia, já não eram tratados pelos colonos como parentes, e sim como mão de obra recrutável para a escravidão. E seu pacto mercantil com os europeus, que no início vigorava num clima de deslumbramento com os brancos, foi substituído pelo pacto de guerra de colonização. Era guerra dos povos

---

[14] MONTEIRO, John. *Negros da terra: índios e bandeirantes nas origens de São Paulo*. São Paulo: Companhia das Letras, 2000.

[15] RIBEIRO, op. cit., pp. 86-90.

nativos uns contra os outros, a favor ora dos holandeses, ora dos franceses, ora dos espanhóis, ora dos portugueses. Nessa tragédia, divididos entre aliados de uns e de outros para não morrer, eles foram sendo obrigados a conviver com pequenos núcleos europeus, em alianças ou aldeamentos.

Esse processo está claramente desvendado e denunciado num discurso que, segundo D'Abbeville, foi pronunciado em 1614 por um chefe ancião dos Tupinambá, chamado Momboré-açu, para um grupo de franceses empenhados em estabelecer aliança com os povos da região do Maranhão. O discurso causou grande impacto entre os presentes:

> Vi a chegada dos *peró* (portugueses) em Pernambuco e Potiú; e começaram como vós, os franceses, fazeis agora. De início, os *peró* não faziam senão traficar, sem pretenderem fixar residência. Nessa época, dormiam livremente com as raparigas, o que os nossos companheiros de Pernambuco reputavam grandemente honroso. Mais tarde, disseram que nos devíamos acostumar a eles, e que precisavam construir fortalezas para se defenderem, e edificar cidades para morar conosco. E assim parecia que desejavam que construíssemos uma só nação. Depois começaram a dizer que não podiam tomar as raparigas sem mais aquela, que somente lhes permitia possuí-las por meio do casamento, e que não podiam casar sem que elas fossem batizadas, e para isso eram necessários os *paí* (padres). Mandaram vir os *paí*, e estes ergueram cruzes e principiaram a instruir os nossos e a batizá-los. Mais tarde afirmaram que nem eles nem os *paí* podiam viver sem escravos para os servirem e por eles trabalharem, e assim, se viam constrangidos os nossos a fornecer-lhos. Mas não satisfeitos com os escravos capturados na guerra, quiseram também os filhos dos nossos, e acabaram escravizando toda a nação; e com tal tirania e crueldade a trataram, que os que ficaram livres ficaram, como nós, forçados a deixar a região...[16]

---

[16] O discurso foi registrado pelo missionário capuchinho Claude D'Abbeville em sua obra *História da missão dos padres capuchinhos na ilha do Maranhão e terras circunvizinhas*. São Paulo/Belo Horizonte: Edusp/Itatiaia, 1975, p. 115.

Momboré-açu deixou bem claro àqueles franceses que o seu procedimento era igual ao dos *peró*. Não obstante, eles selaram a aliança com os nativos e instalaram no Maranhão a sua "França Equinocial". Dali foram expulsos pelos portugueses dois anos depois.

Muitas vezes tornou-se impossível qualquer resistência da parte dos nativos. Geralmente eles admiravam a cultura dos brancos com um sentido religioso. Ficavam fascinados pelos instrumentos de trabalho e de guerra que os brancos traziam. Eram feitos de ferro, davam conforto e possibilitavam uma vida mais feliz, o que estava de acordo com o desejo dos seus antepassados.

Eles sempre se admiraram da metalurgia do ferro, que desconheciam. Já Caminha havia comentado, em sua carta ao rei, a respeito do ajuntamento em torno dos carpinteiros que lavravam um tronco de árvore para fazerem a cruz:

> ... Muitos deles vinham ali estar junto aos carpinteiros. E acredito que assim o faziam mais para verem a ferramenta com que os carpinteiros trabalhavam, do que para verem a cruz, porque eles não têm coisas de ferro e cortam suas madeiras e paus com pedras feitas de cunhas metidas em um pau, entre duas talas, muito bem atadas...

O fascínio dos nativos pelo ferro foi sempre bem aproveitado pelos colonizadores, em suas transações comerciais. Mas também os missionários se aproveitaram disso, com propósitos de conversão.

O primeiro projeto missionário

O aparelhamento institucional da Igreja Católica se fazia muito lentamente. O primeiro e único bispado do Brasil durante mais de um século foi o da Bahia, erigido em 1551. Teve como primeiro bispo Dom Pedro Fernandes Sardinha, que, por causa de atritos com o segundo governador-geral, foi chamado a Portugal, depois de apenas quatro anos de governo, tendo naufragado nessa viagem, em 1556.[17]

---

[17] AZZI, Riolando. Episcopado. In: VV.AA. *História da Igreja no Brasil*, cit., t. II/1, pp. 173 e 180. O bispado da Bahia, em Salvador, foi estabelecido através da bula

Contudo, desde o fracasso do sistema das donatarias, Dom João III convenceu-se de que era preciso levar à frente a conquista do Brasil através de uma cristianização capaz de "domar" os nativos. Para isso enviou os jesuítas, que tinham um projeto propriamente missionário, na mesma armada em que enviou o primeiro governador-geral, Tomé de Souza. Nas mãos deste pôs um regimento, em cujo preâmbulo expunha as razões do projeto colonizador: em primeiro lugar, "o serviço de Deus e o exalçamento de nossa santa fé"; em segundo, "o serviço meu e proveito dos meus reinos e senhorios"; por último, "o enobrecimento das capitanias e povoações das terras do Brasil, e proveito dos naturais delas".[18]

Foi assim que, em 1549, chegaram ao Brasil os sete primeiros jesuítas. Eram quatro padres e dois religiosos leigos. Um dos padres, Manuel da Nóbrega, vinha com os encargos de superior e fundador da missão, como também com o de fundador da província da Companhia de Jesus no Brasil. Nóbrega abriu frentes e fundou colégios para meninos, primeiro na Bahia e em São Vicente, depois em Pernambuco, e iniciou o trabalho missionário também no Espírito Santo. Em 1554, iniciou a missão na aldeia de Piratininga, onde nasceria a cidade de São Paulo. Ali se construiu capela e colégio exclusivamente para os nativos, chamados "gentios da terra".[19]

Na aldeia de Piratininga, um grupo de jovens irmãos da Ordem, liderado pelo Padre José de Anchieta, destacou-se na dedicação à língua tupi. Eles aprenderam tão bem o tupi com suas muitas

---

do Papa Júlio III, em 25 de fevereiro de 1551. A respeito do naufrágio do Bispo Fernandes Sardinha, pode-se ler a carta escrita por Nóbrega a Tomé de Sousa. In: LEITE, Serafim. *Cartas do Brasil e mais escritos do P. Manuel da Nóbrega*. Coimbra: Ópera Omnia, 1955, p. 330.

[18] Regimento do Governador e Capitão General Tomé de Souza dado em Almerim, Portugal, a 17 de dezembro de 1548. Salvador: Fundação Gregório de Mattos, 1998, pp. 13-14.

[19] BEOZZO, José Oscar. O diálogo da conversão do gentio: a evangelização entre a persuasão e a força. In: VV.AA. *Conversão dos cativos...*, cit., pp. 45; 23-25; RODRÍGUEZ LEÓN. *A invasão e a evangelização...*, cit., pp. 82-83.

variações, que compuseram a língua brasílica, ou língua geral, uma espécie de dialeto, com gramática, vocabulário e catecismo. Anchieta também adaptou a doutrina cristã às melodias dos Tupi. E como havia aprendido de Gil Vicente a arte dos autos da fé, teatralizava a sua catequese, vinculando os diabos à cultura Tupi e os anjos e santos à cultura dos colonizadores.[20]

Os estudos de Agnolim são oportunos para entendermos essa questão da língua. Os jesuítas, por abraçarem a "conquista espiritual", tiveram que elaborar uma rede interpretativa redutora das culturas dos nativos, e a estruturaram ao redor do "demoníaco". Na própria língua tupi descobriram o que entendiam como "bestialidade" demoníaca. Porém, a tradução da língua do "outro" não era apenas linguística, mas também conceitual. E essa tradução conceitual pendeu mais para *anhangá* como instrumento interpretativo do demônio do que para *tupã* como instrumento interpretativo de Deus.[21]

A tarefa não era fácil para os missionários, que buscavam a eficácia da sua catequização. Para reduzir a língua do "outro" tinham que adotá-la e transformá-la. E como o "índio" não era um mero objeto passivo da catequização, na busca de possibilidades de tradução entre a realidade cultural deles e a sua, os missionários acabavam operando "acomodamentos", consciente ou inconscientemente, como também se apropriando de repertórios culturais indígenas. Foi o caso da definição da Virgem Maria como "Santa Maria *Tupãsý*", Mãe de Tupã. No contexto cristão católico a mensagem estava clara, mas pode ter sido muito problemática no contexto da cosmologia indígena essa imposição de uma figura materna associada ao Tupã indígena.[22]

O entusiasmo inicial da missão dos jesuítas se evidencia nesta exclamação de Nóbrega: "Esta terra é nossa empresa e o mais

---

[20] Ver: ANCHIETA. O auto de São Lourenço, cit.
[21] AGNOLIM. *Jesuítas e selvagens: a negociação da fé no encontro catequético-ritual americano-tupi (séc. XVI-XVII)*. São Paulo: Humanitas/FAPESP, 2007, p. 32.
[22] Ibid., p. 91.

Gentio do mundo!". Embora, na aliança com o poder colonizador, e apesar da oposição do Bispo Sardinha às suas iniciativas, nos primeiros tempos eles tenham feito um trabalho missionário mais itinerante, com esforço de abertura aos costumes dos povos Tupi. Tentaram morar junto deles e formar mamelucos para a ordenação sacerdotal, mas nisto foram impedidos pelas autoridades coloniais. Para atrair os "índios" à conversão, tinham um método de mais suavidade: reproduziam seus gestos, sua música, chegando a tocar seus instrumentos e a dançar com os meninos. Nas procissões católicas inseriam coreografias e cantigas em tupi, e permitiam intérpretes para as confissões dos "índios".[23]

Sete anos depois do início da missão, porém, sérias dificuldades deixavam os jesuítas com a sensação de trabalharem em vão. O "gentio da terra" que, com grande facilidade aderia à cristianização, também resistia com mil artimanhas, continuando em seu antigo modo de vida.

Nóbrega retirou-se na aldeia do Rio Vermelho, próxima de Salvador. Além de ter problemas de saúde, queria repensar a atividade missionária e dar-lhe novo incremento. Dali governava a província, dava atendimento ao colégio da Bahia, escrevia muitas cartas e dedicava-se à reflexão. Foi também ali em Rio Vermelho que, entre 1556 e 1557, escreveu o *Diálogo da conversão do gentio*, obra literária de reconhecida importância.[24]

Sem apoio do bispo nem do segundo governador-geral, Duarte da Costa, os padres também não podiam contar com o bom exemplo dos colonizadores, que, ao contrário, os pressionavam a se amoldarem ao sistema colonizador. Nóbrega, logo da sua chegada à

---

[23] HOORNAERT, E. Os movimentos missionários. In: VV.AA. *História da Igreja no Brasil...*, cit., t. II/1, p. 52.

[24] Ver: o Diálogo da conversão do gentio. In: LEITE, Serafim. *Cartas dos primeiros jesuítas do Brasil*. São Paulo: Comissão do IV Centenário da Cidade de São Paulo, 1957, doc. 51, v. II, pp. 317-435. Seguimos a interpretação de Beozzo em seu texto: O diálogo da conversão do gentio..., cit.

Bahia, havia-se escandalizado com o que chamou de "os dois grandes pecados da terra": um era o de cristãos possuírem escravos mal havidos, isto é, nativos escravizados sem ser através de captura em "guerra justa"; o outro era o de colonos cristãos, e muitos padres, viverem amancebados com muitas mulheres nativas, tendo filhos de todas elas e sem se casarem com nenhuma.

A escravização dos nativos era sem limites na capitania de São Vicente, onde tinha maior consistência a aliança da missão com o poder colonizador. Os jesuítas, divididos entre os que defendiam a liberdade dos "índios" e os que se submetiam à ordem colonial, tinham em comum um sentimento de impotência, como escreveu Nóbrega:

> A maioria dos homens desta costa e principalmente desta capitania tem índios forçados que reclamam liberdade e do judicial nada mais sabem do que vir até nós como a padres valedores, refugiando-se na igreja e nós, porque estamos escarmentados e não queremos provocar escândalos, nem que nos apedrejem, não lhes podemos valer e nem mesmo ousamos dizê-lo na pregação. De maneira que, por faltar justiça, eles ficam cativos e seus senhores em pecado mortal, e nós perdemos o crédito entre toda a gentilidade...[25]

Foi com a intenção de criar um povoado cristão isolado do mau exemplo dos colonos e longe do seu controle que os jesuítas subiram serra acima, fundando em Piratininga o colégio de São Paulo. Sonhavam com iminentes descobertas de jazidas de ouro, prata, ferro e outros minérios, para atrair muitos colonos que dessem bom exemplo, assim favorecendo a conversão dos Tupi. No entanto, também ali encontraram dificuldades, inclusive conflitos com os escravizadores de "índios", quando passaram a dedicar-se aos Carijó do interior.[26]

---

[25] Carta do Padre Manuel da Nóbrega ao Padre Simão Rodrigues. São Vicente, 10 mar. 1563. In: LEITE, Serafim. *Cartas dos primeiros jesuítas do Brasil*, cit., pp. 455-456.

[26] MONTEIRO, op. cit., p. 38.

Por outro lado, também em Piratininga a missão seguia claramente o projeto de Nóbrega, de aldear os nativos e sujeitá-los, por uma ação coordenada dos jesuítas e dos governantes. A transmissão da fé católica bem cedo passara a ser feita através dos instrumentos colonizadores, que eram a ocupação do território, a "guerra justa" contra as tribos que se opunham a essa ocupação, a escravização dos "índios" que se recusavam a aceitar voluntariamente a fé, e os aldeamentos.[27]

Os "índios" aldeados eram introduzidos numa nova organização social, na qual sua alteridade era "reduzida", não só no sentido da religião, mas principalmente no sentido político. Além da imposição de outros gestos, outras temporalidades e práticas, era indispensável "reduzir" sua língua, impondo-lhes aquela que possibilitava a sua doutrinação. Os jesuítas entendiam que não poderiam deixá-los soltos no espaço de uma "animalidade" na qual não poderiam agir como sujeitos políticos, subjugados por um Demônio que lhes ensinara os "abomináveis costumes".[28]

Por isso, os nativos eram compelidos aos descimentos através dos rios, com promessas de bem-estar material nunca cumpridas e sob força militar. Assim chegavam aos locais próximos às povoações dos brancos, onde eram aldeados e catequizados. Drasticamente desenraizados, incorporados rapidamente à cristandade colonial e controlados, estavam mais expostos ao domínio e à exploração dos colonos.[29] De fato, a violência dos colonos era sem limites. Segundo um balanço feito por Anchieta, na Bahia eles haviam encontrado cerca de 40 mil nativos, mas, em 1585, restavam menos de 10 mil. As mortes em massa eram por epidemias, fuga para o interior, escravização, desenraizamento e dispersão.[30] Anchieta acrescenta:

---

[27] AZZI. *A Teologia católica...*, cit., pp. 73-79.
[28] AGNOLIM, op. cit., pp. 289-290.
[29] AZZI. *A Teologia católica...*, cit.
[30] ANCHIETA, José de. Informação da Província do Brasil para o nosso padre, 1585. In: Id. *Cartas, informações, fragmentos históricos e sermões.* Belo Horizonte/São Paulo: Itatiaia/Edusp, 1988, pp. 442-443.

> A conversão nestas partes floresceu já muito, porque somente na Bahia havia mais de 40 mil cristãos e agora não haverá 10 mil, porque têm morrido de várias enfermidades e não se fazem tantos de novo, porque têm fugido pela terra a dentro por causa dos agravos que recebiam dos portugueses, que os cativavam, ferravam, vendiam, apartando-os de suas mulheres e filhos com outras injúrias que eles sentem muito e agora não se acham daqui duzentas e trezentas léguas pelo sertão a dentro, que é grande detrimento para sua salvação e aumento de nossa Santa Fé, nem terá isto remédio se não vier a lei que pedimos a Sua Majestade que não sejam cativos nem os possa ninguém ferrar, nem vender.[31]

Os nativos intensificavam sua luta de resistência, com confrontos armados por toda parte. Os jesuítas eram em número insuficiente para uma imensidão de território, poucos deles conheciam as línguas dos nativos, vários já haviam morrido, a morte imperava nas aldeias com epidemias e guerras movidas pelos portugueses. E bastava a passagem de algum pajé famoso para os nativos abandonarem as missões e retornarem aos seus antigos costumes. Com tudo isso, os missionários iam cedendo ao desânimo.[32]

Foi na efervescência desses sérios conflitos que Nóbrega escreveu o seu "Diálogo". Um diálogo simulado, mas com interlocutores reais. Eram dois religiosos leigos da Ordem, um tradutor e intérprete prático e um ferreiro, aos quais Nóbrega elogia na introdução:

> ... tomarei por interlocutores ao meu Irmão Gonçalo Alvarez, a quem Deus deu a graça e talento para ser trombeta de sua palavra na capitania do Espírito Santo, e com meu Irmão Matheus Nogueira, ferreiro de Jesus Cristo, o qual, posto que com sua palavra não prega, fá-lo com obras e marteladas.

Gonçalo Alvarez, o "língua" e "trombeta da palavra", era indispensável no trabalho da conversão dos nativos. Mas também o era o ferreiro Matheus Nogueira, o "deus Vulcão", como o chamou

---

[31] Ibid.
[32] BEOZZO. O diálogo da conversão do gentio..., cit., pp. 64-65.

Anchieta.[33] Nogueira trabalhava na forja, na aldeia de Piratininga. As ferramentas de trabalho que produzia com perfeição, além de abastecerem a casa, tinham um papel fundamental na montagem da missão, como eficiente atrativo para os nativos, que geralmente resistiam a entregar seus filhos aos padres, e também para as próprias crianças, que frequentemente fugiam das escolinhas. Os Tupi admiravam o irmão ferreiro e retribuíam sua dedicação com espontaneidade, trazendo mantimentos como farinha, legumes e, às vezes, carne e peixe.

O Diálogo discute principalmente se os "índios" têm ou não capacidade de aprender a fé cristã, sendo bestiais, sem fé, nem rei, nem lei. O que Nóbrega pôs na boca dos dois interlocutores estava nos comentários dos jesuítas da missão. Não se devia "dar o santo aos cães" e "pedras preciosas aos porcos"; trabalhar com eles era trabalhar em vão.

> *Gonçalo Alvarez*: "Por demais é de trabalhar com estes; são tão bestiais, que não lhes entra no coração cousa de Deus; estão tão encarniçados em matar e comer, que nenhuma outra bem-aventurança sabem desejar; pregar a estes, é pregar em deserto a pedra".
>
> *Matheus Nogueira*: "Se tivessem rei, poderiam se converter, ou se adorassem alguma cousa; mas, como não sabem que cousa é crer nem adorar, não podem entender a pregação do Evangelho, pois ela se funda em fazer crer e adorar a um só Deus, e a esse só servir; e como este gentio não adora nada, nem crê nada, tudo o que lhe dizeis se fica nada (...). Vemos que são cães em se comerem e matarem, e são porcos nos vícios e na maneira de se tratarem".

Esta é uma lamentação do Padre Nóbrega. O diálogo em questão é o exemplo mais significativo da percepção dos missionários de que a própria missão corria um iminente risco de falência, porque eles se viam impossibilitados de realizar uma conversão/tradução

---

[33] Carta do Irmão José de Anchieta ao Padre Inácio de Loyola. São Paulo de Piratininga, 10 set. 1554. In: LEITE. *Cartas dos primeiros jesuítas do Brasil*, cit., v. II, p. 112.

autêntica da mensagem cristã, necessária à construção de uma "humanidade única".[34]

Assim, a discussão insiste na inconstância dos nativos e na sua incapacidade de conversão:

> *Matheus Nogueira*: "Uma coisa têm estes pior de todas, que quando vêm à minha tenda, com um anzol que lhes dê, os converterei a todos, e com outros os tornarei a desconverter, por serem inconstantes, e não lhes entrar a verdadeira fé nos corações [...] vemos que são cães em se comerem e matarem, e são porcos nos vícios e na maneira de se tratarem...".
>
> *Gonçalo Alvarez*: "Sabeis qual é a maior dificuldade que lhes acho? Serem tão fáceis de dizerem a tudo sim ou 'pá', ou como vós quizerdes; tudo aprovarão logo, e com a mesma facilidade com que dizem 'pá' (sim) dizem 'baani' (não)".

A opção de Nóbrega, expressa no Diálogo, é a de cristianizar pelo método da força, da coerção. Anchieta expressa a mesma opção: "Vindo aqui muitos cristãos sujeitarão os gentios ao jugo de Cristo, e assim estes serão obrigados a fazer por força aquilo que não é possível levá-los por amor".[35]

Noutra carta, citando a parábola do banquete, do capítulo 14 do Evangelho de Lucas, Anchieta afirma que "para este gênero de gente não há melhor pregação do que a espada e a vara de ferro, na qual mais do que em nenhuma outra é necessário que se cumpra o *compelle eos intrare*", "obrigai-os a entrar".[36] Esse argumento teológico foi comumente utilizado, num entendimento da religião dos nativos como expressão do poder diabólico.[37]

---

[34] AGNOLIM, op. cit., p. 280.

[35] In: LEITE, Serafim. *Cartas dos primeiros jesuítas do Brasil*, cit., v. II, p. 118.

[36] Lucas 14,15-24. ANCHIETA, J. *Cartas, informações, fragmentos históricos e sermões*, cit., p. 196. BEOZZO, J. O. O diálogo da conversão do gentio, cit. (nota de rodapé n. 69).

[37] AZZI, R. *A Teologia católica...*, cit., pp. 63-64.

Porém, embora a sujeição do nativo fosse no sentido de uma implacável repressão aos seus costumes, como o da guerra e dos rituais relacionados a ela,[38] a opção do projeto missionário é também pelo recurso da "guerra justa", que rendia mão de obra legalizada de "índios", como escreveu Nóbrega:

> Sujeitando-se o gentio, cessarão muitas maneiras de haver escravos mal havidos, e muitos escrúpulos, porque serão os homens escravos legítimos, tomados em guerra justa, e terão serviço e vassalagem dos índios e a terra se povoará e Nosso Senhor ganhará muitas almas e Vossa Alteza terá muita renda, porque haverá muitas criações e muitos engenhos, já que não haja ouro e prata.[39]

Seria diferente, um século depois, a posição de alguns jesuítas contrários à aliança entre missão e dominação colonial. Entre eles, o Padre Antônio Vieira condenaria a cobiça dos colonizadores que escravizavam nativos, especialmente em seu Sermão da Epifania.[40]

O que Nóbrega apontou, através do seu "Diálogo", como caminhos de retomada e revigoramento da missão, era: investir nos filhos e netos daqueles "índios" convertidos à força, virem muitos portugueses para subjugá-los, multiplicar colégios nas cidades para educar os "índios" meninos, com o objetivo da redução.

No fundo, o Diálogo da Conversão do Gentio desvenda a precariedade da conversão forçada, mas insiste nela. Longe de tomar o nativo como interlocutor, e sem uma orientação da missão no sentido de impedir a tragédia do genocídio e até etnocídio contra os povos da terra, apenas se volta para a salvação de sua alma.

No final da década de 1980, o povo Yanomami da Amazônia brasileira fez um pronunciamento "a todos os povos da terra",

---

[38] AGNOLIM, op. cit., p. 289.
[39] LEITE, Serafim. *História da Companhia de Jesus.* Lisboa/Rio de Janeiro: Livraria Portugalia: Civilização Brasileira, 1938, t. I, p. 116.
[40] VIEIRA, Antônio. *Obras completas do Padre Antônio Vieira.* Sermões. Porto: Artes Gráficas, 1993, v. I.

denunciando a invasão de suas terras por mais de quarenta mil garimpeiros em busca de ouro. Muitas aldeias foram destruídas, as águas contaminadas pelo mercúrio, suas mulheres estupradas e roubadas e quinze por cento de sua população foi dizimada, por destruição e doenças trazidas pelos brancos. Os sobreviventes, para não morrerem de fome, tornaram-se carregadores e quase escravos dos garimpeiros:

> O governo não está nos respeitando. Ele pensa em nós como animais... Eu sou Yanomami. Nós Yanomami pensamos que o homem branco era bom para nós. Agora eu estou vendo que é a última invasão da terra indígena. As outras já estão invadidas. Chegaram para tomar a nossa terra. Estão tomando. A mesma coisa já aconteceu lá fora com outros irmãos índios da América. Agora acontece aqui na nossa terra. O governo não deveria fazer isso. Ele sabe que nós somos os brasileiros mais antigos, que nascemos aqui, nos chamamos Yanomami... Eles só conhecem o negócio de dinheiro. O nosso pensamento é a terra.[41]

QUESTÕES

1) Explique o diferencial do messianismo guerreiro do povo português na conquista e tomada de posse do Brasil.

2) Faça um elenco do que se constituiu em violência contra os povos nativos, no processo de estabelecimento da colônia e da cristandade lusa, bem como no processo da missão.

3) Escreva um poema ou uma mensagem noutra forma literária, a partir do título: "Cruz armada, conquista sacralizada".

---

[41] YANOMAMI, Davi Kopenawa. Declaração a todos os povos da terra. Boa Vista-RR, 28 ago. 1989. In: *Ação pela cidadania. Yanomami: a todos os povos da terra.* Brasília/ São Paulo: OAB, CIMI, NDI: CCPY, CEDI, 1990.

III
Religião proibida

Objetivos

- Possibilitar a identificação do pluralismo religioso instaurado no Brasil à revelia da ordem colonial.
- Introduzir uma interpretação histórica das resistências religiosas nos espaços marginais do catolicismo obrigatório.
- Provocar a discussão a respeito do caráter de resistência cultural e política da religião, nos espaços do catolicismo obrigatório e à sua margem.

Presença e missão protestante[1]

O Brasil colonial contou com uma presença de cristãos protestantes, que vinham de nações europeias nas quais o protestantismo havia triunfado. Eram funcionários de empresas coloniais, além de corsários e piratas que chegavam em navios. Mas também houve tentativas de colônias por parte de protestantes.

Pelo fato da radical intolerância do projeto colonial português em relação aos não católicos, os protestantes foram tratados como inimigos marítimos. Os que não se submetiam ao catolicismo obrigatório eram condenados como hereges luteranos.

---

[1] Neste assunto temos a interpretação histórica de BASTIAN, Jean-Pierre. O protestantismo na América Latina. In: DUSSEL, E. (Org.). *Historia Liberationis: 500 anos de História da Igreja na América Latina*. São Paulo: Paulus, 1992, pp. 467-510. Também: GRIJP, Klaus van der. As missões protestantes. In: VV. AA. *História da Igreja no Brasil: ensaio e interpretação a partir do povo. Primeira Época*. 4. ed. São Paulo/Petrópolis: Paulinas/Vozes, 1992, t. II/1, pp. 137-141.

Nos autos da fé, frequentemente esse chamado "protestantismo de invasão" entrava na listagem dos desviantes, fantasmas, judeus, sodomitas e feiticeiros, todos condenados. Assim era incutida na mentalidade popular uma aversão aos protestantes e aos estrangeiros. Mas as autoridades coloniais e eclesiásticas combatiam o protestantismo principalmente porque o entendiam como portador da modernidade liberal, que ameaçava a ordem natural, a hierarquização racial estabelecida e, consequentemente, a ordem econômica e política.[2]

Bem cedo houve uma tentativa de colônia protestante no Brasil, por parte dos huguenotes, isto é, calvinistas franceses. Fugindo das guerras de religião, em 1555 eles invadiram a Guanabara, no Rio de Janeiro, onde fundaram a França Antártica, com o objetivo de ali viver sua liberdade religiosa e implantar na América uma civilização cristã pautada na Reforma.

Diante desse fato, os portugueses aliaram-se aos Tupi, enquanto os huguenotes da França Antártica aliaram-se às nações inimigas dos Tupi. Mas os portugueses tiraram vantagens dessa aliança pelos dois lados, escravizando nativos dos povos inimigos e equipando os Tupi para a guerra, com ferramentas e armamentos de ferro. Assim, com mais desenvoltura, as nações Tupi desbravavam para os portugueses aquela terra ainda desconhecida.[3]

No cargo de governador, o vice-almirante Nicolau Durand de Villegaignon chamou a ilha de Forte de Coligny, em homenagem a um político da nobreza da França que lhes deu proteção e ajuda financeira, Gaspar de Coligny. Da parte da religião, vieram de Genebra doze calvinistas com credenciais de Calvino; dois deles eram pastores ordenados: Pierre Richier e Guillaume Chartier.

---

[2] BASTIAN. O protestantismo na América Latina, cit., p. 473.
[3] BITTENCOURT FILHO, José. *Matriz religiosa brasileira: religiosidade e mudança social*. Petrópolis: Vozes/ Koinonia, 2003, p. 96.

Um fato relevante é que, ali na baía de Guanabara, em 10 de março de 1557 os huguenotes celebraram o primeiro culto protestante fora do território europeu. Entretanto, dissensões internas instauraram-se na colônia, provocadas pela ambiguidade política e religiosa do governador Villegaignon que, inclusive, tentou implantar práticas cúlticas católico-romanas.[4] Ele entrou em disputas teológicas com os calvinistas genebrinos e o conflito radicalizou-se a ponto de o pastor Chartier voltar à Europa para pedir o parecer das autoridades calvinistas.

Entretanto, dezesseis correligionários, entre os quais estava o Pastor Richie, tomaram a decisão de regressar à França. Porém, diante das precárias condições do navio que os levaria, quatro deles desistiram da viagem e voltaram para a colônia. Desconfiado de uma possível armadilha, o governador tratou de livrar-se deles, obrigando-os a produzir um fato condenatório. Eles teriam que escrever de próprio punho, no prazo de doze horas, uma declaração sobre os pontos teológicos controvertidos.

Corajosamente, os quatro elaboraram uma Confissão de Fé, em dezessete artigos concisos, na fidelidade aos ensinamentos de Calvino, e a assinaram. Porém, um deles retratou-se. Os outros três, João Du Bourdel, Mateus Vermeil e Pedro Bourdon, depois de submetidos a violento interrogatório e postos na prisão, foram enforcados por ordem do governador. Passaram para a história como os três primeiros mártires cristãos da América e suas declarações constituem a *Confessio Fluminensis*.[5]

Coligny retirou sua proteção, Villegaignon teve que voltar para a França e a colônia teve seu fim em 1560, quando os portugueses expulsaram os franceses da Guanabara.

---

[4] Ibid., p. 96.

[5] *Confessio Fluminensis*, que traduzimos do latim para Confissão de Fé Fluminense. A execução foi em 9 de fevereiro de 1558. Ver: RIBEIRO, Domingos. *Origens do evangelismo brasileiro: escorço histórico*. Rio de Janeiro: Apollo, 1937, pp. 39-47.

Como entende Gouvêa Mendonça, as lutas de Reforma, contemporâneas às lutas pela hegemonia política e econômica entre as nações da Europa, estenderam-se ao Brasil precocemente. A colônia huguenote do Rio de Janeiro, em sua vida efêmera de cinco anos, refletiu internamente os conflitos teológicos da Reforma e não deixou marcas. Não obstante, propiciou o evento histórico da elaboração da primeira confissão de fé reformada do continente, num ambiente estranho e selvagem.[6]

Entretanto, outra colônia protestante se estabeleceu no Brasil. Bittencourt Filho explica esse processo:[7]

> A alta produtividade açucareira do Brasil despertou a cobiça da Holanda. Esta nação havia-se tornado independente do domínio ibérico e avançava a passos largos na construção do seu próprio império, inclusive se apoderando de algumas das colônias portuguesas na África e na Ásia. E para atacar as possessões ibéricas também no continente americano, em 1621 fundou a Companhia das Índias Ocidentais.

Em 1628 os holandeses invadiram a capitania de Pernambuco, a mais cobiçada dentre os centros de produção açucareira. Confrontaram-se com as forças locais até 1635, quando já dominavam boa parte do Nordeste. E, na perspectiva da consolidação de um Brasil holandês, apaziguado e lucrativo, foi nomeado governador o Conde João Maurício de Nassau-Siegen. Com seu tato diplomático e pacificador, ele conseguiu a adesão de grande parte dos senhores de engenho da região. Mas teve depois sua oposição, à medida que os impostos foram-se tornando altos demais.

Justamente, esse empreendimento mercantil, com abuso de mão de obra escrava assim como as demais colônias, resultou na

---

[6] MENDONÇA, Antonio Gouvêa. Evolução histórica e configuração atual do protestantismo no Brasil. In: MENDONÇA, Antônio G.; VELASQUES FILHO, Prócoro. *Introdução ao protestantismo no Brasil*. São Paulo: Loyola, 1990, pp. 25-26.
[7] BITTENCOURT FILHO, op. cit., pp. 98-100.

segunda tentativa de implantação do protestantismo no Brasil. Eram holandeses vinculados à Igreja Reformada e sob a liderança de um calvinista convicto, Nassau. Assim, conseguiram consolidar uma colônia claramente calvinista e bem aparelhada em seu sistema eclesiástico.

Diferentemente dos da França Antártica, empenharam-se em fazer missão em vários pontos importantes do território nordestino, além de realizarem obras de assistência social e educacional. Para converter os nativos adotaram o mesmo sistema dos jesuítas portugueses, que era o dos aldeamentos, e compuseram um breve catecismo trilíngue, em tupi, holandês e português, que teve a divulgação proibida pela Igreja Reformada. Os *predicantes*, seguindo os parâmetros do conceito calvinista de teocracia, empenharam-se numa conduta moral exemplar, na observância do descanso dominical e no zelo pela integridade da vida matrimonial na colônia. Nesse sentido, fizeram a legislação proibir a venda do escravo negro separado de sua mulher.

O período de liderança de Nassau caracterizou-se por uma ampla liberdade religiosa, inclusive para os judeus. Isso destoava um pouco dos pontos de vista da Igreja Reformada da Holanda, e foi um dos motivos da não autorização da permanência de Nassau por mais tempo como governador, apesar do significativo apoio popular que ele tinha. Nos vinte e quatro anos de duração dessa colônia, as conversões foram bem reduzidas. Além da tensão constante pela expectativa da restauração portuguesa a qualquer momento, o império português impedia qualquer modalidade alternativa de cristianismo.

Expulsos em 1654 pelos portugueses, que se fizeram reforçar por nativos e negros, os holandeses deixaram suas marcas no Nordeste brasileiro, não só em traços físicos, mas também em certas noções calvinistas que se enraizaram na mentalidade dos nativos da região.[8]

---

[8] MENDONÇA, op. cit., p. 26.

Povos Tupi-Guarani rumo à Terra sem Mal

Muitos relatos dos séculos XVI e XVII falam de um clima de efervescência religiosa entre os Tupi da costa brasileira, visto, inclusive, como explosões de entusiasmo coletivo. Destacaram-se os Tupinambá.

O relato mais antigo, de 1549, foi feito pelo Padre Manuel da Nóbrega. Após referir-se ao que entendia como a falta de crenças dos nativos, Nóbrega dizia que "feiticeiros" chegavam para "fazer santidade":

> ... antes que cheguem no lugar, andam as mulheres de duas em duas pelas casas, dizendo publicamente as faltas que fizeram a seus maridos, e umas às outras, e pedindo perdão delas. E chegando o feiticeiro com muita festa ao lugar, entra em uma casa escura e põe uma cabaça que traz em figura humana em parte mais conveniente para seus enganos, e mudando a voz com a de menino junto da cabaça, lhes diz que não curem de trabalhar, nem vão à roça, que o mantimento por si crescerá, e que nunca lhes faltará o que comer, e que por si virá à casa, e que as enxadas irão a cavar e as flechas irão ao mato por caça para seu senhor, e que hão de matar muitos dos seus contrários, e cativarão muitos para seus comeres, e prometer-lhes longa vida, e que as velhas se hão de tornar moças, e as filhas que as deem a quem quiserem, e outras coisas semelhantes lhes diz e promete, com que os engana, de maneira que creem haver dentro da cabaça alguma coisa santa e divina, que lhes diz aquelas coisas, as quais creem. Acabando de falar o feiticeiro começam a tremer, principalmente as mulheres, com grandes tremores em seu corpo, que parecem demoninhadas (como de certo o são), deitando-se em terra, e escumando pelas bocas, e nisto lhes persuade o feiticeiro que lhes entra a santidade, e a quem isto não faz tem-lho a mal. Depois lhe oferecem muitas coisas e nas enfermidades dos gentios usam também destes feiticeiros de muitos enganos e feitiçarias.[9]

---

[9] NÓBREGA, Manuel da. Informação das Terras do Brasil. In: LEITE, Serafim. *Cartas dos primeiros jesuítas no Brasil (1538-1553)*. São Paulo: Comissão do IV Centenário da Cidade de São Paulo, 1954, v. I, p. 150.

Cardim, em 1625, ao tratar do conhecimento que os nativos tinham do criador, escreveu que eles usavam de alguns feitiços e feiticeiros que simplesmente "se dão a chupar em suas enfermidades, parecendo-lhes que receberão saúde". Mas também fez uma descrição detalhada do que faziam alguns "feiticeiros" que se levantaram entre eles algumas vezes, geralmente "algum índio de ruim vida", a quem os nativos chamam *karaíba*, Santo ou Santidade. Cardim prossegue:

> ... este faz algumas feitiçarias e cousas estranhas à natureza, como mostrar que ressuscita a algum vivo que se faz morto, e com esta e outras cousas similhantes traz após si todo o sertão enganando-os dizendo-lhe que não rocem, nem plantem seus legumes e mantimentos, nem cavem, nem trabalhem etc., porque com sua vinda é chegado o tempo em que as inchadas por si hão de cavar, e os *panicús* ir às roças e trazer os mantimentos, e com estas falsidades os traz tão embebidos, e encantados, deixando de olhar por suas vidas e granjear os mantimentos que, morrendo de pura fome, se vão estes ajuntamentos desfazendo pouco a pouco, até que a Santidade fica só ou a matão.[10]

Ficaram registrados muitos relatos da "santidade" nos séculos XVI e XVII, fragmentários, mas convincentes quanto às suas características e ao seu sentido de revolta contra a colonização. Os *karaíbas*, por seus poderes, estavam habilitados a entrar em qualquer aldeia, mesmo inimiga. Tornaram-se cada vez mais importantes e passaram a ser reconhecidos como reencarnação de heróis tribais. As cerimônias realizavam-se de tempos em tempos, com danças especiais e prolongadas, cantos especiais, bebida de cauim e petim, para dar leveza ao corpo e elevá-lo.[11]

---

[10] CARDIM, Pe. Fernão. *Tratados da terra e da gente do Brasil*. São Paulo: Companhia Editora Nacional, 1978, p. 102.
[11] VAINFAS, Ronaldo. *A heresia dos índios: catolicismo e rebeldia no Brasil Colonial*. São Paulo: Companhia das Letras, 1995.

No entanto, a insistência desses *karaíbas* em não trabalhar, pois os alimentos cresceriam sozinhos e as flechas caçariam sozinhas no mato, bem como os seus anúncios de fatos maravilhosos estavam relacionados a uma grande festa de renovação, que inaugurava uma temporânea inversão da ordem, ritualizada e controlada, em função de se restabelecer a mesma ordem. Porém, nos relatos dos cronistas aparece uma tradução etnocêntrica da personagem do caraíba, caracterizando-o como "profeta".[12]

É importante considerar que, dos esforços dos missionários por traduzir conceitos dos Tupi, não poucas vezes resultava algo problemático para a compreensão dos nativos. Por exemplo, para traduzir o "sagrado" ou a "santidade" nos sistemas doutrinários compostos segundo o vernáculo tupi, impôs-se a construção de um neologismo curioso, numa ressemantização da expressão *karaíba*, em várias situações. Assim, a expressão *karaibebé* resultou de uma transformação de sentido, pois é a junção do sagrado com o verbo tupi *bebé*, que significa voar, de modo que o anjo se tornou uma "santidade voadora". E o termo "santidade", que é núcleo polissêmico, acabaria possibilitando uma outra leitura, como ocorreu por parte de alguns segmentos das populações Tupi.[13]

Isso se explica na dinâmica do encontro entre missionários e nativos, num contexto de mudanças rápidas, tanto na população indígena e em suas crenças, quanto na constante redefinição dos conteúdos da catequização. As práticas e os símbolos estavam em constante transformação. Além disso, os olhares e leituras que estavam em circulação não eram só os dos padres e os dos "índios", mas também os de homens e mulheres mamelucos, brancos, cristãos velhos e cristãos novos. Desse modo, o que os jesuítas chamaram

---

[12] POMPA, M. Cristina. *Religião como tradução: missionários, Tupi e "Tapuia" no Brasil Colonial.* (Tese de Doutorado). Campinas, SP: Universidade Estadual de Campinas, 2001, pp. 117-118, inclusive nota 41.

[13] AGNOLIM. *Jesuítas e selvagens: a negociação da fé no encontro catequético-ritual americano-tupi (séc. XVI-XVII).* São Paulo: Humanitas/FAPESP, 2007, p. 91.

de "a santidade" era uma formação híbrida. De fato, os próprios colonizadores inscreveram o catolicismo na mitologia tupi, acordando ali a religiosidade popular lusitana marcada pela magia. Acrescentou-se a tudo isso o olhar dos inquisidores, num malabarismo para enquadrar essas práticas indígenas no patamar da heresia e da bruxaria.[14]

Meliá, estudioso dos Guarani, explica que entre estes e os brancos houve um encontro e uma tradução recíproca de horizontes culturais. Os jesuítas, particularmente, tinham um horizonte utópico, no qual se foram redefinindo as categorias de tempo e espaço dos nativos; assim, construiu-se o espaço de um novo *teko*, modo de ser, tanto dos missionários quanto dos Guarani. Quanto ao termo para designar o líder religioso, que era o grande xamã, chamado *karaíba* pelos Tupinambá e *karaí* pelos Guarani, sofreu profundas transformações semânticas à medida que os conquistadores europeus buscaram reduzir o nativo às suas categorias.[15] Foi assim que o *karaíba* passou a ser designado como profeta indígena, obviamente entendido como falso profeta.

A tradução desse fenômeno como "santidade" e dos *karaíbas* como "profetas" é uma construção negociada. Estabeleceu-se no jogo de espelhos entre padres e *karaíbas*, como se fosse uma guerra entre verdadeiros e falsos profetas.[16]

A Inquisição, através do Santo Ofício de Lisboa, chamou esse fenômeno de "heresia e abusão do gentio do Brasil". Para Vainfas trata-se da "heresia do trópico", uma santidade proibida, que se moldou na matéria-prima da colonização cristã em língua tupi e se afirmou na oportunidade da fluidez das fronteiras culturais, característica do primeiro século da colônia. Manifestava a tenacidade da

---

[14] POMPA, op. cit., pp. 2 e 130.

[15] MELIÁ, Bartolomeu. *El Guarani Conquistado e Reducido*. Asunción: Biblioteca Paraguaya de Antropologia, 1988, p. 204.

[16] POMPA, op. cit., pp. 43-44.

resistência sociocultural dos nativos, em meio à complexidade do processo de aculturação e o triunfo do colonialismo escravocrata.[17]

O foco principal desses cultos, no Recôncavo baiano, foi a Santidade do Jaguaripe, entre 1580 e 1585.[18] Em seu núcleo ela reuniu centenas de pessoas num ajuntamento eclético. Embora predominassem os Tupinambá, eram nativos de vários povos, entre foragidos de engenhos e fazendas, foragidos das missões, egressos de aldeias ainda não reduzidas e até alguns chamados "negros da Guiné". A santidade do Jaguaripe promoveu rebeliões e conseguiu dificultar as conquistas dos portugueses no sertão. Seus adeptos incendiavam engenhos e aldeamentos jesuíticos, prometiam iminente alforria na Terra sem Mal, enquanto os portugueses seriam por eles escravizados e mortos. Os senhores da capitania, bem como jesuítas e governadores, entraram num combate violento. Os nativos foram castigados e reescravizados.

O líder era um tupinambá que havia passado pela mão dos jesuítas. Seu nome de batismo cristão era Antônio. Fugira do aldeamento da ilha de Tinharé, capitania de Ilhéus, para "alevantar índios". Como *pajé-açu*, ou autêntico *karaíba* tupi, dizia encarnar Tamandaré, o ancestral maior dos Tupinambá. Assim, era nas mais arraigadas tradições tupi, especialmente a mitologia heroica da criação do mundo e a busca da Terra sem Mal, que Antônio Tamandaré ancorava seu discurso e legitimava o seu poder. Também dizia ser o papa da verdadeira igreja. Por ser meio cristão e meio tupi, deixou marca de ambiguidades na comunidade religiosa que liderou, bem como na sua mensagem profética.

Essas manifestações religiosas foram sempre reprimidas de modo truculento, pelas autoridades coloniais e pela Igreja Católica. Diante do tribunal da Inquisição, em 1591 e 1592, houve confissões e denúncias na Bahia e em Pernambuco. Porém, a intromissão de visitadores inquisitoriais do Santo Ofício, que cederam aos

---

[17] VAINFAS, op. cit.

[18] A santidade do Jaguaripe foi estudada por Vainfas em sua obra já citada, *A heresia dos índios*.

interesses maiores do colonialismo, acirrou o ânimo dos próprios colonos e ninguém destruiu de vez a "heresia", que se converteu definitivamente numa fonte de rebelião, desdobrada em muitos movimentos de resistência ao longo do século XVII.

Roger Bastide afirma que essa "santidade" já era o início da elaboração do culto dos encantados. A Inquisição não conseguiu acabar com a possibilidade de trocas entre as culturas dos nativos e o catolicismo, nem com a função do fumo, que permaneceu. Assim, o culto dos caboclos do sertão, mais ou menos cristianizados, logo faria a transição entre a "santidade" e o catimbó.[19]

No entanto, também se destacaram os movimentos migratórios, em muitos casos alimentados pelo mito do lugar e tempo sagrado que, em Guarani, chama-se *Yvy maran'ei*, Terra sem Mal, geralmente interpretada como a morada dos ancestrais, dos espíritos dos bravos e dos homens-deuses; o lugar da abundância, da juventude eterna e da completa felicidade.[20]

Porém, o mito da Terra sem Mal não é algo exclusivamente Guarani, viria desde antes de Colombo, chegando até nossos dias, como têm explicado diversos autores. Na mais antiga acepção registrada documentalmente, *Yvy maran'ei* significa uma terra virgem. A busca econômica dessa terra pode ter sido o motivo principal de muitas das migrações dos Guarani. A modificação de sentido para Terra sem Mal, provavelmente, está ligada à história colonial que os Guarani tiveram de suportar. Na busca de um solo onde poderiam viver seu modo de ser autêntico, após muitas migrações forçadas, provavelmente eles fizeram a expressão Terra sem Mal significar, ao mesmo tempo, terra física (concepção antiga) e terra mística.[21]

---

[19] BASTIDE. *As religiões africanas no Brasil: contribuição a uma sociologia das interpretações de civilizações*. São Paulo: Pioneira, 1971, p. 244.

[20] CLASTRES, Hélène. *A terra sem mal*. São Paulo: Brasiliense, 1978. VAINFAS. *A heresia dos índios*, cit., pp. 73-117.

[21] MELIÁ, op. cit., pp. 107-108.

Segundo Lanternari, os Tupinambá, a partir dos primeiros contatos com os brancos colonizadores, empreenderam maciços movimentos migratórios, por motivos de choque intercultural e violências dos colonizadores, mas também fundamentados em seus mitos originários, que eles renovaram e ressignificaram através de processos de sincretismo.[22] Temos que considerar também a explicação de Monteiro, de que os motivos das fragmentações e deslocamentos dos povos Tupi-Guarani eram os mais diversos, como o desgaste do solo, a falta de caça, o seguimento de algum líder carismático, disputas entre facções, morte de algum líder.[23]

Seguindo-se as fontes de Métraux, o mais antigo e mais destacado dos diversos movimentos migratórios de povos Tupi-Guarani ocorreu por volta de 1539. Cerca de dez mil Tupinambá saíram da costa do Atlântico à procura da "Terra da imortalidade e do perfeito repouso". Dez anos depois, uns trezentos deles alcançaram Chachapoyas, no Peru, após terem atravessado quase toda a América do Sul em sua extensão máxima. Os espanhóis, ouvindo deles sobre cidades fabulosas e riquezas inimagináveis, acenderam sua imaginação e acabaram impelidos a ir em busca do Eldorado, numa afortunada expedição de Pedro de Ursua.[24]

D'Abbeville registrou a atividade de um pajé mameluco que, no final do século XVI, liderou a marcha de quase dez mil nativos desde a região do Rio de Janeiro. Proclamando-se nascido da boca de Deus, dizia que Deus o havia enviado à terra para fundar uma nova religião. Através de prodígios proporcionava alimento e bebida aos

---

[22] LANTERNARI, Vittorio. *As religiões dos oprimidos: um estudo dos modernos cultos messiânicos*. São Paulo: Editora Perspectiva, 1974, p. 190.

[23] MONTEIRO, op. cit.

[24] LANTERNARI, op. cit., pp. 191-192. As fontes de Métraux são principalmente os textos publicados por Jimenez de la Espada, com o título *Relaciones Geográficas de Índias*, entre 1881 e 1897, em Madri.

seus seguidores. Por onde passava ia arrastando consigo os habitantes das aldeias.[25]

No entanto, é importante ultrapassarmos as generalizações, nas tipologias classificatórias e chaves interpretativas desses fenômenos religiosos, como ocorreu da parte de cientistas sociais do século XX, que encontraram fontes já constituídas. Segundo eles, esses fenômenos ocorridos no litoral, observados pelos cronistas da época colonial, e outros fenômenos ocorridos entre os Guarani do Paraguai e do Sul do Brasil, observados pelos etnólogos da primeira metade do século XX, se constituiriam num único sistema Tupi-Guarani. Consequentemente, o mito da Terra sem Mal e o messianismo a ele atribuído foram geralmente definidos como um núcleo irredutível do modo cultural Tupi-Guarani como um todo. Porém, não há uma única e imutável cultura Tupi-Guarani. Ademais, nas diversas regiões do Brasil, nos diferentes grupos e nas diferentes épocas, diversos processos históricos foram desencadeados pelas várias modalidades de impacto colonial, como a exploração econômica, a escravidão, as epidemias, a catequização.[26]

Na década de 1910, o etnólogo e pesquisador alemão Kurt Nimuendaju viveu entre os Apapocuva-Guarani, vindos do Paraguai e recém-chegados ao litoral paulista. Ali encontrou, em 1912, um grupo de descendentes dos que haviam migrado em 1820. Decididos a prosseguir o caminho para o mar, faziam suas danças rituais noturnas na Praia Grande, a fim de se tornarem leves a ponto de poderem voar para a Terra sem Mal. Os estudos publicados por Nimuendaju[27] mostram que os deslocamentos dessas populações

---

[25] D'ABBEVILLE. *História da missão dos padres capuchinhos na ilha do Maranhão e terras circunvizinhas*. São Paulo/Belo Horizonte: Edusp/Itatiaia, 1975. A obra original, em francês, foi editada em 1614.

[26] As hipóteses dos primeiros estudiosos, principalmente Alfred Métraux, foram tomadas por autores subsequentes como dados objetivos. POMPA, op. cit., pp. 95-99.

[27] NIMUENDAJU, Kurt. *Leyenda de la creación y juicio final del mundo como fundamento de la religion de los apapokuva guarani*. São Paulo: Ed. de Juan Francisco Recalde, 1944.

nativas se embasam em sua mitologia e que sua migração é de natureza fundamentalmente religiosa.

O ideal da Terra sem Mal continua vivo. Os Guarani, especificamente, reelaboraram a ideia de "terra" através de uma complexa trama de significações cosmológicas.[28]

Cristãos novos, judeus sefarditas e judeus novos

Havia muitos judeus na Península Ibérica, que passaram a ser duramente perseguidos desde que se instituiu o Tribunal do Santo Ofício, em 1236. Eles não eram benquistos pelos cristãos, ainda mais porque muitos eram eruditos, destacados nas ciências, com cargos elevados na esfera pública e no comércio exportador. Em 1492, mesmo ano da descoberta da América, os reis católicos da Espanha, Fernando e Isabel, decretaram a expulsão dos judeus de todo o país. Cerca de cento e vinte mil refugiaram-se em Portugal, onde já viviam outros milhares.[29]

Portugal, ao invés de expulsar os judeus, que ali detinham uma significativa força econômica, preferiu forçá-los a passarem para a fé católica. Através dessa medida imposta em 1497, os judeus convertidos e batizados por decreto real passaram a ser considerados "cristãos-novos", diferenciados dos "cristãos-velhos". Para o Brasil vieram muitos desses cristãos-novos, desde a viagem do descobrimento. Por sinal, o capitão-mor da esquadra de Cabral era Gaspar Lemos, cujo nome judeu era Elias Lipner. Outros judeus de destaque estiveram nesse início da colônia, como Fernando de Noronha, o primeiro arrendatário de terras e explorador de 600 milhas da costa brasileira.[30] A respeito de João Ramalho, ao qual já nos

---

[28] MELIÁ, Bartolomeu. La tierra sin mal de los Guarani: economia y profecia. In: *America indígena*. México, 1989. v. XLIX.

[29] MIELE, Neide. Velhos "cristãos-novos" no sertão paraibano. *Revista Lusófona de Ciência das Religiões*, Edições Universitárias Lusófonas, n. 13/14, p. 539, 2008.

[30] Ibid., pp. 539-543.

referimos, sempre pairou a suspeita de que fosse um judeu degredado, o que ele nunca desmentiu nem confirmou.

Desde que a Inquisição foi organizada em Portugal, em 1536, grandes contingentes de cristãos-novos chegaram ao Brasil, entre os que fugiam da perseguição inquisitorial e os que eram obrigados a vir cumprir pena de desterro. Constrangidos no espaço da totalidade da cristandade lusa, sofreram denúncias, perseguições e deportações. O Padre Vieira, lutando pela sua liberdade, denunciou ao papa que em Portugal e no Brasil eles eram vítimas de racismo e de outros crimes.[31]

Em Pernambuco já havia um grande número de cristãos-novos quando a Holanda instalou a Companhia das Índias Ocidentais, em 1621. Com Maurício de Nassau vieram algumas das muitas famílias judias que se haviam refugiado na Holanda depois de serem expulsas da Espanha e de Portugal. Desta sorte, menos de 25 anos depois de iniciada a colônia holandesa, Pernambuco já contava com cerca de 1.500 judeus entre seus 14.500 moradores. No clima de tolerância religiosa dessa colônia, puderam constituir a primeira comunidade judia do Brasil. Ergueram em Recife a sinagoga Zur Israel (Rochedo de Israel) e em Maurícia a Maguem Abraham (Escudo de Abraão), além de outras na Paraíba e em Penedo.[32]

Esses judeus do Brasil holandês eram assumidos. Pouco a pouco se estruturaram com uma característica luso-sefardista, semelhante à que havia em Amsterdã desde o início do século XVII. Mas não era fácil essa experiência *sui generis* de ser comunidade judaica estabelecida em terra de católicos e sob o governo de protestantes calvinistas holandeses. Por causa da constante ameaça de restauração portuguesa a qualquer momento, eles tinham que se manter fiéis aos holandeses, mesmo sofrendo pressões dos predicantes

---

[31] Ibid., pp. 542-544. O papa era Inocêncio XI.
[32] BLAY, Eva Alterman. Judeus na Amazônia. In: SORJ, Bila (Org.). *Identidades judaicas no Brasil contemporâneo*. Rio de Janeiro: Imago Editora, 1997, pp. 42-43.

calvinistas. Um dos motivos dessas pressões era a elevada posição nos negócios e na economia que muitos desses judeus haviam alcançado, por serem eruditos e por falarem holandês e português. Além disso, havia conflitos internos à comunidade judia, por disputas de poder e por questões doutrinárias entre suas duas sinagogas.[33]

A presença de judeus assumidos no Brasil estava concentrada nas terras de cultivo da cana-de-açúcar, nas capitanias do Nordeste, principalmente Pernambuco, Paraíba e Rio Grande do Norte. Pouco mais de 16,5 por cento dos engenhos de açúcar de todo o Brasil, em 1639, pertenciam a judeus. Mas também eram proprietários de engenhos cristãos-novos praticantes de um criptojudaísmo, isto é, que cumpriam as práticas judaicas em segredo, no interior de suas famílias. Estes eram em número maior que os judeus assumidos.[34]

No entanto, o pluralismo religioso da colônia holandesa afigurava-se como um caos. Os judeus luso-sefardistas, bastante influenciados pelo cristianismo católico ibérico, conviviam com os chamados judeus novos, os que haviam recusado o catolicismo, mas que também estavam marcados pelo barroco ibérico. Mais estranha era a posição dos cristãos-novos nesse espaço de judaísmo permitido: eles eram principalmente mercadores, criados e mulatos, que muito pouco entendiam de judaísmo sefardista e que foram circuncidados já adultos ou nem se circuncidaram. E os cristãos novos nascidos no Brasil já não sabiam falar hebraico e ignoravam a existência do Talmud. Com tudo isso, prevaleceu a tolerância em relação aos cristãos-novos.[35]

---

[33] Ibid., pp. 155-157.

[34] MIELE. Velhos "cristãos-novos", op. cit., pp. 539, 545. Em Portugal, os que mantiveram suas práticas religiosas às ocultas ficaram conhecidos como *marranos*, no sentido de imundos.

[35] VAINFAS, Ronaldo. La Babel Religiosa: católicos, calvinistas y judíos en Brasil bajo la dominación holandesa (1630-1654). In: CONTRERAS, Jaime, et al. (Ed.). *Familia, Religión y Negocio. El sefardismo em las relaciones entre el mundo ibérico y lós Países Bajos en la Edad Moderna*. Madrid: Fundación Carlos de Amberes y Ministerio de Asuntos Exteriores, 2002, pp. 321-339.

Como podemos ver, a pretensão de exclusivismo da cristandade lusa foi burlada pelo pluralismo religioso. Laura de Melo e Souza afirma que, nos subterrâneos da cristianização, recente e imperfeita, no Brasil colonial havia uma religiosidade multifacetada e sincrética, constituída inclusive pela feitiçaria, que veio de antigas culturas africanas, indígenas e também europeias. E, com a contribuição da cultura das elites, o diabo ganhou dimensão virulenta na vida cotidiana dos colonos.[36]

Somavam-se ainda ciganos, nativos orientados por seus pajés, africanos de diversas etnias com suas tradições religiosas. A população ficava em pânico quando ocorriam visitações do Santo Ofício, embora estas não tenham sido frequentes. No entanto, as delações de práticas supostamente heréticas ocorriam cotidianamente e eram levadas a outras instâncias do Império português para serem julgadas. As autoridades da Igreja Católica tentavam conter os abusos e normatizar a religião, mas chocavam-se com o os inesperados resultados produzidos por essa mistura.[37]

A Inquisição perseguiu ferozmente os judeus que praticavam sua religião em segmentos minoritários e secretos. Só em Minas Gerais, no século XVIII, eles foram 42 por cento de todos os condenados à morte, acusados de crimes de judaísmo e de pertencimento a sociedades secretas.[38] As mulheres judias foram alvo de muitas acusações, por serem, enquanto responsáveis pelo ambiente doméstico, as grandes propagadoras do judaísmo. Mas também os cristãos-novos eram acusados das mais diversas heresias.[39]

---

[36] MELO E SOUZA. *O diabo e a Terra de Santa Cruz*. São Paulo: Companhia das Letras, 1993, pp. 374-379.
[37] FARIA, Sheila de Castro. *A colônia em movimento: fortuna e família no cotidiano colonial*. 2. reimp. Rio de Janeiro: Nova Fronteira, 1998, p. 306.
[38] NOVINSKY, Anita. Ser marrano em Minas colonial. *Revista Brasileira de História*, São Paulo, v. 21, n. 40, 2001.
[39] ASSIS, Ângelo Adriano Faria de. Inquisição, religiosidade e transformações culturais: a sinagoga das mulheres e a sobrevivência do judaísmo feminino no Brasil

As ondas mais fortes de perseguição inquisitorial aos judeus continuaram até 1772, quando se anulou, por um decreto, a distinção entre cristãos-novos e cristãos-velhos.[40]

Resistências religiosas dos escravos negros

Portugal foi o maior dos impérios negreiros, durante os quase quatro séculos em que vigorou o escravismo colonial no continente americano. Calculam-se perto de quatro milhões os africanos traficados para o Brasil. Porém, esse número pode se elevar a dezoito milhões, se levarmos em conta o grande contingente dos trazidos clandestinamente por comerciantes que se livraram dos elevados impostos, e ainda o acréscimo dos nascidos em cativeiro. O estupro cotidianamente cometido pelos senhores e por escravos reprodutores a mando deles, contra suas escravas, nas áreas de grande produção, rendia o acréscimo de quarenta a cinquenta escravos, filhos jamais reconhecidos como legítimos e condenados à escravidão desde o ventre de suas mães.[41]

Esses milhões de escravos africanos, no Brasil, foram obrigados sob violência a se tornarem oficialmente católicos ou protestantes, com quase nenhuma catequese. Tiveram que fazer suas divindades africanas adaptarem-se ao novo meio, frequentemente escondidas nos santos do catolicismo, assim como suas festas africanas foram aparentemente confundidas com as festas do calendário litúrgico cristão. E a verdade é que os negros só puderam criar suas formas

---

colonial – Nordeste, séculos XVI-XVII. *Revista Brasileira de História*, São Paulo, v. 22, n. 43, pp. 47-66, 2002.

[40] PINTO, Zilma F. *A saga dos cristãos-novos na Paraíba*. João Pessoa: Ideia, 2006, p. 256.

[41] HOORNAERT, Eduardo. *História do cristianismo na América Latina e no Caribe*. São Paulo: Paulus, 1994, pp. 143-144. Um balanço geral do tráfico de escravos negros para o Brasil está em: GOULART, Maurício. *A escravidão africana no Brasil: das origens à extinção do tráfico*. 3. ed. rev. São Paulo: Alfa-Ômega, 1975.

de resistência e reconstruir suas identidades na base de suas religiões originais, e não no cristianismo.[42]

Os africanos arrastados para esta colônia de Portugal, unidos só por desenraizamento, expatriação e escravidão, eram de povos e civilizações com diferentes culturas, tradições, organizações, línguas, hábitos de vida e religiões.[43]

Os bantos, vindos de regiões diversas, especialmente Congo, Mina, Cabinda e Angola, com suas culturas de caráter matrilinear, trouxeram os cultos dos ancestrais, dos espíritos da natureza denominados *nkices* e dos espíritos dos mortos denominados *eguns*. Bastante inteligentes e com acentuada inclinação artística, foram os criadores da capoeira e do samba. Os sudaneses, constituídos pelos grupos iorubá, jeje e fon, trouxeram o culto da ancestralidade a *Egungun* (masculino) e a *Gelede* (feminino); especificamente, dos jejes herdamos os *voduns* e dos iorubás as divindades da natureza denominadas *orixás*. O culto iorubá, com o pai e mestre do céu *Olorum*, o panteão dos orixás, e o grande oráculo chamado *Ifá*, com os *babalaôs*, seus sacerdotes, acabou tendo adesão de muitos escravos que eram de outras etnias.[44]

O regime de escravidão tornava praticamente impossível aos negros criarem laços entre si. Contudo, em alguns lugares, contatos mais intensos entre grupos da mesma cultura escaparam à vigilância dos senhores. Foi o que ocorreu na Bahia. Ali havia um maior número de negros bantos, mas a certa altura passaram a chegar escravos jejes e iorubás, cuja religião acabou sendo seguida pelas etnias já instaladas na região. Assim, surpreendentemente, esses

---

[42] DREHER, M. N. *A Igreja Latino-americana no contexto mundial.* São Leopoldo: Sinodal, 1999, pp. 85-86 (Coleção História da Igreja, v. 4).

[43] VERGER, Fatumbi Pierre. *Orixás: deuses yorubás na África e no Novo Mundo.* 5. ed. Salvador: Corrupio, 1997, pp. 22-25.

[44] Ver: BASTIDE, op. cit.

grupos étnicos uniram-se por laços religiosos.[45] Dessa união nasceria o candomblé, do qual trataremos mais adiante.

Já no tempo da colônia holandesa em Pernambuco, negros escravos, nas horas de folga, praticavam uma dança sagrada ao toque de tambores, acompanhados por chocalhos, cabaças, reco-recos. Era o *xangô*. Em certas ocasiões exercitavam seus ritmos e danças com percussão ruidosa, como práticas de religião e também música de guerra. Os portugueses, ignorando seu universo cultural-religioso, chamavam de batuques. Outra cerimônia religiosa conhecida como *calundu* era praticada na Bahia pelos escravos, ao cair da noite. Os senhores, e também escritores e poetas, a chamavam de "baile de bárbaros".[46]

O fato é que, através dessas cerimônias artístico-religiosas, os negros estavam recriando, no contexto do Brasil escravista, certas tradições e práticas do seu vasto e complexo universo cultural africano. Com eles participavam também brancos pobres.

Os chamados batuques eram encontros de negros com danças, cantos e tambores. Eram praticados fora da esfera pública, com um caráter mais reservado. Porém, sua verdadeira natureza sempre escapou à compreensão dos observadores brancos.[47]

Mesmo assim, as perseguições logo se insurgiram contra eles, pelo medo do ajuntamento de negros. Passou-se depois à proibição dos batuques classificados como "desonestos". Assim, entre 1768 e 1769, o governador de Pernambuco, Dom José da Cunha Grã Ataíde, proibiu os de cunho religioso, praticados às escondidas por "pretos da Costa da Mina", ou "em casas e roças, com uma preta mestra com altar de ídolos". Deixou correrem os destinados ao lazer que, como afirmou, "ainda que não sejam os mais inocentes,

---

[45] VERGER, op. cit., pp. 22-23.

[46] É oportuna neste assunto a obra de José Ramos Tinhorão: *Os sons dos negros no Brasil. Cantos, danças, folguedos: origens*. São Paulo: Editora 34, 2008.

[47] MONTEIRO, Marianna; DIAS, Paulo. Os fios da trama: grandes temas da música popular tradicional brasileira. *Estudos Avançados*, USP, v. 4, n. 69, set/ 2010.

são como os fandangos de Castella e as fofas de Portugal". Esse parecer do governador de Pernambuco foi seguido pelo Ministro Martinho de Melo, que mandou proibir, por decreto régio, as "danças supersticiosas e gentílicas". As cerimônias categorizadas como honestas e permitidas eram os cortejos e folias que acompanhavam os reinados nas irmandades, bem como as devoções católicas populares em geral.[48]

Os negros aproveitavam-se dos dias de festa de santo, do catolicismo, como ocasião de reconstruir uma identidade pessoal e coletiva. Geralmente os senhores escravocratas se opunham a liberar seus escravos do trabalho, por isso as autoridades da Igreja tiveram que insistir muito para que fossem guardados os domingos e "dias santos". Daí se originaram os "reisados", ou seja, reinados do Congo.[49] A respeito deles afirma Antonil:

> ... não lhes estranhe os senhores o criarem seus reis, cantar e bailar por algumas horas honestamente em alguns dias do ano, e o alegrarem-se honestamente à tarde depois de terem feito pela manhã suas festas de Nossa Senhora do Rosário, de São Benedito e do orago da capela do engenho, sem gasto dos escravos, acudindo o senhor com sua liberalidade aos juízes, e dando-lhes algum prêmio do seu continuado trabalho. Porque se os juízes e juízas das festas houverem de gastar do seu, será causa de muitos inconvenientes e ofensas de Deus por serem poucos os que podem licitamente ajuntar.[50]

Como se pode ver, a partir de suas culturas e no estreito espaço das festas católicas de santo, os escravos negros recriaram uma comunidade, estruturada com reis, rainhas, juízes e juízas, governadores e outros cargos, a qual se movia com relativa liberdade. Mas veio a repressão, pois essa comunidade era percebida como

---

[48] TINHORÃO, op. cit., pp. 43-44.
[49] HOORNAERT. A cristandade durante a primeira época colonial. In: VV. AA. *História da Igreja no Brasil*, cit., p. 390.
[50] ANTONIL. *Cultura e opulência do Brasil*. Rio de Janeiro, 1923, pp. 96-97.

um perigo constante ao equilíbrio da vida social estabelecido nos engenhos e fazendas.[51]

No século XVII já havia muitos grupos rituais de negros que saíam às ruas, dirigindo-se para o adro e a nave das igrejas de seus santos, ou para as casas de seus pares e senhores. Os nomes desses grupos eram congo, congada, afoxé, taieira, reinado, maracatu, cucumbi, moçambique, cabinda e outros. Os congos e congadas, ou congados, que são rituais de negros católicos persistentes ainda hoje por quase todo o Brasil e vivos durante quase todo o ano, geralmente reproduzem, durante festejos populares da Igreja Católica, antigos ritos de louvor a entidades religiosas reconhecidas como protetoras dos negros, como São Benedito, Santa Efigênia e Nossa Senhora do Rosário.[52]

Os senhores brancos acabaram convencendo-se, no final do século XVII, de que as "batucadas" dos negros eram cultos religiosos. Então se acirraram as perseguições, da parte das autoridades coloniais civis e eclesiásticas.

QUESTÕES

1) Descreva sucintamente o panorama religioso do Brasil na época colonial.
2) Crie um material audiovisual, ou uma sequência de cartazes a serem expostos em varal, mostrando algumas resistências religiosas dos nativos e dos negros à ordem colonial escravista.
3) Escreva uma reflexão com este título: "Quando os dominadores têm medo da religião dos dominados".

---

[51] HOORNAERT. A cristandade durante a primeira época colonial, cit., p. 390.
[52] BRANDÃO, Carlos Rodrigues. *De tão longe eu venho vindo: símbolos, gestos e rituais do catolicismo popular em Goiás*. Goiânia: Editora da UFG, 2004, p. 323.

IV
Missão e colonização

Objetivos

- Introduzir uma visão histórica dos principais ciclos da missão cristã católica entre os nativos, na época colonial.
- Motivar a discussão a respeito das atitudes dos missionários, seja na submissão ao padroado régio e no percurso da colonização, seja por caminhos e modos alternativos.

A missão em ciclos colonizadores[1]

No Brasil colonial, a missão de cristianizar os nativos foi quase sempre empreendida como um movimento de expansão religiosa e com o imaginário da guerra de cristãos contra os pagãos. Contra a selvageria do "índio", gentio e nu, estavam o crucifixo e a batina do padre. O "índio brabo" era conjurado a juntar-se ao "índio manso", aquele já subjugado. Nesse mesmo imaginário estava o negro escravizado posto de joelhos, reduzido à obediência, diante do missionário com o crucifixo na mão.[2]

A própria missão submetia-se a outra instância, que era o padroado régio português. Todo missionário, mesmo vindo de outro país, tinha a obrigação de passar por Portugal e, numa audiência particular com o rei, jurar-lhe fidelidade, dele obtendo autorização explícita.

---

[1] Neste tópico, valemo-nos principalmente da interpretação histórica de Eduardo Hoornaert, em seu texto: A evangelização do Brasil durante a primeira época colonial, cit., pp. 21-152.

[2] HOORNAERT. *História do cristianismo...*, cit., pp. 157-161.

No entanto, o sustento dos missionários, por folha de pagamento da administração colonial portuguesa, era feito através de um roubo institucionalizado: do Brasil iam dízimos para o reino, que voltavam na forma de redízimas. A redízima, como um favor, era um dinheiro todo parcelado de maneira a garantir inúmeros privilégios concedidos pelo rei, em nome da sustentação do culto. Para as missões no interior sobrava pouco. Não é de se estranhar as frequentes queixas de religiosos de que os oficiais do rei os pagavam mal e tarde. Assim, os padres que se entregavam ao trabalho de missão eram quase só os pertencentes a Ordens religiosas. Estas podiam lhes garantir o sustento, pois possuíam fazendas, engenhos e escravos.

Os conventos, mosteiros e colégios, que a princípio foram pensados como sistema de suporte para a missão, acabaram servindo aos portugueses de posição privilegiada. Garantiam-lhes assistência religiosa e espaço nas Ordens terceiras, principalmente as de São Francisco e do Carmo.

De modo geral, os missionários acompanhavam a colonização portuguesa em seus ciclos e dinamismos, a ponto de misturarem suas vozes aos estampidos de armas de fogo, em meio à matança dos nativos. Contudo, não faltaram preciosos casos esporádicos de missionários na contramão do sistema colonial, com uma atuação marcada por humanismo e solidariedade com os dominados.

Os jesuítas se destacaram, a partir de 1549. Os franciscanos estiveram já na frota de Cabral e vinham esporadicamente, até se estabelecerem em 1580, por ocasião da conquista da Paraíba. Foi quando também chegaram os carmelitas e os beneditinos. Franciscanos, carmelitas e beneditinos eram os que mais figuravam como capelães de bandeiras, entradas e descimentos, junto dos capitães que partiam em busca de ouro. Os mercedários se destacaram na região amazônica, onde a Coroa incumbia os religiosos de fazerem a segurança das fronteiras.

Capuchinhos e oratorianos atuaram, geralmente, com uma característica de maior inserção entre a população empobrecida e dominada. Pelo fato de dependerem diretamente da congregação romana *De Propaganda Fide*, escapavam do controle direto das autoridades coloniais e dos senhores locais, não sendo muito benquistos por eles.

Entretanto, em boa parte a missão se fazia num âmbito extraoficial, através da convivência e amizade, por pessoas leigas e anônimas, já que os missionários oficialmente reconhecidos estavam, geralmente, muito distantes do cotidiano das pessoas dominadas. Assim, mucamas e donas de casa, violeiros e cantadores populares, ermitães e irmãos, beatos e beatas, mães-pretas, quilombolas, cangaceiros, influenciaram na formação do catolicismo realmente vivido pelas classes populares. Também não faltaram eremitas, peregrinos e penitentes.

a) Ciclo litorâneo[3]

O primeiro ciclo missionário foi o do litoral, forte desde a segunda metade do século XVI até o início do século seguinte. Acompanhou a conquista e ocupação da costa do pau-brasil e seguiu o cultivo da cana-de-açúcar, desde o Rio Grande do Norte até a região de São Vicente.

Os jesuítas ali empreenderam o movimento missionário mais dinâmico, a partir dos seus colégios. Foi através de aliança com eles, na pessoa de Manuel da Nóbrega, que o rei Dom João III garantiu êxito em seu projeto de colonização, de plantio da cana com eliminação dos nativos e rigor na escravização de negros.

Esse projeto foi seguido à risca pelo terceiro governador-geral, Mem de Sá, que manteve a aliança com Nóbrega.[4] Desde a sua

---

[3] Para um estudo mais aprofundado deste ciclo missionário, é indispensável ir a algumas fontes clássicas, como: LEITE, Serafim. *Monumenta Brasiliae*, v. I (1538-1553). Roma: Edição de Serafim Leite, SJ, 1956; Id. *História da Companhia de Jesus no Brasil*. São Paulo: Loyola, 2004, v. I e II.

[4] A respeito da aliança entre o Padre Manuel da Nóbrega e Mem de Sá, é interessante ver: WETZEL, H. E. *Mem de Sá, terceiro governador-geral (1557-1572)*. Rio de Janeiro: Conselho Federal de Cultura, 1972.

nomeação em 1556, Mem de Sá dedicou-se a eliminar "índios" e abriu o Recôncavo baiano para o cultivo da cana-de-açúcar. Seus sucessores continuaram essa ação eliminadora pelos quarenta anos seguintes, até restarem apenas os nativos aldeados. Mas nem estes foram poupados pelos portugueses, que os forçaram à "guerra justa" contra os Caeté, iniciada em 1562. Com isso, dos catorze a quinze mil "índios" aldeados só sobraram mil. Após essa expedição sangrenta floresceram Olinda e Pernambuco.

A tragédia dos Tupinambá também esteve nesse primeiro século da colônia. Eles foram atacados pelos portugueses numa expedição em Cabo Frio, entre 1560 e 1574, inclusive com a participação de Nóbrega e Anchieta. Os poucos sobreviventes foram aldeados pelos jesuítas, mas já estavam extintos no final desse século.

Os jesuítas defenderam a liberdade dos nativos, embora erguendo a bandeira da catequese e da civilização e caindo nos paradoxos da aliança com o poder colonial. Em favor dos nativos, estabeleceram a alternativa dos colégios-aldeamentos, já que seus colégios atendiam quase só aos colonos; também se empenharam em casá-los na religião.

Esses missionários da Companhia de Jesus destacaram-se na construção da língua "brasílica", chamada também "língua geral", pois era a língua de todos, tupis e colonos. Era uma língua padrão, criada a partir de uma homogeneização de diferentes dialetos tupi, na lógica da gramática latina. A elaboração da *Arte* e do *Vocabulário na língua brasílica* acabou sendo um trabalho coletivo, pois os catequistas copiavam e recopiavam, cada qual introduzindo modificações e novos vocábulos, de modo que constantemente se aprimorava a língua geral. A gramática e a *Doutrina da fé,* do padre Anchieta, circularam durante anos em manuscritos, até que em 1595 foi publicada a gramática e, em 1618, a *Doutrina da fé* integrou o *Catecismo de Araujo*.[5]

---

[5] MONTEIRO, John. *Negros da terra: índios e bandeirantes nas origens de São Paulo*. São Paulo: Companhia das Letras, 2000, p. 40. POMPA, M. Cristina. *Religião como tradução: missionários, Tupi e "Tapuia" no Brasil Colonial*. (Tese de Doutorado). Campinas, SP: Universidade Estadual de Campinas, 2001, pp. 78-80.

A criação dessa "língua geral da costa" se fez através da estrutura gramatical latina e dos modelos de discurso usados nos catecismos ibéricos, ou seja, através de dois aparatos externos à cultura dos Tupi. Era uma valorização da língua tupi como instrumento de comunicação, mas no paradoxo da sua uniformização e da descontextualização das suas significações.[6]

No entanto, o amor às tarefas da língua tinha sua razão de ser. No Brasil e noutras colônias, os missionários jesuítas tinham a convicção de percorrerem de novo o caminho dos apóstolos, que receberam de Cristo o dom do conhecimento das línguas. Empreenderam grandes esforços por traduzir vocábulos e conceitos, que muitas vezes os destinatários acabavam retraduzindo. O posicionamento das autoridades eclesiásticas na Europa era o da não redução da Palavra de Deus na língua dos "bárbaros", a qual consideravam um amontoado de sons inarticulados, quase a língua do demônio. Não obstante, os jesuítas aceitaram algumas soluções intermediárias, como a de deixar certas palavras do catecismo em latim ou português, justamente as que, por não terem o seu correspondente em palavras e conceitos tupi, corriam maior risco de equívocos e erros teológicos, bem como de facilitar falsidades.[7]

Embora a atuação desses jesuítas estivesse nas contradições do poder colonial, alguns deles tomaram atitude alternativa, a custo de não serem compreendidos e até de serem expulsos do Brasil. Podemos lembrar, por exemplo, Luís da Grã. Ele liderava um segmento de jesuítas que, contrários à proliferação rápida de colégios com posse de bens e de escravos, propunham aos padres uma vida de maior rigor, ascetismo e pobreza.

Já Nóbrega queria a missão dos jesuítas com liberdade maior e rápida expansão de suas atividades. Por isso havia aceito terras

---

[6] AGNOLIM. *Jesuítas e selvagens: a negociação da fé no encontro catequético-ritual americano-tupi (séc. XVI-XVII)*. São Paulo: Humanitas/FAPESP, 2007, p. 21.
[7] POMPA, op. cit., pp. 79-80.

cedidas pela Coroa. Entretanto, a posse de terras implicava arranjar mão de obra, e como já se discutia a proposta de poupar os nativos da escravização, quis substituí-los pelos negros. Por isso, em 1551 ele fez solicitação para que Dom João III mandasse "alguns escravos de Guiné para fazerem mantimentos". A Coroa atendeu a este e a outros pedidos. Assim, os jesuítas da Bahia logo receberam uma esmola de "três escravos de São Tomé e de doze vacas".[8] E Nóbrega, numa carta ao Padre Diego Laynes, superior-geral da Companhia, queixou-se porque o padre da Grã queria a conversão dos "índios" pela via da pobreza, "sem granja nem escravos", assim como São Pedro, os apóstolos e São Francisco.[9]

Venceu a proposta de Nóbrega junto com o segmento majoritário de jesuítas, legitimando-se assim a posse de escravos africanos e de escravos indígenas "justamente adquiridos" por intermédio da chamada "guerra justa".[10]

O número de escravos nos colégios e casas de meninos chegou a ser absurdo. Só no colégio da Bahia havia "70 peças da Guiné", como escreveu o Padre Miguel Garcia, questionando sua razão de ser jesuíta nesse quadro e duvidando que algum escravo pudesse ser "licitamente adquirido". Ele chegou a propor que se negasse a absolvição aos que confessassem viver à custa de trabalho escravo. Porém, o parecer do visitador-geral da Companhia e de outras autoridades em Portugal fez o padre questionador ser repatriado.[11]

---

[8] LEITE, S. *Cartas do Brasil e mais escritos do Padre Manuel da Nóbrega, Cartas do Brasil e mais escritos do P. Manuel da Nóbrega*. Coimbra: Ópera Omnia, 1955, pp. 151-154.

[9] Carta de Manuel da Nóbrega ao Padre Diego Laynes, em São Vicente, a 12 jun. 1561. In: LEITE, S. *Cartas dos primeiros jesuítas do Brasil*, v. III, pp. 364s.

[10] COUTO, Jorge. Os jesuítas e a escravatura dos negros no Brasil. In: GADELHA, Regina Maria A. F. (Ed.). *Missões Guaranis: impacto na sociedade contemporânea*. São Paulo: Educ/Fapesp, 1999, pp. 151-165.

[11] Miguel Garcia fez esses questionamentos em carta escrita na Bahia, ao superior-geral Padre Aquaviva, em 26 jan. 1583. *Archivum Societatis Iesu Romanum (ASIR)*, Lusitânia, 68, p. 255.

Três anos depois, outro padre do mesmo colégio da Bahia, Gonçalo Leite, expunha suas dúvidas a respeito da salvação eterna dos padres que absolviam os que confessavam ser "homicidas e roubadores da liberdade, fazenda e suor alheio, sem restituição do passado nem remédio dos males futuros".[12] Também ele teve que voltar a Portugal, considerado inadaptado e inquieto.

Os franciscanos acompanharam os passos da conquista do litoral nordestino, do Rio Grande do Norte a Alagoas. Entendiam a missão como dilatação das fronteiras do sistema católico e a faziam, geralmente, sem deixar seus conventos. Benziam os estabelecimentos de engenhos de açúcar, acompanhavam as bandeiras de caça aos nativos e as guerras contra eles. Desde a ocupação holandesa em Pernambuco, partiram para missões volantes no Rio de Janeiro, São Paulo, Rio Grande do Sul e Uruguai. Sua colaboração com o sistema colonizador não os poupou de conflitos com as autoridades coloniais, que os obrigariam a deixar as missões paraibanas em 1769.

Um estilo alternativo de missão foi assumido pelo espanhol Pedro Palácios, um irmão leigo franciscano que, desde 1558, viveu como eremita na região do Espírito Santo. De sua "penha", pequena ermida, saía às ruas de sobrepeliz, com a cruz na mão, fazendo doutrina às crianças e pedindo esmola para o sustento seu e de outros pobres. Após sua morte, em 1570, os amigos construíram a ermida e a doaram à custódia franciscana de Olinda.[13]

Os carmelitas, no litoral, dedicaram-se principalmente a dar assistência religiosa aos colonos. Os quatro primeiros frades chegaram em 1580, na armada de Frutuoso Barbosa, que vinha para conquistar a Paraíba, mas um temporal os obrigou a ficar em Olinda. Dali se irradiaram por todo o Brasil. Aperfeiçoaram seus

---

[12] Carta escrita em Lisboa, ao superior-geral, em 20 jun. 1586. *ASIR*, Lusitânia, 69, p. 243.

[13] RÖWER, Basílio. *Páginas de história franciscana no Brasil*. Petrópolis: Vozes, 1957, pp. 191-202.

conventos, que ficaram famosos, tanto assim que o convento do Carmo, no Rio de Janeiro, seria escolhido em 1808 para abrigar a família real portuguesa e o príncipe regente.

Em 1581 os beneditinos chegaram à Bahia. Fundaram diversas abadias, onde viviam uma cultura monástica sem vínculo com a missão e à parte da população marginalizada. Chegaram a possuir opulentos edifícios urbanos e numerosas fazendas, mantidas por escravos.

Nos episódios da conquista da Paraíba, ficaram bastante evidentes os conflitos com o sistema colonial. Vejamos.

Contra os franceses, que estavam em aliança com os nativos potiguares, chegou a armada de Frutuoso Barbosa, na qual vieram três carmelitas e dois ou três beneditinos. No entanto, a colaboração com Portugal foi principalmente dos jesuítas, que sabiam a língua dos nativos, rezavam missa diária, ministravam sacramentos e intervinham para a paz. Numa guerra contra os potiguares, venceram os portugueses, que expulsaram os franceses em 1584. E os potiguares foram aldeados pelos jesuítas no ano seguinte. Porém, potiguares rebeldes continuaram aliados aos franceses e derrotaram o governador Frutuoso Barbosa, que passou a duvidar dos jesuítas e os retirou da aldeia, entregando-a aos franciscanos. Os conflitos continuaram e Barbosa acabou entregando a aldeia ao clero secular. Este fato provocou enorme fuga dos nativos em 1619.

A missão fracassou no litoral principalmente por causa do extermínio dos nativos.

b) Ciclo do rio São Francisco[14]

O ciclo missionário condicionado pela ocupação do vasto interior seguiu os rios, principalmente aquele que os nativos chamavam

---

[14] Ver a fonte de Serafim Leite: *História da Companhia de Jesus no Brasil*, v. I e II, já citado. E estas obras: WILLEKE, Venâncio. *Missões franciscanas no Brasil (1500-1975)*. Petrópolis: Vozes, 1974; RUBERT, Arlindo. A ação missionária do

Pará, mas que, descoberto por Américo Vespúcio em 4 de outubro de 1501, passou a chamar-se São Francisco.

Havia jesuítas ali já em 1650, tentando realizar aldeamentos afastados dos centros coloniais. Porém, encontravam a resistência dos fazendeiros. As terras estavam divididas em sesmarias administradas por Portugal, e os nativos condenados à expulsão ou a serem aproveitados como mão de obra escrava.

A febre do ouro estava na raiz dos problemas da missão. Em 1667, o rei português Dom Afonso VI incitou os paulistas "bandeirantes" a buscarem ouro e pedras preciosas nos sertões do rio São Francisco. O governador da Bahia formou bandeiras para descobrir ali "novos Potosís". E nessa caça às riquezas, como se não bastasse o extermínio de nativos, nasceu o poderio da chamada Casa da Torre, instalada em Salvador e representada pelo Coronel Francisco Dias d'Ávila. Foi uma família latifundiária que estendeu seu poder por várias gerações.[15]

Da Casa da Torre fazia parte o padre português Antônio Pereira. Diante de sua atuação, o padre jesuíta holandês Jacob Roland fez aos de sua Ordem esta pergunta: "Os Tapuia e outros povos mediterrâneos devem ser levados ao litoral para serem iniciados nos mistérios cristãos ou não?". O parecer de Roland era que a catequese fosse feita no sertão, longe da cobiça dos colonos. Mas ele teve que sair do Brasil decepcionado. Foi para a ilha de São Tomé em 1684, onde morreu nesse mesmo ano.[16]

---

oratório no Brasil e a propaganda. In: *S. C. De Propaganda Fide Memoria Rerum, 1622-1972*, Roma, 1972, v. II, pp. 1121-1130; ANDRADE, Antonio Alberto de. Contribuição dos oratorianos portugueses para a formação do Brasil. *V Colóquio Internacional de Estudos Luso-Brasileiros*, Coimbra, 1965, pp. 5-9.

[15] É oportuna aqui a obra de Sheila de Castro Faria: *A colônia em movimento*, já citada.

[16] O questionamento de Jacob Roland, numa carta, em 15 de janeiro de 1667, era em latim: *Questio: Ultrum Tapuiae et Mediterraeis propius littora adducendi sint ut christianis inicentur sacris, na non?* Apud LEITE, Serafim. *História da Companhia de Jesus*. Rio de Janeiro: Imprensa Nacional/ INL, 1947, v. IX, p. 102. Ver:

A respeito do termo "tapuia", que está no questionamento de Jacob Roland, é importante observar que se trata de uma categoria criada no contexto colonial.

Como aparece nas crônicas, os colonos e os missionários viam os Tupi numa extraordinária homogeneidade cultural, tanto assim que os jesuítas difundiram o tupi universal sistematizado, chamado "língua geral". Já os povos não tupi eram vistos por eles em sua grande diversidade como gente "de língua travada". Apesar de terem elaborado catecismos e gramáticas também nessas outras línguas, como foi o caso dos Cariri, os jesuítas não as viam como instrumento de catequese. Nessa perspectiva, os não tupi foram chamados com o nome genérico de "Tapuia", em contraste com os Tupi. Também para eles se voltaria o projeto missionário, aquele mesmo feito para os Tupi, mas em contínua adaptação e rearticulação.[17]

Entretanto, também os capuchinhos[18] confrontaram-se com os da Casa da Torre. Desde 1612 já estavam no Brasil quatro capuchinhos franceses, ligados à tentativa da França de colonizar o Maranhão. Dois deles tornaram-se escritores famosos: Yves d'Évreux e Claude d'Abbeville. Dois anos depois chegaram mais dez frades, mas, com a derrota dos franceses, todos foram expulsos em 1617. Outros frades chegaram a Pernambuco em 1646. Estes estavam na rota da África, mas foram desviados para o Brasil. Por serem franceses, posicionados contra os holandeses que dominavam Pernambuco, conseguiram as boas graças do rei de Portugal e a simpatia da população. Estabeleceram hospícios em Olinda, Recife e Rio de Janeiro.

AMBIRES, Juarez Donizete. Jacob Roland: um jesuíta flamengo na América Portuguesa. *Revista Brasileira de História*, São Paulo, v. 25, n. 50, jul./dez./ 2005.

[17] POMPA, op. cit., pp. 221 e 434.

[18] A respeito dos capuchinhos neste ciclo missionário, ver: PRIMERIO, Fidélis Motta de. *Capuchinhos em Terra de Santa Cruz nos séculos XVII, XVIII e XIX*. São Paulo: Livraria Martins, 1942.

Após a expulsão dos holandeses, em 1654, os capuchinhos entraram no sertão do rio São Francisco e aldearam os Cariri nas pequenas ilhas. Mas tiveram que deixar o Brasil em 1698, porque a Casa Real portuguesa rompeu com a francesa. Suas missões passaram às mãos dos carmelitas descalços, exceto a missão na região do rio São Francisco, retomada por capuchinhos italianos que estavam destinados à missão na África, mas que acabaram ficando no Brasil.

No conflito com a Casa da Torre esteve principalmente o capuchinho bretão Martinho de Nantes. Chegado à Bahia em 1671, no ano seguinte viajou para a missão entre os Cariri nas margens do rio São Francisco. Ali deu refúgio e fez aldeamentos para os nativos que fugiam das violentas incursões dos bandeirantes da família Dias D'Ávila. Conviveu por longo tempo com os nativos, defendeu sua economia de subsistência e aprendeu a fundo a língua cariri. Os coronéis o acusaram de subversivo ao governador da Bahia e ele teve que viajar por duas vezes a Salvador para defender-se. Mas, em 1682, foi retirado das missões, nomeado superior do hospício de Salvador. Retornou à Europa cinco anos depois, atacado por bexiga.[19]

Os franciscanos não ficaram isentos desses conflitos. Desde que Olinda fora elevada a província, em 1657, após a expulsão dos holandeses de Pernambuco, eles puderam contar com apoio da Coroa e deram ênfase à missão na região do sertão. Mais obedientes aos ditames da autoridade colonial, sobreviveram aos conflitos e foram assumindo aldeias tiradas de outros missionários, como os jesuítas.[20]

---

[19] Ver: EDELWEISS, Frederico. *Frei Martinho de Nantes: capuchinho bretão missionário e cronista em terras baianas.* Bahia: Universidade Federal da Bahia, 1979, v. 83. Também: STUDART, Barão de. O Padre Martin de Nantes e o Coronel Dias de Ávila. *Revista do Instituto Histórico do Ceará*, Fortaleza, XLV, pp. 37-52.

[20] Pode-se ler: WILLEKE, Frei Venâncio. *Missões franciscanas no Brasil (1500-1975).* Petrópolis: Vozes, 1974.

Também atuaram padres seculares oratorianos. Eles vinham de um movimento nascido em Portugal, no espírito da reforma da vida cristã. Os dois primeiros foram João Duarte do Sacramento e João Rodrigues Vitória, que de Pernambuco partiram para os sertões do rio São Francisco pelas cabeceiras do rio Capibaribe. Logo adoeceram e tiveram que retirar-se à ermida de Santo Amaro, perto de Olinda, mas sua memória perpetuou-se no meio popular como a dos Escravos de Nossa Senhora da Saudade. A partir do século XVII, a atividade missionária dos oratorianos decaiu e eles foram assumindo principalmente o serviço religioso aos moradores portugueses.[21]

Não faltaram ainda ermitães, também chamados eremitas, que ficaram no anonimato. Ficou conhecido Frei Francisco da Soledade. Chegara à Bahia com a idade de 20 anos, como português pobre, com o nome de Francisco de Mendonça. Depois de um tempo converteu-se à vida de devoto, alforriou seus escravos, distribuiu suas posses e, por volta de 1695, passou a viver numa gruta, a 550 quilômetros de Salvador. Ali acorriam garimpeiros, mascates, vaqueiros e pobres em geral. Embora o arcebispo de Salvador tenha integrado o seu movimento aos canais eclesiásticos, nomeando-o capelão, os pobres continuaram a visitar o ermitão. A gruta recebeu o nome de Bom Jesus e Nossa Senhora da Soledade.[22]

Entretanto, por causa das violências da Casa da Torre, uma insurreição dos nativos ergueu-se por todo o vale do São Francisco na década de 1680. Os rebeldes foram massacrados e os sobreviventes foram expulsos ou escravizados. Assim, na passagem para o século

---

[21] A respeito dos oratorianos temos, por exemplo: RUBERT, op. cit.; ANDRADE, Antonio Alberto de. Contribuição dos oratorianos portugueses para a formação do Brasil. *V Colóquio Internacional de Estudos Luso-Brasileiros*, Coimbra, 1965, pp. 5-9.

[22] PIERSON, Donald. *O homem no vale do São Francisco*. Rio de Janeiro: Ministério do Interior, 1960, v. III, p. 140.

XVIII já era comum missionários dedicarem-se à criação de gado usando mão de obra escrava.

Dois capuchinhos que estavam destinados à ilha de São Tomé instalaram-se no Rio de Janeiro e se especializaram na missão com os africanos, estabelecendo confrarias do Rosário. Por sua atuação contrastante com a do clero estabelecido, entraram em conflito com franciscanos e padres seculares. Isto escreveu o governador ao rei, em 21 de junho de 1729:

> Estes dois religiosos foram aqui lançados como Jonas nas praias de Nínive, porque sendo destinados para a sua missão da costa da África vieram arribar a este porto onde os abraçaram os fiéis e onde têm experimentado grandes controvérsias, principalmente pelo estado eclesiástico. Nunca quiseram admitir hábitos que lhes davam os devotos, andando rotinhos, quase nus e cheios de remendos; e creio que mais por obediência que por vontade admitiram o reparo que lhes fez o Rev. bispo do vestuário.[23]

Um alvará publicado em Belém, em 8 de maio de 1758, fez tudo mudar nessa região sertaneja, tornando as aldeias vilas, as missões paróquias e os missionários párocos. Era o fim da experiência dos aldeamentos desse ciclo.

Restaram os capuchinhos peregrinos que, com suas missões volantes, viviam principalmente de esmolas e favoreciam a devoção popular em torno dos santuários. Sua mensagem enfatizava a penitência e os milagres. A partir do hospício pobre do Rio de Janeiro, percorriam grandes distâncias a pé, até ao Sul do país. Seu estilo de vida pobre, com o breviário e o bordão nas mãos, permaneceu no imaginário do povo devoto, sendo reconhecido em figuras como as do Padre Cícero Romão Batista e do frade capuchinho Damião de Bozzano.

---

[23] In: PRIMERIO, op. cit., pp. 206-208.

Também permaneceram como sinais de resistência o santuário de Bom Jesus da Lapa, desde 1695, e o rio São Francisco das Chagas, símbolo das lamentações das almas.

c) Ciclo maranhense[24]

Toda a Amazônia brasileira, chamada Grão-Pará, era considerada pelos portugueses como um Estado distinto do Brasil. Povoada por muitos povos nativos, foi frequentada por outros europeus, até que, no início do século XVII, os portugueses chegaram de forma marcante. Puseram-se a fundar fortes, expulsar os estrangeiros, combater os nativos e estabelecer feitorias, enquanto mapeavam as novas áreas, empurrando os espanhóis para o oeste.

Expulsos os franceses do Maranhão em 1615, logo os portugueses fundaram o Forte do Presépio, do qual se originou a Vila de Nossa Senhora do Belém do Grão-Pará, atual cidade de Belém. Os ingleses foram expulsos definitivamente em 1631. Os holandeses, que estavam no Xingu e no Amapá, em 1648 tiveram que se retirar e instalaram-se mais ao norte, onde se mantiveram nas Guianas. Os Tupinambá, que lutaram a favor dos estrangeiros, foram esmagados pelas forças portuguesas comandadas por Pedro Teixeira e Bento Maciel Parente. Este último era um temido sertanista que mandou matar ou escravizar mais de cinquenta mil nativos. Como recompensa, o rei de Portugal agraciou-o com uma sesmaria, a capitania do Cabo Norte, atual Amapá.[25]

---

[24] Como fontes para um estudo mais aprofundado do ciclo maranhense, temos os v. III e IV da *História da Companhia de Jesus no Brasil*, de Serafim Leite, já citada. Também: ALMEIDA, Candido Mendes de. *Memórias para o extinto Estado do Maranhão cujo território compreende hoje as províncias do Maranhão, Piauí, Grão-Pará e Amazonas*. Rio de Janeiro: Tip. do Comércio de Brito e Braga, 1864-1874. HOORNAERT (Coord.). *História da Igreja na Amazônia*. Petrópolis: Vozes, 1992. Para um estudo do caso específico dos jesuítas, também temos: BETTENDORF, Pe. João Filipe, s.j. *Crônica da missão dos padres da Companhia de Jesus no Estado do Maranhão*. 2. ed. Belém: Fundação Cultural Trancredo Neves, 1990.

[25] PREZIA; HOORNAERT. *Brasil indígena*, cit., pp. 158-159.

A penetração de missionários na Amazônia seguiu os trajetos da colonização. Segundo a lógica do sistema colonial, eles eram incumbidos de segurar as fronteiras contra os concorrentes comerciais e de amansar os "índios", integrando-os na colônia. Porém, os colonos maranhenses não tinham limite na escravização dos nativos, ainda mais a partir de 1624, quando o rei proibiu o tráfico de negros para essa região.

Entretanto, neste ciclo a missão caracterizou-se pela força e independência na defesa da liberdade dos nativos, e os missionários nem sempre se conformaram ao papel de inocentes úteis nas mãos do poder da metrópole. Aliás, desde que foi introduzida a função do curador de índios, em 1647, os religiosos passaram a pedir também a administração temporal das aldeias. Porém, as leis de proteção aos nativos permaneciam letra morta.

Diante da amplitude e gravidade da escravização dos nativos no Grão-Pará, a defesa da sua liberdade foi assumida pelos missionários das diversas Ordens, principalmente pelos jesuítas, que chegavam ali com experiências anteriores e sempre tiveram um plano próprio. Destacaram-se os padres João Felipe Bettendorff, Luis Figueira e Antonio Vieira.

Figueira, que sonhava com a criação de uma "nova Igreja" no Maranhão, com os aldeamentos desligados do poder colonizador, atraiu outros jesuítas para um posicionamento com linguagem direta e desafiadora diante das autoridades coloniais, inclusive Vieira, que desde menino vivia na Bahia. Em 1652, Vieira deixou a corte de Lisboa e foi para os sertões do Maranhão, arrastando consigo um grupo de destacada atuação. O prestígio do seu modo de atuar, com inteligência e liderança política, levou ao Maranhão Bettendorff, em 1660. Este se valeu de sua amizade com o rei Dom Pedro II para favorecer os nativos.

Vieira enfrentou os moradores de São Luís e também alguns superiores de Ordens religiosas, para defender a liberdade dos nativos e salvá-los do contato com os brancos, que lhes traziam doenças mortais. Ficaram célebres especialmente três dos seus sermões: o das tentações, no primeiro domingo da Quaresma, no qual explicou a inoperância das leis indigenistas; o sermão "aos peixes" ou "das verdades", no qual afirmou: "Se os homens não querem ouvir-me, pregarei aos peixes"; e o sermão amazônico ou das missões, no qual mostrou que queria criar para os indígenas um mundo separado do mundo colonial. Consequência disto foi a sua expulsão 1661.

Os franciscanos[26] foram os que chegaram primeiro ao Grão-Pará. Em 1617, frades da província de Santo Antônio, em Portugal, fizeram a primeira tentativa de aldeamento perto do presídio de Nossa Senhora de Belém. A partir daí, eles foram os parceiros dos jesuítas, até 1693, quando chegaram franciscanos das outras duas províncias de Portugal.

Porém, franciscanos e jesuítas nem sempre se entenderam. Eles disputavam a primazia missionária naquela região, o que envolvia o encargo da administração temporal dos aldeamentos. Além disso, já em 1624 havia chegado um franciscano qualificador do Santo Ofício. Era Cristóvão de Lisboa, que viera em companhia do primeiro governador do Maranhão, Francisco Coelho de Carvalho. Além dessa função inquisitorial, ele era comissário de sua província em Portugal e primeiro custódio da província do Maranhão. Inteiramente engajado nos projetos coloniais, opunha-se ao tema da liberdade dos "índios".

A atividade missionária dos frades franciscanos, voltada a submeter os "índios" a Deus e ao rei, até certo ponto era uma face da conquista. Embora os aldeamentos estivessem mais ligados à Junta das Missões, um tribunal composto por autoridades do Estado e

---

[26] A respeito da atuação dos franciscanos na Amazônia, ver: WILLEKE. *Missões franciscanas no Brasil*, cit. Também o texto do franciscano Frei Hugo Fragoso: Os aldeamentos franciscanos do Grão-Pará. In: HOORNAERT, E. (Org.). *Das reduções latino-americanas às lutas indígenas atuais: IX simpósio latino-americano da CEHILA, Manaus, 29 de julho a 1 de agosto de 1981*. São Paulo: Paulinas, 1982, pp. 130-131.

da Igreja, esta Junta visava informar ao rei a situação dos nativos e fazer executar as determinações régias. E, em meio à disputa das terras com os holandeses e franceses, os missionários aceitavam a tese subjacente da conquista portuguesa, de que as terras dos "índios" eram posse antecipada dos reis de Portugal.

Embora sem contestar essa tese, alguns franciscanos tomaram atitudes alternativas. Foi o caso de Frei Brás de Santo Antônio, comissário provincial dos franciscanos da Conceição. Em 1738 ele dirigiu ao rei um parecer referente ao "gentio" do rio Madeira e Tocantins, no qual contestava a "guerra justa". Explicava que havia falsidade das testemunhas, além de crueldades e injustiças das entradas de colonos, por isso não se poderia fazer contra aqueles nativos nem guerra ofensiva nem defensiva. E concluía afirmando que os nativos, como senhores de suas terras, tinham direito a defender os frutos e as passagens através delas, sem ofenderem por esse fato os portugueses.

Em 1693, o rei de Portugal, Dom Pedro II, fez uma repartição das missões do Grão-Pará. Toda a parte sul, à margem direita do rio Amazonas, ficou destinada aos jesuítas; a parte norte destinou-se aos mercedários[27] e capuchinhos; e aos carmelitas coube a região das confluências dos rios Solimões, Negro e Madeira, atual Estado do Amazonas. Um documento régio, denominado "Nova Repartição das Missões", foi enviado ao governador do Maranhão em 19 de março de 1693.[28]

Assim, os carmelitas,[29] especialmente nos primeiros tempos de missão na Amazônia, estiveram mais a serviço de Portugal, na

---

[27] Acerca dos mercedários: Exposição da História do Brasil. *Anais da Biblioteca Nacional do Rio de Janeiro*, v. 9, 1881.

[28] WERMERS, M. M. O estabelecimento das missões carmelitanas no Rio Negro e no Solimões 1695-1711. In: *V Colóquio Internacional de Estudos Luso-Brasileiros*. Coimbra, 1965.

[29] A respeito da missão dos carmelitas ver: PRATES, André. *Notas históricas sobre as missões carmelitanas no extremo Norte do Brasil (séculos XVII-XVIII)*. Recife:

implantação de uma estratégia de defesa territorial, do que na promoção da fé e na defesa da liberdade dos nativos. Além disso, o número de frades dedicados à missão era sempre mínimo em relação aos que se ocupavam dos conventos e das fazendas.

Ao longo do rio Solimões eles estiveram relacionados com vários problemas: o das fronteiras entre as colônias espanhola e portuguesa; o da extração do cacau, que incluía a escravização de nativos; o do confronto com as missões jesuítas, de dependência espanhola. Relatos do jesuíta Samuel Fritz referem-se à busca contínua dos portugueses por cacau e escravos e dizem que o objetivo principal dos frades carmelitas era abrir uma nova fortaleza para se tornarem donos daquelas províncias. Aos poucos, normalizou-se a divisão das fronteiras e eles estabeleceram oito aldeias no decurso do Solimões. Mas sua atuação mais importante foi na região do rio Negro, já altamente povoada na segunda metade do século XVII.

Entretanto, o extermínio dos nativos chegava a inquietar o rei de Portugal. Tropas de resgate se insurgiam, principalmente ao longo do rio Negro, aprisionando-os em massa para vendê-los em praça pública. E às aldeias das missões impunha-se o sistema da repartição. Era uma modalidade de trabalho servil, com licença legalizada aos colonos para tirar "índios" e usá-los como mão de obra durante boa parte do ano. O pagamento mensal, taxado pelos magistrados, costumava ser de duas varas de pano grosso de algodão, e metade disso quando o trabalho era remar nas canoas em viagens de 6 a 8 meses pelo sertão.

Os jesuítas conflitaram-se fortemente com a administração do Império, chegando a desafiar as autoridades, como se pode ver nestas palavras de Vieira:

> Sabeis, cristãos, sabeis, nobres do Maranhão, qual é o jejum que Deus quer de vós? Que solteis as ataduras da injustiça e que deixeis

---

Convento do Carmo, 1941. HOORNAERT, Eduardo. As missões carmelitanas na Amazônia (1693-1755). In: Id. *Das reduções latino-americanas...*, cit., pp. 161-174.

ir os que tendes cativos e oprimidos. Ah! Fazendas do Maranhão, que se estes mantos e estas capas se torcessem, haveriam de lançar sangue. El-rei poderá mandar que os cativos sejam livres, mas que os livres sejam cativos, não chega lá sua jurisdição. Se tal proposta fosse ao reino, as pedras da rua se haviam de levantar contra os homens do Maranhão.[30]

Também da parte dos carmelitas houve um salto, no sentido de posicionarem-se contra a escravização. Com este objetivo, Frei André da Piedade foi nomeado procurador-geral das missões em 1737. Dali em diante, também aos frades não era mais permitido servir-se de escravos. Note-se que antes, pela lei, cada missionário podia ter vinte e cinco "índios" a seu serviço. A missão passou a opor-se às leis inexoráveis da colonização, mas ficava de mãos atadas diante das estruturas implantadas pelo poder colonizador nos aldeamentos.

Nenhum desses missionários da Amazônia colonial excedeu as atribuições que a legislação lhes dava. Não obstante, no século XVIII, uma implacável perseguição foi tramada contra eles, com base em suposições e afirmações nunca justificadas. A grande questão era a do posicionamento dos religiosos, principalmente dos jesuítas, contra a população colonial. A Companhia de Jesus foi abolida do Maranhão e do Pará porque seus missionários afastaram-se dos percursos reais da colonização.[31]

d) Ciclo mineiro[32]

O ciclo mineiro da missão estendeu-se pelo século XVIII seguindo o garimpo. Nas áreas de mineração foram entrando mamelucos

---

[30] Sermão da 1ª Dominga da Quaresma, 1653. VIEIRA. *Obras Completas do Padre Antônio Vieira. Sermões.* Porto: Artes Gráficas, 1993, v. 1.

[31] HOORNAERT. *A evangelização do Brasil...*, cit., p. 91.

[32] Para aprofundar o estudo deste ciclo, ler: STUDART, Barão de. *O Padre Martin de Nantes e o Coronel Dias de Ávila. Revista do Instituto Histórico do Ceará*, Fortaleza, XLV, pp. 37-52. TORRES, João Camilo. *História das ideias religiosas*

paulistas, vistos por Portugal como gente sem governo e sem religião. Depois passaram a entrar portugueses em massa, possuídos pela febre do ouro. E com esses caçadores de riquezas minerais entraram também escravos da Guiné, especializados na extração de ouro.

As autoridades da colônia, que sempre conseguiram impor-se ao Brasil das feitorias, capitanias, engenhos, sesmarias e fazendas, não sabiam como governar toda essa população nova do Brasil do ouro, em situação descontrolada e caótica. Então, a Coroa tratou de impor ali o seu poder de forma centralizada, através de ordens rígidas. Mas também se aproveitou da guerra dos emboabas, que era uma guerra civil entre mamelucos, paulistas e portugueses recém--chegados, de 1707 a 1709. Em 1711, o rei de Portugal proibiu a entrada de missionários pertencentes a Ordens religiosas nas regiões de mineração. E, em 1720, por ocasião da revolta em Vila Rica, o conde de Assumar impôs a força do poder central.

O ouro seguia de Vila Rica e de Ouro Preto para Portugal, e dali para a Inglaterra. Em pacto com esta nação, Portugal aprisionou a extensa zona de mineração para usurpar-lhe o ouro e os diamantes. Assim, segregada das demais capitanias, longe do mar e sem estradas abertas, a região de Minas Gerais só tinha por acesso o estreito que levava ao Rio de Janeiro. Sem missionários nem colégios e conventos de religiosos, ali estava uma grande população de trabalhadores submetidos à opressão e à miséria.

Nesse contexto, a missão seguiu uma dinâmica diferente. Caracterizou-se pela atuação de pessoas leigas que, em meio às vicissitudes

---

no Brasil. São Paulo: Grijalbo, 1968. SCARANO, Julita. *Devoção e escravidão: a irmandade de Nossa Senhora do Rosário dos Pretos no distrito diamantino do século XVIII*. 2. ed. São Paulo: Companhia Editora Nacional, 1978. SALLES, Fritz Teixeira de. *Associações religiosas no ciclo do ouro: introdução ao estudo do comportamento social das irmandades em Minas Gerais no século XVIII*. São Paulo: Perspectiva, 2007. SANTOS, Joaquim Felício dos. *Memórias do Distrito Diamantino da comarca do Serro Frio*. 4. ed. Belo Horizonte: Itatiaia, 1976. TRINDADE, Raymundo. *Breve notícia dos Seminários de Mariana*. São Paulo: Revista dos Tribunais, 1953.

do garimpo, expressaram-se especialmente através das irmandades e das romarias aos santuários, enquanto se tornavam sempre mais efervescentes as manifestações populares do catolicismo.

Como afirma Darcy Ribeiro, as implantadoras do catolicismo popular santeiro no Brasil foram principalmente as mulheres mamelucas. Na busca de ser alguma categoria de gente digna, a única possível que elas encontraram foi a de fiéis contritas dos santos católicos, seguidoras entusiastas dos cultos. Esta foi a única conversão que os padres alcançaram.[33]

Em meio a esse catolicismo popular atuaram ermitães. Eram leigos dedicados à vida ascética e à promoção de obras de culto e devoção. Sua espiritualidade vinha do movimento de renovação ocorrido em Portugal no final do século XVII e sustentava-se nas confrarias e Ordens terceiras. Eles refutavam o luxo e valorizavam a penitência, com o lema "padecer e amar", o que contrastava com a vida ostensivamente luxuosa e a conduta imoral dos senhores dos arraiais mineiros. Destacaram-se Feliciano Mendes e Lourenço de Nossa Senhora.

Carrato, um historiador mineiro, assim descreveu esses ermitães:

> Geralmente eles deixavam crescer a barba e o cabelo, andavam vestidos rusticamente e com cor escura, com uma corda amarrada à cintura, descalços ou com sandálias de couro e usando um chapéu rústico desabado. Nas longas caminhadas pelo sertão apoiavam-se em bordões. Numa pequena caixa pendente do pescoço traziam um relicário contendo a imagem de um santo de sua devoção, que os fiéis beijavam piedosamente, tirando o chapéu ou se ajoelhando. As manifestações de devoção popular, ao redor deles, eram desaprovadas pelas autoridades eclesiásticas. E as autoridades oficiais, bem como os viajantes estrangeiros, os tratavam como seres esquisitos e alheios ao mundo, dados a práticas supersticiosas e exóticas.[34]

---

[33] RIBEIRO. *O povo brasileiro*. São Paulo: Companhia das Letras, 1995, p. 90.

[34] CARRATO, José Ferreira. *Igreja, Iluminismo e escolas mineiras coloniais*. São Paulo: Comp. Ed. Nacional, 1963, pp. 183-188.

É importante ressaltar que a organização da sociedade mineira era visualizada nas procissões católicas, em que as cores e as classes andavam juntas, mas sem se confundirem, e cada confraria ou irmandade católica tinha o seu lugar estabelecido.

Como a hierarquização social seguia a gradação de cor, lugar privilegiado tinham as confrarias dos brancos de classe dirigente, ficando por último as dos negros escravos. E a hierarquização detalhava-se na distinção de cor, com lugares declarados abertamente para cada categoria: pardos forros, pretos escravos, pretos forros, mestiços forros, bastardos forros, crioulos escravos, crioulas escravas, crioulas forras, pardas escravas, pardas forras, pretas minas, mestiças forras, bastardas escravas, índias carijós, mestiças escravas. Contudo, as pessoas inferiorizadas contrariavam a estrutura colonial imposta, ao estabelecerem coesão entre os da mesma cor.

No entanto, sendo vetada a atuação de membros das Ordens religiosas missionárias, o ciclo mineiro contou com padres seculares, inteiramente dependentes do padroado através da Mesa de Consciência e Ordens. Além disso, em 1748 foi criado o bispado de Mariana, que passou a exercer controle eclesiástico. O clero mineiro, formado através dos seminários com um perfil diferente daquele dos missionários, caracterizava-se pela obrigação de rezar missas aos domingos e dias santos, confessar na Páscoa e, no tempo restante, dedicava-se a outros ofícios, como de advogado, proprietário de mina ou engenho, negociante, fazendeiro, político, estalajadeiro, curandeiro e até contrabandista de ouro ou pedras preciosas.

Nessa orientação, as manifestações populares do catolicismo passaram a ser combatidas como ignorância, fanatismo e superstição. Porém, resistiram e seguem vivas.

Os sete povos Guarani das missões[35]

Já em 1538, os frades franciscanos Bernardo de Armenta e Alonso Lebrón chegaram à ilha de Santa Catarina com a intenção de aldear os Guarani da região costeira do Atlântico sul. Alguns meses depois, Armenta escreveu ao Conselho das Índias recomendando o envio de lavradores e artesãos de toda classe, pois seriam mais úteis que os soldados. E acrescentou: "... é mais fácil atrair estes selvagens por meio da doçura que por meio da força".[36]

Também foram franciscanos que, no século XVII, iniciaram no Paraguai um modo diferenciado de aldeamento. Note-se que, com o tempo, essas aldeias de "índios" foram sendo chamadas de "reduções", porque juridicamente passaram a ter um significado de *reductio ad vitam civilem,* redução à vida civilizada.

O contexto era o da resistência dos Guarani, liderados por seus xamãs, contra as invasões dos colonos espanhóis, bem como as dos luso-brasileiros comandados pelos paulistas que ficaram conhecidos como "bandeirantes". Estes últimos destruíram os primeiros aldeamentos do Paraguai e obrigaram os Guarani a migrar para o Sul, sob a tutela dos jesuítas.

É importante desmistificar a ideia que enaltece o bandeirantismo paulista, como se o alargamento territorial do Brasil e o povoamento do seu interior fossem méritos do "heroísmo" desses homens. Como mostra John Monteiro, as incursões desses "bandeirantes" concorreram para a devastação de muitos grupos e povos nativos. A verdadeira mola propulsora do sertão, na verdade,

---

[35] Para este assunto, ver: DURÁN ESTRAGÓ, Margarita. As reduções. In: DUSSEL, E. (Org.). *Historia Liberationis: 500 anos de História da Igreja na América Latina.* São Paulo: Paulus, 1992, pp. 514-530; GADELHA, Regina Maria. Jesuítas e Guarani: a experiência missional triunfante. In: Id. (Ed.). *Missões Guarani: impacto na sociedade contemporânea.* São Paulo: EDUC, 1999.

[36] Carta de Frei Bernardo de Armenta a João Bernal Dias de Lugo, do Conselho das Índias Espanholas, em 1º de maio de 1538. Mendieta a incluiu em sua obra: MENDIETA, Frei Geronimo de. História eclesiástica indiana. 5 v. México: Ed. Porrúa, 1980, v. IV, cap. 45.

eram os próprios nativos, apesar de serem alvo da cobiça dos colonos como mão de obra e alvo da obsessão dos jesuítas com o fim de catequizá-los.[37]

Em 1641, quando os Guarani missioneiros venceram a célebre batalha de Mboré contra esses "bandeirantes" paulistas, firmou-se definitivamente a liderança espiritual, militar e material dos jesuítas sobre eles. Entre os diversos fatores que levaram os Guarani a aceitarem a tutela dos jesuítas, estiveram a fome, as epidemias espalhadas pelos brancos, a diversidade de opinião entre os caciques, com consequente desestruturação do seu modo de vida, mas também a conversão deles ao cristianismo.

Na América do Sul floresceram trinta povoados de nativos Guarani aldeados pelos jesuítas, na Bacia Platina, entre os rios Paraná e Uruguai. Embora ali os padres repetissem a imposição do padrão da civilização ibérica, essas reduções diferenciaram-se por terem uma relativa autonomia, estando geograficamente distantes, nessa zona de indefinição de fronteira entre as colônias portuguesa e espanhola. O poder colonial as tolerava porque faziam a guarda das terras vulneráveis a invasões de outros colonizadores. Além disso, os Guarani reduzidos ali viviam uma economia próspera, produzindo para o próprio consumo.

Entretanto, desde meados do século XVIII, à crise econômica das metrópoles portuguesa e espanhola somavam-se as pressões da Inglaterra, exigindo adequação ao novo modo de produção econômica. Então, Portugal pôs o Brasil no embalo do movimento iluminista europeu, tentando submeter a Igreja Católica ao Estado. Embora fosse uma versão mais moderada desse movimento, o poder central da colônia entrou em choque com a missão alternativa dos jesuítas junto aos Guarani.

Ao atuar nessas reduções que escapavam ao controle das duas Coroas, os jesuítas alcançaram certo grau de contradição com o

---

[37] MONTEIRO, op. cit.

poder colonial. Contra eles se impôs o Tratado de Limite das Conquistas, ou Tratado de Madri, feito entre os reis Dom João V, de Portugal, e Dom Fernando VI, da Espanha, em 13 de janeiro de 1750. Esse tratado estabeleceu medidas de revisão dos limites entre as duas colônias. Não tardou o trágico massacre dos Guarani missioneiros, a expulsão dos jesuítas e a completa destruição dessas missões.

Em Portugal, durante o reinado de Dom José I, que se estendeu de 1750 a 1777, teve um poder cada vez maior Sebastião José de Carvalho e Melo, que depois se tornou o Conde de Oeiras e Marquês de Pombal. Seu projeto político, pautado nos princípios do mercantilismo e da ilustração, visava intervir na Igreja Católica e nacionalizá-la. Assim, ele foi intransigente ao impor uma permuta de reduções Guarani, que ficara estabelecida no Tratado de Madri: A redução do Sacramento, que estava nos domínios da colônia portuguesa, passaria aos domínios da colônia espanhola; em troca, passariam da colônia espanhola para a portuguesa as reduções de São Nicolau, São Lourenço, São Luís Gonzaga, São Miguel, São João, Santo Ângelo e São Francisco de Borja, que passaram a ser conhecidas como os Sete Povos das Missões. Nesses sete povos atuavam dezessete jesuítas.[38]

Tal permuta iria desbaratar essas missões, pois os Guarani da maioria dessas reduções recusaram-se terminantemente a abandonar às pressas sua terra e seus bens e entregar tudo aos portugueses, que consideravam os seus piores inimigos. Liderados por Sepé Tiaraju e Miguel Taimacay, puseram-se em resistência contra um grupo de demarcadores que, em 1753, atingiu a redução de São Miguel, na região do atual município de Bagé. Os altos comissários coloniais declararam guerra às missões Guarani, caso a permuta não fosse efetuada no prazo de um mês. A partir daí houve a guerra

---

[38] VIEIRA, Dilermando Ramos. *O processo de reforma e reorganização da Igreja no Brasil (1844-1926)*. Aparecida, SP: Editora Santuário, 2007, pp. 19-21.

dos Guarani, que combateram durante três anos, até serem totalmente vencidos.[39]

Quanto aos jesuítas, sofreram expulsão sob ameaça de morte. Disto trataremos mais adiante.

QUESTÕES

1) Construa um quadro mostrando os ciclos da missão no Brasil colonial. De cada ciclo destaque algumas características em relação a: processo colonizador, situação dos nativos, contradições da missão, atitudes alternativas de alguns missionários.

2) Escolha uma pessoa ou uma categoria de pessoas que, a seu ver, merece ser homenageada como missionária no Brasil colonial. Crie algo em sua memória.

---

[39] Ibid., pp. 21-22.

V
Religião recriada

Objetivos

- Introduzir uma compreensão do surgimento das religiões afro-brasileiras na época colonial, mais especificamente na Bahia e no Maranhão.
- Motivar a discussão a respeito do ambiente sociocultural onde nasceram o Candomblé ketu e o Tambor de Mina, bem como dos processos através dos quais mulheres e homens negros escravizados recriaram suas religiões.

Brasil negro

Como foi possível que, no Brasil colonial, sujeitos da base dominada e escravizada tenham conseguido transgredir a exclusividade do cristianismo católico, fundando novas religiões?

A convicção de Roger Bastide é a de que o catolicismo imposto não foi suficientemente um instrumento de controle social. Numa sociedade dividida como era a do Brasil, cada classe social foi interferindo nos valores da outra classe, numa economia de trocas culturais que resultou em sincretismos.[1]

Para entender isso, podemos focar especialmente a Bahia e o Maranhão, nos séculos XVIII e XIX.

A Bahia, com uma população predominantemente de origem africana, era um retrato do Brasil. Os escravos negros constituíam

---

[1] BASTIDE. *As religiões africanas no Brasil: contribuição a uma sociologia das interpretações de civilizações*. São Paulo: Pioneira, 1971, p. 202.

a maioria absoluta dos fiéis das paróquias, principalmente do interior. E na cidade de Salvador, capital da colônia até 1763, a Igreja Católica mostrava toda a sua pompa, com um grande número de igrejas e conventos, sempre ornados de muita riqueza. A igreja dos jesuítas, por exemplo, era revestida com mármore trazido da Europa. Muitos viajantes deixaram escritas suas impressões:

> Não vi lugar onde o cristianismo se apresente mais pomposo do que nesta cidade, seja quanto à riqueza e multidão das igrejas, dos conventos e religiosos, ou quanto à feição devota dos fidalgos, senhores (...) e geralmente de todos os cidadãos da Bahia. Ninguém anda sem rosário na mão, terço ao pescoço e um Santo Antônio sobre o bucho. São todos pontuais a se ajoelharem pelas ruas ao toque do "Ângelus", mas ao mesmo tempo não há quem não tome a precaução de não sair de casa sem um punhal à cava, pistola ao bolso e espada das mais compridas (...), a fim de não deixar escapar uma ocasião propícia de se vingar de um inimigo, embora durante a recitação do terço.[2]

Esses viajantes estrangeiros não podiam entender o que se passava nos sentimentos dos senhores, que eram católicos muito devotos, mas comprazíam-se em mandar torturar seus escravos. Um deles fez este relato:

> Estava em casa deste homem, num dia em que fazia dilacerar com um aguilhão o corpo de um pobre negro, por ter derramado uma xícara de chocolate. Enquanto isso, o tal devoto tinha sobre a mesa um crucifixo, diante do qual recitava orações; colocava-se de modo tal, porém, que enquanto fazia as devoções, tinha a cruel satisfação de ver rasgarem o escravo e ouvir os gritos deste miserável.[3]

A Bahia tinha um grande número de padres, mas distantes da vida dos negros. E os religiosos quase sempre eram proprietários de

---

[2] CORÉAL, apud TAUNAY, Affonso d'E. Na Bahia Colonial: 1610-1764. *Revista do Instituto Histórico e Geográfico Brasileiro*, Imprensa Nacional, 1924, p. 272.
[3] Ibid., p. 273.

um considerável número de escravos. Relatórios de 1775 mostram que os frades carmelitas calçados de Nossa Senhora do Carmo possuíam 93 escravos particulares, além dos da comunidade, que eram 34 escravos e 7 escravas. E as freiras clarissas, em número de 81, tinham 290 escravas, 8 escravos e 40 servas forras.[4]

O Maranhão, assim como a Bahia, a partir do século XVIII recebeu um contingente massivo de africanos e assim se enegreceu consideravelmente. A diferença é que, do mesmo modo que a Amazônia, continuou a ser também uma importante região de nativos. A sociedade complexificou-se bastante ali, em meio a diferentes grupos e setores sociais, com seus conflitos e interações.[5]

Mas a população negra agigantou-se em todo o Brasil, de maneira que a colônia chegou a uma situação explosiva. Os escravos negros alcançavam 51 por cento de toda a população em 1817, sendo que os brancos não passavam de 18 por cento. Assim, o cristianismo católico era tomado como indispensável para o controle da massa escrava. Como religião hegemônica, podia dobrar suas mentes e fazê-los resignarem-se à sua condição de escravos, tarefa crucial que o chicote e as torturas físicas não eram capazes de cumprir.[6]

Os senhores se impunham em sua função religiosa, como redentores dos cativos que extirpavam o pecado através dos castigos e neles inculcavam a obediência e a subserviência. Eram ciosos no cumprimento de suas quatro obrigações: catequizar, fazer trabalhar, castigar e sustentar. Essa regra tornou-se clássica na obra do padre jesuíta Jorge Benci, que partiu de uma leitura ideologizada

---

[4] Arquivo Histórico Ultramarino, Bahia, C.A., 26, documento 8814.

[5] BARROS, Antonio E. A. Tensões, interações e conflitos numa terra de voduns, encantados e orixás. Vitória da Conquista, IV Encontro Estadual de História, ANPUH-BA, 29/07 a 1/08 de 2008.

[6] BEOZZO, José Oscar. Evangelho e escravidão na Teologia Latino-Americana. In: RICHARD, Pablo (Org.) *Raízes da Teologia Latino-americana*. São Paulo: Paulinas, 1987, p. 109.

desta passagem bíblica: "Para o asno forragem, chicote e carga; para o servo pão, correção e trabalho" (Eclesiástico 33,25-29).[7]

Porém, pouca e precária catequese foi dada a essa imensa população negra. Além do pouco interesse, temia-se que, catequizados, eles acordassem para o raciocínio e o senso de liberdade. Muitos senhores até escondiam seus escravos para que não fossem batizados, porque então perderiam preço. E a catequização, quando havia, só podia ser feita à noite, quando os escravos, exaustos, nada conseguiam assimilar. Os senhores quase sempre a deixavam por conta de algum escravo ou escrava. Nos engenhos e fazendas, o padre era mero funcionário do senhor e seguia suas regras.[8]

Fato paradoxal é que o cristianismo, da parte católica e da parte protestante, foi praticado na conivência com a escravidão e com os interesses capitalistas do sistema colonial. Ao invés de defesa da liberdade dos negros e do reconhecimento do valor humanístico dos seus quilombos, os colonos cristãos, em geral, compactuaram com a escravidão negra, dela se aproveitaram e a legitimaram através da religião.

O catolicismo obrigatório fazia o registro da vida inteira das pessoas. Através do batismo se podia comprovar ser filho de alguém e ser brasileiro; o sacramento do matrimônio fazia existir a união matrimonial; o registro de óbito paroquial dava sentido social à morte; o estado de viuvez tinha atestado fornecido pelos párocos. Enfim, o catolicismo instituído tinha sob seu controle quase todas as etapas dos momentos rituais da sociedade, de modo que, para pertencer a essa sociedade, era preciso aceitar os rituais católicos, mesmo que de maneira estratégica.[9]

---

[7] BENCI, Jorge. *Economia cristã dos Senhores no Governo dos Escravos*. São Paulo: Grijalbo, 1977.

[8] BEOZZO, José Oscar. A Igreja na crise final do Império. In: VV.AA. *História da Igreja no Brasil: ensaio e interpretação a partir do povo. Segunda Época*. 3. ed. São Paulo/Petrópolis: Paulinas/Vozes/Cehila, 1992, t. II/2, pp. 264-265.

[9] FARIA. Sheila de Castro, *A colônia em movimento: fortuna e família no cotidiano colonial*. 2. reimp. Rio de Janeiro: Nova Fronteira, 1998, p. 307.

Porém, contra essa imposição de religião houve resistência, principalmente da parte de um islamismo negro, como explicou Bastide:

> Em quase todo o território brasileiro havia escravos muçulmanos dispersos, principalmente os haussás, mas também os nigerianos originários do reino de Mali, conhecidos como malês. Eles haviam sido islamizados na África, e porque conservavam algo de suas antigas crenças animistas, introduziram no Brasil um sincretismo muçulmano-fetichista. Muitas vezes foram vitoriosos em sua resistência contra a cristianização, e até conservaram uma espécie de altivez. Obrigados a ser cristãos, eram batizados e passavam a ter nome tirado do calendário cristão, mas permaneciam muçulmanos em suas convicções, praticando o culto às escondidas em casas de negros. Como consta em observações de viajantes, eles até conseguiam estudar o árabe para poderem ler o Alcorão. No Rio de Janeiro, o livro do Alcorão era vendido por livreiros franceses e esses escravos faziam até os maiores sacrifícios para adquiri-lo, mesmo contraindo dívida para pagarem ao comerciante em um ano.[10]

Muitos desses escravos islamizados estavam na Bahia. Em 1814, os haussás de Salvador e do Recôncavo baiano fizeram uma grande revolta, com cuidadoso plano e preparativos minuciosos. Envolveram-se todos os haussás, tanto os escravos como os forros, e os líderes tentaram também envolver mestiços e até nativos. A liderança centrou-se nos negros carregadores, ou negros de ganho, que estavam em pontos estratégicos e podiam circular pela cidade sem levantar suspeita. Seu principal local de contato eram as matas do Sangradouro, numa conexão entre os quilombolas e o levante. Mas o levante foi traído, abortado e levado a inquérito judicial.[11]

Na Bahia, onde os escravos se identificavam por origem étnica e diferenças religiosas, os haussás continuavam o processo de islamização que em seu país africano de origem havia sido violento

---

[10] BASTIDE, op. cit., pp. 203-218.
[11] SCHWARTZ, Stuart B. Cantos e quilombos numa conspiração de escravos haussás. Bahia, 1814. In: *Liberdade por um fio*, cit., pp. 373-406.

e incompleto. A partir de 1780, eles passaram a predominar em Salvador, porque as guerras provocadas pela expansão islâmica na área iorubá, na África, resultaram na venda de milhares de prisioneiros para o tráfico atlântico, saindo principalmente do porto de Lagos, na Nigéria. Com isso, nas primeiras décadas do século XIX, a maioria dos muçulmanos chegados à Bahia eram haussás, de cor negra realçada, altos, musculosos e muito ousados.[12] Ali eles foram a alma das insurreições de escravos, ao mesmo tempo que conservavam um culto perfeitamente organizado, com numerosos sacerdotes, que chamavam de *alufás*, sob a autoridade central do *Iman*, também chamado *Almány* e popularizado como *Limano*.[13]

Os negros islamizados resistiram o maior tempo possível com sua religião. Mas, por serem minoria dentro da população escrava e por formarem um mundo à parte por causa da altivez que lhes era própria, sua liderança religiosa desapareceu, à medida que foi sendo passada aos jejes-nagôs ou aos católicos.

Sabemos que os negros escravizados resistiam de muitas maneiras: com atitudes como negociar espaços de autonomia com os senhores, fazer "corpo mole" no trabalho, quebrar ferramentas, incendiar as plantações, agredir senhores e feitores. Mas resistiam principalmente através da fuga, organizavam muitas rebeliões e constituíam inúmeros quilombos ou mocambos. Geralmente, a cada revolta reprimida e a cada quilombo destruído, rebeldes que conseguiam fugir formavam novos redutos como embriões de futuros movimentos de resistência.

Entretanto, outra forma de resistência foi a recriação de religião, através de diversos processos de intercâmbio entre bases culturais-religiosas europeias, nativas, africanas e mestiças, que incluíram sincretização e também reafricanização de cultos. Resultaram as

---

[12] Ibid.
[13] NINA RODRIGUES, Raimundo. *Os africanos no Brasil*. São Paulo: Brasiliana, 1977, pp. 99-101.

religiões conhecidas como afro-brasileiras, caracterizadas por grande diversidade. Pode-se destacar o Candomblé ketu em Salvador, mas considerando que nasceram outras formas de Candomblé, através de outras etnias; o Xangô em Recife; o Tambor de Mina em São Luís; o Batuque em Porto Alegre; o Candomblé angola e a umbanda em São Paulo e no Rio de Janeiro.

O Candomblé da Bahia

Na Bahia do final do século XVIII, assim como em todo o Brasil, eram fortes as confrarias de devoção, constituídas por separação de cor, já que toda a sociedade da colônia seguia uma hierarquização racial. No topo dessa hierarquia estava a classe senhorial e branca que, com sua ideologia racista e patriarcal, vivia na riqueza à custa dos escravizados.

Porém, a divisão das confrarias por cor acabou permitindo que os negros, escravos e libertos, se reagrupassem de acordo com suas etnias. Assim, os angolanos constituíam a Venerável Ordem Terceira do Rosário e de Nossa Senhora das Portas do Carmo, fundada na igreja de Nossa Senhora do Rosário do Pelourinho. Na capela do Corpo Santo, situada na parte baixa da cidade, os jejes constituíam a Confraria de Nosso Senhor Bom Jesus das Necessidades e Redenção dos Homens Pretos. Os nagôs, na maioria procedentes da nação Ketu, constituíam duas irmandades: uma de mulheres, a de Nossa Senhora da Boa Morte, e outra de homens, a de Nosso Senhor dos Martírios.

A formação de grupos de negros por etnia também se tornou possível porque, nas prósperas capitais do Nordeste e no Rio de Janeiro, os escravos urbanos comerciantes, conhecidos como "de ganho", circulavam pelas ruas com relativa liberdade. Escravos jejes, nagôs, malês e haussás, angolas e congos passaram a reunir-se em locais afastados, para praticarem seus cultos tradicionais, nos quais os espíritos ancestrais e as divindades relacionadas às forças da natureza e à vida em sociedade ocupavam o corpo de seus sacerdotes durante o transe místico.[14]

Desse modo, em princípios do século XIX, após um século de batuques fora das igrejas, no contexto urbano da escravidão negra nascia o Candomblé.

Para entendermos a gênese do Candomblé da Bahia é bastante oportuno o estudo de Pierre Verger, que, em meio ao pluralismo de informações, optou por seguir os relatos de *Mãe Senhora Oxum Miua*, uma descendente direta das fundadoras do primeiro terreiro. Verger tornou-se seu filho espiritual, já que também se iniciou nessa religião.[15]

Na cidade de Salvador, especialmente, estavam escravos de diversos grupos de origem nigeriana, capturados pelo reino de Daomé. Destacavam-se os iorubás, chamados nagôs, e também os jejes, pertencentes às tribos fon do centro de Daomé. Dentre os nagôs, o grupo mais numeroso era o da nação Ketu, que acabou exercendo uma influência maior na organização da nova religião.[16]

O culto que se estabeleceu foi o dos orixás, segundo as tradições dos nagôs. Mas houve influências de costumes trazidos pelos jejes e, residualmente, de grupos africanos minoritários. Desde o início a religião congregou aspectos culturais originários de diferentes cidades iorubanas, de modo que emergiram diferentes ritos ou nações de Candomblé, como Ketu, Ijexá, Efá.[17] O ritual nagô ou

---

[14] MONTEIRO, Marianna; DIAS, Paulo. Os fios da trama: grandes temas da música popular tradicional brasileira. *Estudos Avançados*, USP, v. 4, n. 69, set/ 2010.

[15] VERGER. *Orixás: deuses yorubás na África e no Novo Mundo*. 5. ed. Salvador: Corrupio, 1997, pp. 28-29.

[16] SANTOS, Joana Elbein dos. *Os nagôs e a morte*. Petrópolis: Vozes, 1988, p. 28. VASCONCELOS, Sergio Sezinho Douets. Religião e identidade: o candomblé e a busca da identidade brasileira. *Revista de Teologia e Ciências da Religião*, Universidade Católica de Pernambuco, Ano 1, n. 1, p. 156, jan. 2002.

[17] PRANDI, Reginaldo. O candomblé e o tempo: concepções de tempo, saber e autoridade da África para as religiões afro-brasileiras. *Revista Brasileira de Ciências Sociais*, São Paulo, n. 47, p. 44, 2001.

iorubá exerceu forte influência sobre os demais terreiros, mas os iorubás também receberam influências dos bantos.

O culto dos orixás, na Nigéria e em Daomé, estava ligado ao grupo familiar. A família numerosa entendia-se com origem num antepassado comum e englobava também os mortos. Ao redor dos santuários havia confrarias, nas quais a aprendizagem da religião e os ritos de iniciação se faziam coletivamente.

Porém, no Brasil, o sistema de escravidão rompia todos os laços e impossibilitava a continuidade daquela estrutura familiar africana. A relação com as divindades teve que ser individualizada, de modo que cada indivíduo tem o seu orixá.[18] E a antiga estrutura familiar africana passou a reestruturar-se no terreiro, reelaborada como família de santo, com os filhos e filhas de santo ao redor da mãe de santo (*yalorixá*) e do pai de santo (*babalorixá*).[19]

Foram duas mulheres nagôs do Ketu que tomaram a iniciativa de fundar o primeiro terreiro. Delas só sabemos os nomes de religião: *Iyá Lussô Danadana* e *Iyá Nassô Akalá*, ou *Aká*. Eram escravas libertas e pertenciam à Irmandade Nossa Senhora da Boa Morte, da igreja da Barroquinha. O terreiro, próximo a essa igreja católica, estava numa casa situada na Ladeira do Berquo, atualmente Rua Visconde de Itaparica. Não sabemos os detalhes desse início, mas as diferentes versões coincidem em que o terreiro se chamou *Iyá Omi Àse Àirá Intilè*, e elas foram auxiliadas por um homem chamado *Babá Assiká*.

Essas duas mulheres, enérgicas e voluntariosas, conseguiram viajar para a África e foram ao Ketu fazer seu aprendizado no culto dos orixás. *Iyá Nassô Akalá* levou consigo sua filha de religião Marcelina da Silva, chamada *Obá Tossí*. E Marcelina levou sua filha de

---

[18] CACCIATORE, Olga Gudolle. *Dicionários de Cultos Afro-brasileiros*. Rio de Janeiro: Brasiliense, 1977, p. 160.

[19] VASCONCELOS Sergio Sezinho Douets. Religião e identidade: o candomblé e a busca da identidade brasileira. *Revista de Teologia e Ciências da Religião*, Universidade Católica de Pernambuco, Ano 1, n. 1, p. 164, jan. 2002.

sangue Madalena. Esse pequeno grupo de mulheres permaneceu em Ketu por sete anos. Lá faleceu *Iyá Lussô Danadana*.

Regressaram à Bahia *Iyá Nassô*, Marcelina *Obá Tossí*, Madalena já com dois filhos e grávida de um terceiro, e um africano chamado *Bangboxé*, que na Bahia passou a chamar-se Rodolfo Martins de Andrade. Fato interessante é a continuidade dessa estirpe das fundadoras. A criança que estava no ventre de Madalena, quando do retorno de Ketu, seria Claudiana, da qual *Mãe Senhora* é filha.

O terreiro era liderado pela yalorixá *Iyá Nassô*. Após sua morte, sucedeu-a Marcelina *Obá Tossí*. Com os conhecimentos religiosos aprofundados em Ketu e também os objetos de culto trazidos de lá, ela consolidou a liderança feminina na casa, mas teve que enfrentar vários conflitos. No âmbito interno, havia disputas pela sucessão nessa liderança. E no externo, foram as constantes repressões ao culto, como a ocorrida por volta de 1826, quando a polícia da Bahia, ao efetuar buscas para prevenir levantes de escravos, recolheu os atabaques e outros objetos de culto desse terreiro.

Parece ter sido pior em 3 de maio de 1885, quando foram presos diversos membros, entre livres e escravos. A notícia veiculada por um jornal da Bahia dizia que essas pessoas estavam numa reunião chamada "candomblé", na casa *Ilê Iyá Nassô*, no Engenho Velho.

Nesse mesmo ano de 1885 faleceu Marcelina *Obá Tossí*. A liderança passou para Maria Júlia Figueiredo, yalorixá chamada *Omonike Iyá Lódé*, ou *Erelú* para a sociedade dos geledé. Porém, essa sucessão provocou sérias discussões entre os membros mais antigos e fez com que saíssem duas importantes yalorixás, que acabaram fundando novos terreiros.

Uma delas, Júlia Maria da Conceição Nazaré, que era filha ou irmã espiritual de *Oba Tossí*, fundou no alto do Gantois o terreiro *Iyá Omi Àse Íyámase*. Foi importante a participação de uma outra mulher originária de Ketu, *Babá Adetá Okandelê*. A antiga geração do terreiro de Gantois estendeu-se até a quarta yalorixá, Escolástica Maria da Conceição Nazaré, bastante conhecida como *Mãe Menininha*.

A outra, alguns anos mais tarde, foi Eugênia Ana dos Santos, a *Mãe Aninha*, que fundou o terreiro do Centro Cruz Santa do *Ilê Axé Opô Afonjá*. Auxiliou-a um africano vindo do Recife, Joaquim Vieira da Silva, de nome religioso *Obá Sanya*. Esse terreiro, que esteve provisoriamente no bairro Camarão, em 1910 instalou-se em São Gonçalo do Retiro e rapidamente ganhou importância. *Mãe Aninha* foi sucedida em 1938 por Maria da Purificação Lopes, a *Tia Badá Olufandeí*.

Três anos depois, a liderança do terreiro *Axé Opô Afonjá* passou a Maria Bibiana do Espírito Santo, a *Mãe Senhora Oxum Miua*. Sendo bisneta de *Obá Tossí* por laços de sangue e neta pelos laços espirituais da iniciação, teve autoridade amplamente reconhecida dentro do culto nagô. O estudioso Pierre Verger diz ter sido portador de uma carta do *Aláàfin Óyo* da Nigéria, em 1952, que conferiu à *Mãe Senhora* o título honorífico de *Iyá Nassô*. Essa dignidade recebida da África, que não deixou de provocar comentários e rumores na tradição do Candomblé, permitiu-lhe ser reconhecida como participante da fundação da família de terreiros da Bahia originados da nação Ketu.

O terreiro *Ilê Iyá Nassô*, o pioneiro da Barroquinha, teve que mudar de lugar por diversas vezes, mas resistiu e está na Avenida Vasco da Gama. Entre as sucessoras de *Obá Tossí* é bastante lembrada Maximiana da Conceição, a *Tia Massi*, que o liderou por vários anos e, em homenagem ao seu orixá, deu-lhe o nome de *Casa Branca do Engenho Velho*. Assim ele é conhecido atualmente. No início da década de 1980, após não pouco esforço, foi tombado e passou a fazer parte do Patrimônio Histórico Nacional.[20]

Mãe Senhora faleceu em 1967. Uma de suas sucessoras, Maria Estella de Azevedo Santos, ou *Odè Kayòdé*, viajou até a Nigéria,

---

[20] SHUMAHER, Schuma (Coord.). *Dicionário Mulheres do Brasil: de 1500 até a atualidade, biográfico e ilustrado*. São Paulo: Jorge Zahar Editor, s/d., pp. 358-359.

para o ex-reino de Daomé, a fim de retomar a tradição das fundadoras *Iyá Nassô* e *Obá Tossí*.

Aliás, desde os filhos de africanos da primeira geração, não faltaram peregrinações à África da parte de membros desse Candomblé originado na Barroquinha, em busca das fontes da religião e de maiores conhecimentos. Ao retornarem à Bahia, influenciaram a reafricanização dos cultos e a preservação das tradições africanas. Mas também muitos africanos libertos, bem como seus descendentes, foram à África e lá permaneceram. Por serem abrasileirados, constituíram guetos, que eram de grande importância por estabelecerem relações comerciais que passaram a garantir os produtos africanos necessários ao culto.

No entanto, um processo diferente ocorreu em Pernambuco. Enquanto na Bahia os cultos indígenas dos espíritos foram submetidos às normas do Candomblé africano, de modo a dar origem aos Candomblés de caboclos, em Pernambuco foi o catimbó dos nativos que penetrou a religião dos negros angolanos. O primeiro terreiro, fundado em 1875 e dedicado a *Iemanjá*, com o nome *Ilê Obá Ogunté*, atualmente é conhecido como Sítio de Pai Adão. Considerado o terceiro dentre os terreiros originários em todo o Brasil, em 1986 foi tombado pelo governo do Estado do Pernambuco, como patrimônio histórico e cultural. Conta atualmente com mais de setenta filiais no Brasil e uma em Portugal.[21]

O Tambor de Mina

A religião afro-brasileira conhecida como Tambor de Mina difundiu-se pela região Norte do Brasil, especialmente no Maranhão e no Pará. Eram chamados "minas" os jejes e nagôs trazidos da Costa Leste africana, onde havia um empório português de escravos

---

[21] AMARAL, R. *Sítio de Pai Adão: ritos africanos no xangô do Recife*. Governo do Estado de Pernambuco/Secretaria da Cultura/Fundação do Patrimônio Histórico e Artístico do Pernambuco. CD, 2005.

com o nome Forte de El Mina, ou São Jorge da Mina. Atualmente ali está a República de Gana. O tambor, instrumento importante nesse culto, foi incorporado ao nome da religião.

Para entender os processos que antecederam o surgimento do Tambor de Mina, é oportuna a análise de Roger Bastide.[22]

Na região Norte do Brasil foi onde mais se afirmaram religiões indígenas, como a pajelança no Pará e Amazonas, o encantamento no norte do Piauí e o catimbó nas demais regiões. Os negros importados atuaram sobre essa base religiosa dos nativos, que também marcou mais fortemente a religião popular.

Em meados do século XVIII já eram percebidos cultos indígenas secretos, penetrados de elementos católicos. É o caso do culto que existiu numa povoação de missão católica chamada Brejo dos Padres, em Pernambuco. Ainda em 1937 esse culto se mantinha, com os nativos já acaboclados. Tomava-se o *ajuá*, uma bebida feita da raiz da jurema, fumava-se cachimbo e se invocava a Deus, à Virgem Maria e aos santos do catolicismo, inclusive Padre Cícero, ao som de cantos entoados por cantadoras e marcados por maracá.[23] Desagregada a comunidade dos nativos, desapareceu essa cerimônia, que já estava próxima do que viria a ser o catimbó. Este surgiu no Nordeste brasileiro num contexto de mestiçagem e urbanização, como culto individual de busca de cura dos males físicos e espirituais, centralizado na jurema e no reino dos encantados.

Os líderes do catimbó, chamados mestres, são pessoas com capacidade para entrar em transe místico. Mas também são chamadas mestres as entidades sobrenaturais, entendidas como espíritos. Frequentemente o nome da entidade é precedido pelo termo

---

[22] BASTIDE, op. cit., v. 2, pp. 243-305.
[23] OLIVEIRA, Carlos Estêvão de. Bebendo jurema ou a festa do ajuá. In: CÂMARA CASCUDO, L. *Antologia do Folclore Brasileiro*. 2. ed. São Paulo: Livraria Martins, 1984, v. 2, pp. 512-514.

"caboclo", mesmo porque ocorre a divinização de mestres de culto já falecidos.[24]

Diferentemente da Bahia, que tinha uma população fixa, nas capitanias de conquistas do Nordeste a vida era bastante instável, com constantes lutas contra invasores estrangeiros, seca, fome e alta mortalidade. Os escravos, na maioria bantos procedentes de Angola, foram arrancados do ambiente das entidades sobrenaturais que cultuavam. Eram os espíritos das florestas, rios, montanhas, pântanos, grutas dos seus países africanos. Acreditando terem todos eles permanecido lá, apenas trouxeram consigo a mentalidade animista, através da qual se sentiram na obrigação de aceitar os espíritos locais da nova terra para a qual foram transportados.

Os negros sempre se sentiram relegados ao último grau da escala social, abaixo dos nativos que, sendo de pele menos escura, foram defendidos da escravização e cristianizados pelos jesuítas. E a estrutura social os colocou também abaixo dos caboclos. Assim, eles aderiram ao catimbó, uma religião de solidão de espíritos, de gente isolada, sem recursos econômicos e sem organização social.

Entretanto, o catimbó tornou-se caminho da ascensão social para uma minoria ativa e oportunidade para os negros inverterem a situação. Catimbozeiros negros, inclusive negras catimbozeiras, graças à influência do Candomblé, comandavam o grupo dos caboclos, impondo-se com sua cor, que visibilizava mais seu poder mágico. Valiam-se de substâncias psicoativas, como o fumo e a jurema, para transformar-se em "encantados" e receber em seu corpo a descida dos orixás.

Além disso, os negros imprimiram sua marca no catimbó. Passaram a entender os mestres africanos ao lado dos mestres caboclos, no reino dos encantados. E desde que chegou a influência do espiritismo, tiveram a convicção de que os espíritos de alguns

---

[24] Ver ALVARENGA, O. (Org.). *Registros sonoros do Folclore musical brasileiro*. São Paulo: Discoteca Pública Municipal, 1949 (v. III: Catimbó).

catimbozeiros célebres foram para junto das antigas divindades dos povos Tupi. Foi assim que, a par com a linha indígena do catimbó, surgiu uma linha africana.

É interessante o processo que impregnou de elementos africanos o catimbó dos indígenas. A cidade de São Luís, fundada pelos franceses, era como uma ilha de resistência dos negros daomeanos, que ali estavam mais isolados do contato com as civilizações europeias. No entanto, entre essa capital e o sertão maranhense havia uma zona que possibilitava as mais diversas trocas culturais. Isso se evidenciou nas dez casas de culto chamadas Encantadas que se constituíram em São Luís.

Já nas zonas rurais, com uma proibição mais rígida das danças rituais dos escravos, estes só puderam conservar e transmitir, em segredo, o nome de algumas divindades africanas particularmente respeitadas. Os que conseguiam fugir ou se revoltar logo se misturavam aos nativos e buscavam a pajelança, ainda mais pela analogia com os seus ancestrais africanos e por buscarem apaixonadamente o êxtase. Embora com o desaparecimento da iniciação de tipo africano, os negros democratizaram o transe místico que, na pajelança, é próprio só do pajé.

Assim, os camponeses negros do Maranhão continuaram, nos casebres do catimbó, suas danças rituais para atrair a descida dos espíritos. A casa de culto, de terra batida, tinha seu altar católico com uma legião de santos, realçando-se a imagem de Santa Bárbara. Os poucos deuses africanos sobreviventes no culto, chamados *Bundun* (voduns), foram geralmente recebendo nomes brasileiros, sendo comandados pelo misterioso *Kakamado* e seus espíritos de "índios". A magia foi simplificada e posta a serviço das necessidades das pessoas, especialmente das crianças. Permaneceu o mais temível dos deuses, *Legba*, conhecido como *Legba Bogui*, para punir os que não cumprem as promessas feitas a ele.

O culto, sem um sacerdote especializado para presidir e sem uma organização especial, mantém-se por iniciativa da comunidade, que se reúne para dançar e chamar os espíritos. Trata-se de uma religião na qual os espíritos têm mais características de santos católicos e de entidades dos nativos que de deuses africanos. Contudo, seu ritual já não consiste puramente na pajelança, e sim incorpora elementos do cerimonial africano. Os voduns já não descem só para visitar os mortais e pelo prazer de montar em seus "cavalos", como ocorria no Daomé, mas, como os caboclos, vêm para "trabalhar" a serviço da humanidade sofredora. A divindade naturalizou-se, fixou-se na nova terra assim como os descendentes dos escravos; ama os pobres negros e com eles permanece, para defendê-los e protegê-los.

As grandes cerimônias ficaram centralizadas nas festas católicas, como as de Santa Bárbara e de São Sebastião, além do dia de São Lázaro, com promessa para os cachorros, ofertando a eles uma refeição escolhida sobre uma toalha posta no chão. A maior festa é a do Ano-Novo, quando todos os objetos rituais são cuidadosamente lavados com água lustral para retomarem suas virtudes místicas. Com isto, a escravidão, que rompeu o ritmo sagrado do tempo dos africanos, tornou a emprestar dos brancos o ritmo do ano, cristão ou profano.

Na cidade de São Luís, uma casa situada na Rua dos Crioulos guardou por mais tempo sua herança africana iorubá. Mas acabou recebendo influências de outros cultos da região, principalmente do que veio do reino de Daomé, de maneira que uniu certos voduns do universo fon aos orixás nigerianos. Numa justaposição ficaram o altar dos santos e as orações católicas durante o mês de Maria, bem como a pajelança, sem se misturar com as pedras consideradas morada dos deuses.

Da influência daomeana também nasceu o Tambor de Mina. Como afirmou Pierre Verger, num artigo que publicou em 1952, essa religião pode ter sido fundada pela rainha africana Na Agontimé, que de fato foi encontrada em São Luís do Maranhão. Ela era viúva do rei Agonglô, que reinou de 1789 a 1797, e mãe do rei Ghezo, cujo reinado foi de 1818 a 1858.[25]

---

[25] ERGER, Pierre. Uma rainha africana mãe de santo em São Luís. *Revista USP*, São Paulo, n. 6, pp. 151-158, jun./jul./ago. 1990.

Os dados de Verger foram confirmados num Colóquio Internacional realizado pela Unesco em 1985, na cidade de São Luís, a respeito das sobrevivências das tradições religiosas na América Latina e Caribe. O diretor Maurice Glélé, sendo natural do Benin e descendente da família do antigo Reino de Daomé, durante o período preparatório esteve algumas vezes em São Luís e visitou a Casa das Minas, junto com o antropólogo Sérgio Ferretti. Emocionado, concluiu que o culto do vodun ali continuava sendo praticado com seriedade, continuando as tradições de seu país. Outros pesquisadores, como Roger Bastide, Pierre Verger, Nunes Pereira, Costa Eduardo, destacam a seriedade com que são mantidas as tradições religiosas da Casa das Minas.

O relatório desse colóquio, pautado na tradição oral e nos escritos de pesquisadores como Roger Bastide, Pierre Verger, Nunes Pereira, Costa Eduardo e outros, afirma que, algum tempo após a morte do rei Agonglô, o rei Adandozan vendeu a rainha Na Agontimé, juntamente com outros dignatários e membros da família real. A rainha foi condenada à deportação antes que seu filho Ghezo subisse ao trono e assim pudesse lançar uma vasta operação em busca de sua mãe. Esta fundou a Casa das Minas, que continuou a tradição religiosa real de *Zomadonu*. A tradição oral, no entanto, afirma que a fundadora foi Maria Jesuína, que "carregava" o vodum *Zomadonu*. Mas a mesma memória popular diz que *Zomadonu* pertence ao culto mais importante do reino fon e é um vodum de poder excepcional. Marcam essa tradição religiosa a importância da iniciação, o segredo ascético dos grandes responsáveis, a gerontocracia feminina e a complexidade dos ritos. Ao mesmo tempo, os rituais de origem fon permitem a integração da comunidade no meio em que vive, ou seja, no contexto sociocultural e político-econômico brasileiro.[26]

---

[26] FERRETTI, Sérgio Figueiredo. Religiões de origem africana no Maranhão. In: *Culturas africanas. Documentos da reunião de peritos sobre as sobrevivências das*

A memória oral não menciona o nome da rainha Na Agontimé, mas só o de Maria Jesuína, que teria trazido o culto do seu vodum protetor e também dos outros voduns do Daomé. A Casa das Minas cultua *Nochê Naé* como entidade maior, mãe ancestral e mítica de todos os voduns, dona da árvore sagrada, a que rege a casa. Como anciã e rainha mãe ela é chamada de *Sinhá Velha*. A ela são oferecidas duas festas anuais, as mais importantes, em junho e dezembro, exatamente os solstícios de verão e inverno. Ela tem devotos que lhe são consagrados, mas não incorpora e nunca teve filhas dançantes na Casa das Minas.[27]

No entanto, o Tambor de Mina é plural e complexo desde a sua gênese e é uma religião sincrética, como explica Sérgio Ferretti.[28]

> A partir da matriz cultural da Casa Grande das Minas e da Casa Nagô, fundadas por mulheres africanas no Maranhão em meados do século XIX, surgiram numerosos terreiros em São Luís, com uma diversidade de origens e formas de organização. Na maioria, foram fundados por pessoas amigas da Casa das Minas e adotaram o Tambor de Mina como modelo ritual. Assim, há o Terreiro de Turquia, fundado por Anastácia dos Santos, da cidade de Codó; o Terreiro do Egito, o *Ilê Nyame*, fundado por Basília Sofia, também chamada *Massinoko Alapong*. Pessoas preparadas por estas fundadoras ou por suas sucessoras foram abrindo outros terreiros e assim se difundiu a tradição mina, em São Luís, em todo o território maranhense e também fora dele.

O Tambor de Mina tem vínculos com o catolicismo, o espiritismo kardecista e as religiões ameríndias. Seu sincretismo tem o potencial de estabelecer relações com outras expressões simbólicas produzidas pela comunidade da qual faz parte, num diálogo de mútua influência e numa fusão de valores. Assim, na cidade de

---

tradições religiosas africanas nas Caraíbas e na América Latina. São Luís, MA: UNESCO, 1985, pp. 158-172.

[27] Ver: FERRETTI, S. F. *Querebantan de Zomadonu: etnografia da Casa das Minas*. São Luís: Edufma, 1985.

[28] Ibid., pp. 269-271.

São Luís, quando é o terreiro que organiza as festas do Divino, o tambor de crioula e o bumba meu boi, estes eventos adquirem um caráter polissêmico, dada a tradução cultural das diferentes esferas simbólicas dos participantes. O bumba meu boi, a principal festa maranhense, em seu contato com os terreiros fez surgir a categoria do "boi de encantado" ou "boi de terreiro". A festa do Divino pode ser uma celebração do Espírito Santo, segundo o catolicismo, e ao mesmo tempo da entidade africana da adivinhação, *Ifá*. E no tambor de crioula o homenageado é São Benedito e também o vodum a ele associado, *Averequete*.[29]

QUESTÕES

1) Descreva o ambiente religioso da Bahia e do Maranhão nos séculos XVII e XVIII.

2) Imagine as fundadoras do Candomblé de Salvador e do Tambor de Mina de São Luís narrando como foi o nascimento dessas duas religiões. Que tal escrever esse diálogo imaginário entre elas, *Iyá Nassô* e Na *Agontimé*?

3) Anote alguns temas que merecem discussão, ao pensar neste fato: pessoas negras escravizadas, a partir do catolicismo obrigatório, foram ativas e criativas em trocas culturais, sincretismos e busca de reafricanização. Assim, recriaram seus cultos africanos e fizeram surgir novas religiões, a que chamamos "afro-brasileiras".

---

[29] FERRETTI, S. F. *Repensando o sincretismo*. São Paulo: Edusp/Fapema, 1995.

Segunda parte
Religiões no estado liberal e republicano

I
Cristianismos no Brasil imperial

Objetivos

- Introduzir uma compreensão do posicionamento das Igrejas cristãs no Brasil, diante da modernidade iluminista, na fase final da Colônia e durante a época do Império.
- Motivar a análise da atuação dos missionários e missionárias, bem como dos diferentes segmentos dessas Igrejas cristãs.
- Provocar uma interpretação do significado desses cristianismos para: a população dominada com suas expressões populares de catolicismo, a população negra escravizada, a população imigrante, o povo brasileiro.

A cristandade católica em crise

Após 250 anos em vigor no Brasil, a cristandade católica foi abalada por intervenções da parte da Coroa portuguesa que, pautada num iluminismo católico-burguês, tentou nacionalizá-la e submetê-la à razão do Estado.[1]

---

[1] Para uma compreensão desse assunto dialogamos com: HOORNAERT, Eduardo. A Igreja no Brasil. In: DUSSEL, E. (Org.). *Historia Liberationis: 500 anos de História da Igreja na América Latina*. São Paulo: Paulus, 1992, pp. 297-332; HAUCK, João F. A Igreja na emancipação (1808-1840). In: VV. AA. *História da Igreja no Brasil*, cit., t. II/2, pp. 11-139. GOMES, Laurentino. *1822: como um homem sábio, uma princesa triste e um escocês louco por dinheiro ajudaram D. Pedro a criar o Brasil – um país que tinha tudo para dar errado*. Rio de Janeiro: Nova Fronteira, 2010; VIEIRA, Dilermando Ramos. *O processo de reforma e reorganização da Igreja no Brasil (1844-1926)*. Aparecida, SP: Editora Santuário, 2007, pp. 19-32; AZZI, Riolando. *A crise da cristandade e o projeto liberal*. São Paulo: Paulinas, 1991, cap. 15; BIDEGÁIN GREISING. A Igreja na emancipação, cit., pp. 123-132.

Foram intervenções agressivas, contra o posicionamento do Vaticano, marcadamente contrário ao mundo moderno. O descompasso com a modernidade era bastante explícito durante o longo pontificado de Pio IX, que também dirigiu o Concílio Vaticano I, em 1869 e 1870. No seu todo, a Igreja Católica defrontava-se com o racionalismo iluminista, que solapava o princípio de autoridade, e também com os avanços da ciência e da técnica, que lhe traziam problemas dogmáticos e éticos difíceis de serem resolvidos com os usuais procedimentos pautados na rigidez da doutrina escolástica.

No entanto, o iluminismo dos impérios coloniais da América Latina somou-se à sua crise financeira. As Coroas de Portugal e Espanha, quebradas financeiramente desde meados do século XVIII, enfrentavam pressões externas para se adequarem ao novo modo de produção capitalista. As pressões eram principalmente da Inglaterra que, além da supremacia na revolução industrial, se beneficiara com o ouro e o diamante extraídos do Brasil, a ponto de conseguir derrubar o predomínio da prata sobre o sistema monetário. Na tentativa de se reerguerem, essas Coroas lançaram-se em reformas iluministas, cujos efeitos atingiram mais diretamente os jesuítas.

Portugal, durante o reinado de Dom José I, de 1750 a 1777, contou com um líder que chegou ao apogeu do intervencionismo do Estado na vida interna da Igreja Católica. Era Sebastião José de Carvalho e Melo, que se tornou o Conde de Oeiras e recebeu o título de Marquês de Pombal. Com um projeto pautado no mercantilismo e na ilustração, ele buscou nacionalizar a Igreja no reino português.

O comando de Pombal teve grande peso no trágico desfecho das missões com os Guarani, na América do Sul. Mas também no Norte do Brasil atuou um seu irmão, Francisco Xavier de Mendonça, que estava encarregado de ali fazer a demarcação de terras. Mendonça,

---

MENDONÇA, Antonio G. A "Questão Religiosa": conflito Igreja vs. Estado e expansão do protestantismo. In: MENDONÇA, Antonio G.; VELASQUES FILHO, Prócoro V. *Introdução ao protestantismo no Brasil*. São Paulo: Loyola, 1990, pp. 61-79.

acusando os jesuítas de má vontade e de sonegação financeira, no ano de 1755 expulsou três deles que faziam missão na Amazônia. Outros jesuítas foram expulsos dois anos depois, cinco do Maranhão e dez do Pará.

Em Portugal, de nada adiantou a tentativa do padre jesuíta José Moreira, que era confessor do rei e da rainha, de interceder pelos seus confrades. Ele e os demais padres da Companhia foram despedidos do Paço, na madrugada de 21 de setembro de 1757. Nesse mesmo ano, Pombal subiu ao posto de primeiro-ministro de Dom José I e passou a tomar medidas rígidas contra os jesuítas, como a de fazer um libelo difamatório com 85 páginas. No ano seguinte, ele acusou os jesuítas do Brasil de serem os mentores de um atentado que correu contra o rei de Portugal.

A iniciativa do papa, com total apoio de Pombal, foi a de nomear um interventor na Companhia de Jesus, o Cardeal Francisco de Saldanha, que foi elevado a patriarca de Lisboa em 1758. No ano seguinte, em 3 de setembro, um alvará de Dom José I suprimia a Ordem dos jesuítas do reino de Portugal.

Pombal agia como chefe da Igreja lusitana, ordenando prisões e exílios e fazendo intervenções de todo tipo. Não poupou sequer o cardeal interventor, que lhe fazia restrições. Ameaçado de desterro, o cardeal não cedeu, mas teve que retirar-se para sua casa de campo. Com o novo papa, Clemente XIV, as negociações diplomáticas com o embaixador de Portugal também foram perdedoras diante da política pombalina.

A expulsão dos jesuítas foi implacável. Em 1759, Pombal os expulsou do Brasil, bem como de Portugal com todas as suas colônias.[2] Em 1764 foi a vez de a França expulsá-los dos seus territórios

---

[2] Para um estudo mais aprofundado das relações de Pombal com os jesuítas, ver: BIKER, Júlio F. J. Collecção de tratados e concertos de pazes que o estado da Índia portuguesa fez com os reis e senhores com quem teve relações nas partes da Ásia e da África Oriental. Lisboa: Imprensa Nacional, v. II, 1981. Toda a coletânea, em 4 v., foi produzida entre 1741 e 1775.

coloniais. Dois anos depois, eles foram expulsos da Espanha e de seus domínios. Em 1773, a Companhia de Jesus por inteiro chegou a ser suprimida pelo Papa Clemente XIV, que cedeu às pressões da corte espanhola. Porém, os jesuítas foram recebidos na Prússia e na Rússia, concentraram-se na Polônia e sua ordem resistiu, sendo restaurada pelo Papa Pio VII em 1814.

O antijesuitismo das altas instâncias do poder colonial foi marcado por interesses econômicos. Portugal, na oportunidade de remediar sua crise financeira desapropriando fortunas, fez isso com famílias nobres de Portugal e também com a Companhia de Jesus. Desta, não perdoou nem a tutela das prósperas missões guaraníticas, que se haviam tornado projetos comunitários alternativos ao sistema colonial, com uma eficiência produtiva contrastante com o baixo rendimento dos colonos. E, na oportunidade da revalorização das terras outorgadas às Ordens religiosas e ao clero secular, bem como de outros bens em posse delas, uma iniciativa oportunista dos reformadores iluministas foi a de levantar acusações de corrupção contra essas Ordens, principalmente a dos jesuítas.

Mas os defensores do *status quo* se opunham aos jesuítas também por sua relativa autonomia e, ainda, pelo fato de a Companhia de Jesus ter uma linha ética e humanística pautada na teologia neoescolástica. Incomodava-lhes a atuação desses religiosos como baluarte do poder do papado, braço militante do Concílio de Trento, reforçadores da organização da Igreja e detentores do sistema educacional.

No vazio dos jesuítas, a Igreja Católica no Brasil sentiu os ventos que vinham das sociedades europeia e norte-americana, anunciando tempos novos.

Em 1776 ocorreu a independência dos Estados Unidos, como nação que se separou da monárquica e conservadora Inglaterra. Na pretensão de ser a primeira democracia republicana da história moderna, constituiu-se num laboratório de aplicação das ideias dos filósofos iluministas, que nas décadas anteriores haviam anunciado o tempo da razão, da liberdade e do predomínio dos direitos individuais. Thomas Jefferson redigiu a declaração de independência americana, com a afirmação de que "todos os homens nascem iguais" e têm direitos inalienáveis. Na França, treze anos depois, a revolução do povo derrubou a Bastilha. E o marquês de Lafayette, que havia lutado ao lado dos americanos, redigiu a Declaração Universal dos Direitos do Homem. Passaria um século e esta declaração seria adotada, com algumas adaptações, como a carta de princípios das Nações Unidas.

Os avanços eram surpreendentes, na tecnologia, ciência, arte e em todas as esferas. A substituição dos barcos a vela por navios a vapor encurtava a viagem entre Portugal e o Brasil de dois meses para quinze dias. E viria a revolução nas comunicações, com a invenção do telégrafo em 1832. Por outro lado, intensificavam-se as guerras. Só as napoleônicas mataram mais de três milhões de pessoas entre 1792 e 1815.

Ao mesmo tempo, pipocavam revoluções contra os regimes políticos autoritários. O advento das massas se explicava também pelo considerável aumento da população, já que os avanços na medicina conseguiam controlar as doenças e deter as epidemias. Além disso, as novas técnicas agrícolas faziam crescer a oferta de alimentos.

Porém, a maré das inovações na Europa e nos Estados Unidos ainda levaria um tempo para chegar ao Brasil. Esta colônia era praticamente analfabeta, mantida no isolamento e sob um controle rígido, proibida de fazer manufaturas e de publicar jornais, submetida à censura na circulação de livros e com direito de reunião vigiado. Não obstante, as ideias revolucionárias aqui chegavam, de forma clandestina, através de publicações contrabandeadas e na bagagem dos poucos que conseguiam estudar em universidades europeias, sendo fomentadas em reuniões de sociedades secretas, como a maçonaria.

Foi assim que ganharam força a Inconfidência Mineira e outros inúmeros movimentos regionais de rebelião, que envolveram, inclusive, pessoas de origem humilde. Na cidade de Salvador, a Revolta dos Alfaiates ou Conjuração Baiana, em 1798, tinha entre os líderes João de Deus Nascimento, um alfaiate pardo livre. Ele dizia que todos deviam fazer-se franceses para viver em igualdade e abundância. Depois de executado e esquartejado em praça pública, pedaços de seu corpo foram deixados ao relento em vários pontos da cidade e sua cabeça ficou exposta em frente a casa em que morava.

Em 1808, a família real portuguesa fugiu de Napoleão Bonaparte e transferiu sua corte para o Brasil. Dom João VI instalou-se no Rio de Janeiro com cerca de quinze mil acompanhantes. Para o Brasil era um volumoso e exigente acréscimo, pois sua população não passava de cinquenta mil habitantes, acostumados a uma vida de pouco conforto. Mas a grande mudança foi a abertura dos portos marítimos e a liberdade de comércio, que fez o Brasil deixar de ser estritamente lusitano e seu espaço religioso deixar de ser estritamente católico. Seguiu-se a proclamação do Brasil como Reino Unido, em igualdade com Portugal, em 16 de dezembro de 1815. A descolonização se acelerava, começava a mudar a política e Dom João VI implantava uma tênue identidade nacional.

Esses fatos já eram o início da emancipação do Brasil, por um processo bem diferente daquele que culminou na emancipação da América espanhola. Os movimentos populares revolucionários, múltiplos e fortes, manifestavam toda a possibilidade que o Brasil tinha de se emancipar de modo a favorecer as classes populares, com regime republicano e abolição da escravatura. Muitos padres participaram desses movimentos e neles exerceram liderança, principalmente na Revolução Pernambucana, que estourou no Recife no ano de 1817.

Em Pernambuco, o pensamento liberal europeu penetrou mais intensamente entre os aristocratas e intelectuais ligados à maçonaria, bem como entre os membros das irmandades católicas, das Ordens religiosas e do clero diocesano formado no Seminário de

Olinda. Discutia-se acaloradamente a independência, a liberdade, a Constituição e os direitos dos cidadãos, até que a rebelião se iniciou, em 6 de março de 1817. Os rebeldes depuseram o governador português e organizaram um governo provisório da República Pernambucana, com representantes das diversas classes e segmentos da sociedade local. A revolta consolidou-se e ganhou apoio de outras províncias, mas logo foi desbaratada pela repressão, com execuções sumárias, suplícios, prisões e confiscos de bens. Pernambuco perdeu a comarca de Alagoas e o Seminário de Olinda foi fechado. Mas as lutas ali continuaram. Em 1821, os pernambucanos expulsaram as tropas lusitanas e proclamaram um governo autônomo, constituído por líderes políticos representativos dos diversos segmentos da sociedade local.[3]

Nesse mesmo ano, Dom João VI regressava a Lisboa sabendo que a independência do Brasil era fato inevitável, mas deixou recomendações para que isso ocorresse sob o controle da monarquia portuguesa e da família real de Bragança. Assim se evitaria uma vitória dos republicanos. De fato, venceu o projeto dos monarquistas constitucionais, liderados por José Bonifácio de Andrada e Silva e consagrado na proclamação de independência feita em 7 de setembro de 1822 por Dom Pedro I, que se tornou o primeiro imperador do novo país.

Entretanto, muitos dos que queriam a separação de Portugal buscavam um regime republicano. Por isso, quando Dom Pedro I, em 1824, dissolveu a Assembleia Constituinte e impôs autoritariamente a Constituição, a reação dos liberais e republicanos foi imediata em Pernambuco, através do movimento que ficou conhecido como Confederação do Equador. Aos pernambucanos uniram-se as províncias de Paraíba, Ceará, Rio Grande do Norte e Piauí. Era toda a região Nordeste numa recusa a submeter-se ao governo da capital, o Rio de Janeiro. Dali o governo imperial mandou as tropas

---

[3] TEIXEIRA, Francisco M. P. *Frei Caneca e a resistência pernambucana*. São Paulo: Editora Ática, 1991.

repressoras. Com isso, e também devido a conflitos internos, a Confederação desintegrou-se.[4]

Um dos principais líderes desse movimento foi o Padre Joaquim do Amor Divino Caneca, conhecido como Frei Caneca, um carmelita nascido no Recife. Preso na revolta de 1817, sofreu torturas, maus-tratos, injúrias e humilhações públicas. Com a vitória do regime constitucional em 1821, foi solto e levado de volta para o Recife. Como destacado orador, escritor, tradutor e dirigente do jornal por ele fundado, o *Typhis Pernambucano*, manifestava suas críticas e respondia às calúnias. Mas a contrarrevolução se punha em marcha.[5]

As forças repressoras o aprisionaram novamente por ocasião da Confederação do Equador, em 1824, assim como outros líderes padres e religiosos. Frei Caneca foi condenado à morte por enforcamento, mas os algozes, primeiro um pardo, depois dois negros, recusaram-se a cumprir essa função mesmo sendo espancados até quase morrerem. Desse modo, enquanto as ruas da cidade de Recife eram ocupadas por tropas e o próprio Frei Caneca ensinava como deviam amarrá-lo a um dos esteios da forca, uma patrulha de fuzilamento já estava formada. Um soldado dessa patrulha sofreu uma síncope, mas os demais executaram a sentença. Seu cadáver foi deixado à porta do convento dos carmelitas, que estava fechada porque os frades haviam-se retirado. Um único frade ali presente abriu a igreja e cuidou do seu sepultamento.[6]

A crise da cristandade era patente. Ao longo do litoral viam-se grandes conventos que pertenceram aos jesuítas, abandonados e tomados por morcegos. Alguns deles foram aproveitados por órgãos do governo. Mas as bibliotecas foram todas depredadas, restando ali suas paredes sólidas. Também conventos de outras

---

[4] Ibid.
[5] HAUCK, op. cit., pp. 131-139.
[6] Ibid.

Ordens, geralmente grandes, ficaram habitados só por dois ou três religiosos.

Pelo interior havia grandes fazendas pertencentes a religiosos. Eram considerados ricos principalmente os beneditinos e os carmelitas, se bem que entre os carmelitas alguns se destacaram por uma atuação política mais radical, como Frei José Maria Brayner e Frei Sampaio. Na cela de Frei Sampaio, no convento do Rio de Janeiro, realizaram-se muitas reuniões secretas.

Entretanto, as posses dos religiosos contrastavam com a pobreza generalizada na colônia. O padre salesiano Luís Lasagna assim escreveu a seu superior:

> Lembre-se, caríssimo, de que aqui o clero está numa situação que causa espanto; e as velhas Ordens religiosas dos carmelitas, beneditinos, mercedários e franciscanos estão para extinguir-se, o que aliás é uma fortuna, porque eles não têm mais o espírito religioso. Nadam na abundância e na devassidão, com rendas fabulosas, com milhares de escravos às suas ordens.[7]

A decadência estava também nos conventos femininos. Situados quase sempre nas grandes cidades, costumavam ser prestigiados pelos ricos comerciantes, que comemoravam com muita solenidade e aparato a tomada de hábito de suas filhas, quase sempre levadas ali por conveniência de família. Mas agora se passava à construção de recolhimentos, mais autônomos, onde viviam mulheres que não faziam oficialmente votos religiosos, mas vestiam hábito religioso e se sustentavam fazendo confeitos, costuras e flores artificiais. Os recolhimentos prestavam-se à reclusão de prostitutas, defesa de moças pobres, preservação de moças ricas casamenteiras, refúgio de viúvas, estadia de mulheres cujos maridos eram ciumentos ou estavam em viagem.

---

[7] Carta ao Padre Barberis, em 7 de agosto de 1883. Arquivo da Inspetoria Salesiana São João Bosco, Belo Horizonte.

Da parte dos homens eram os ermitães, também eles vestidos de hábito, sem regra monástica e sem o compromisso dos votos religiosos, mas controlados pelas autoridades civis. Consagravam-se a cuidar de algum templo ou a percorrer o território pedindo esmolas para a construção de alguma igreja.

Desse modo, o cenário da Igreja Católica era marcadamente leigo, com eremitérios e muitos recolhimentos, principalmente em Minas Gerais, onde a presença de religiosos de Ordens era proibida. Dom Pedro I se assumiu como Grão-Mestre da Ordem de Cristo em 1825, prerrogativa confirmada pelo papa dois anos depois. Os membros da hierarquia seguiram com remuneração do poder público, mas uma parte significativa do clero rural continuou sendo sustentada pela classe senhorial. Em todo o país só havia sete dioceses, em Salvador, Rio de Janeiro, Olinda, São Luís, Belém, Mariana e São Paulo, além de duas prelazias, em Cuiabá e Goiás. A Igreja Católica continuou vinculada ao latifúndio escravocrata e sob o regime de padroado.

Diante dos grandes mosteiros e conventos quase vazios e da dispersão dos religiosos, mais dedicados a dirigir grandes propriedades agrícolas, o governo imperial tentou utilizar seus bens para outras finalidades. Uma lei sancionada por Dom Pedro I, em 9 de dezembro de 1830, anulou todas as alienações e contratos onerosos feitos pelas Ordens religiosas sobre os bens de seu patrimônio, uma vez que não tinham expressa licença do governo para esses contratos. E as assembleias das províncias passaram a legislar sobre os conventos e quaisquer associações religiosas, como constou no Ato Adicional da Constituição de 1834.

Além disso, Dom Pedro II proibiu às Ordens de aceitar noviços sem expressa licença do governo. Deixou em descrédito os missionários brasileiros, mas favoreceu a entrada de missionários estrangeiros no país, para cuidarem da catequização dos "índios" em nome do governo.

A cristandade católica em reorganização[8]

As elites da sociedade brasileira pleiteavam um catolicismo adequado à nova nação e apresentável aos países ditos civilizados. Também diversos visitantes europeus, bem como padres que haviam estudado na Europa, mostravam-se horrorizados com as formas medievais de expressão religiosa que vigoravam no país.

No entanto, a população que chegava ao século XIX, majoritariamente mestiça e quase toda analfabeta, trazia uma experiência religiosa acumulada em longo tempo de trocas culturais, sincretismos e resistências. Os brasileiros souberam recriar o próprio catolicismo para prover sentido ao seu viver.

Mas essa maneira heterodoxa do catolicismo popular foi rechaçada pelas autoridades eclesiásticas que, no Brasil, lançaram-se numa campanha de reorganização da Igreja, de 1844 a 1926. Pautada nas normas do Concílio de Trento e alinhada com o centralismo da Cúria Romana, essa campanha ficou conhecida como romanização. Articulou a tradição medieval-ibérica do catolicismo luso-brasileiro com a contrarreforma promovida pelo Concílio de Trento no século XVI. Entre os bispos que se destacaram na liderança, pode-se citar Antônio Ferreira Viçoso, de Mariana; Antônio Joaquim de Melo, de São Paulo; Romualdo Seixas, da Bahia; Antônio de Macedo Costa, do Pará; Sebastião Laranjeira, do Rio Grande do Sul; Vidal de Oliveira, de Olinda.

Porém, a maior parte dos padres era ligada à maçonaria e também era regalista, isto é, defendia a ingerência do governo na vida interna da Igreja. Assim, sob o governo de Dom Pedro II, uma sequência de acontecimentos culminou num conflito conhecido como Questão Religiosa. Vejamos sucintamente.

---

[8] Neste assunto, o diálogo é principalmente com: VIEIRA, op. cit., pp. 189-274; FRAGOSO, Hugo. A Igreja na formação do Estado liberal (1840-1875). In: VV. AA. *História da Igreja no Brasil*, cit., t. II/2, pp. 182-215. HOORNAERT, Eduardo. A Igreja no Brasil. In: DUSSEL, E. (Org.). *Historia Liberationis*, cit., pp. 310-312; MENDONÇA. A "Questão Religiosa"..., cit.; AZZI. *O altar unido ao trono: um projeto conservador*. São Paulo: Paulinas, 1992, pp. 69-71.

> No Rio de Janeiro, o Padre Almeida Martins já vinha sendo alertado pelo bispo, Dom Pedro Maria de Lacerda, por seu envolvimento com a maçonaria. Sem fazer caso, por ocasião da comemoração da Lei do Ventre Livre, em 1872, o padre pronunciou a favor da maçonaria um discurso que também fez ser publicado nos jornais da corte. Então, o bispo o suspendeu de ordens e os maçons se irritaram.

No mesmo ano, Dom Vital Maria Gonçalves de Oliveira pronunciou seu discurso de posse como bispo de Olinda, mostrando seu carisma, mas também fidelidade à linha antimaçônica de Roma. Também proibiu a realização de uma missa que fora mandada rezar por loja maçônica. A represália dos maçons foi a publicação de uma grande lista de membros das irmandades religiosas de Pernambuco que eram maçons. O bispo conseguiu convencer seus padres a deixarem a maçonaria, mas com os leigos teve pouco resultado. Então, em 1873 interditou as irmandades de Recife que continuavam tendo membros maçons. Era o início da Questão Religiosa, pois as irmandades eram de jurisdição não só da Igreja, mas também do governo.

Ainda nesse ano, outras interdições de irmandades pelo mesmo motivo foram feitas pelo bispo do Pará, Dom Macedo Costa. O governo imperial exigiu que ele suspendesse a interdição, mas ele ficou invicto e até recebeu apoio de outros bispos. As confrarias interditadas fizeram apelo a Dom Pedro II, que enviou a Roma o Barão de Penedo para pedir ao papa a condenação de Dom Vital de Oliveira. O papa Pio IX, ao contrário, enviou a esse bispo uma carta de apoio, embora aconselhasse os bispos a desistirem dessa posição extrema e a se manterem dentro da ordem constitucional, para evitar uma ruptura política entre Igreja e Estado.

Os dois bispos, que agiram por fidelidade à Sé Romana, ficaram firmes em sua atitude, por isso foram condenados a quatro anos de prisão com trabalhos forçados. Aprisionados em 1874, foram soltos após cumprirem parte da pena. O de Olinda ficou com a saúde muito abalada, vindo a falecer em 1878, com apenas 33 anos de idade. No episcopado prevaleceu uma atitude de cautela, objetivando a preservação da ordem social, mas também a garantia da consolidação da instituição eclesiástica dentro do aparelho político do Estado, embora ganhasse maior autonomia.

Entretanto, a Questão Religiosa deixou consequências. De imediato ficaram desgastados o autoritarismo do imperador e a força política da maçonaria. E o Estado monárquico, na busca de uma religião civil aberta à modernidade, definiu-se como pombalino e regalista, isto é, empenhado em tornar a Igreja Católica uma instituição nacional e regida pelo imperador, só sujeita a Roma em questões de doutrina. Definiu-se também com um perfil josefista, ou seja, o de um Estado que submete à sua autoridade e às suas leis a administração da Igreja e todas as questões seculares, restando para a Igreja o poder moral sobre os fiéis. Essa foi a atitude de Dom José II, imperador do Sacro Império Romano-Germânico, de 1765 a 1790. Daí o termo "josefismo". Mas esse mesmo posicionamento foi o do Padre Diogo Antônio Feijó, regente do Império de 1835 a 1837.

A Igreja evitou um confronto direto com o Estado, mas tomou medidas de autofortalecimento interno nos marcos do conservadorismo. Seguiu romanizando seus quadros, numa já tardia implantação do Concílio de Trento. E nesse mesmo espírito tridentino, o segmento regalista do clero unia-se ao segmento ultramontano, isto é, dos que acentuavam a fidelidade ao papa, e ao centralismo romano, no mesmo empenho de amainar o forte conteúdo liberal que, no período anterior, se havia impregnado no ideário católico.

Basicamente, os objetivos dessa campanha, impulsionada principalmente pelas dioceses de Mariana e de São Paulo, eram a substituição do modo do catolicismo popular pelo da Igreja hierárquica, centrada no clero, com ênfase nos sacramentos e na doutrina. Os padres, celibatários e formados nos seminários segundo os princípios tridentinos, teriam o cuidado das almas e ficariam afastados da política, enquanto o Estado cuidaria das questões temporais.

Resultou um fortalecimento da Igreja enquanto instituição, mas com o custo de um maior distanciamento do povo e da realidade brasileira.

Os jesuítas, aos poucos, foram retornando ao Brasil. Em 1842 chegaram alemães no Sul e italianos no Sudeste. Mais tarde viriam portugueses para a região Nordeste. E como os bispos recorreram à colaboração de religiosos vindos da Europa na difusão do movimento reformador católico, puderam contar com esses jesuítas, além dos capuchinhos. Mas quem ajudou na romanização foram principalmente os lazaristas, que assumiram a direção da maioria dos seminários. Da parte feminina, colaboraram principalmente as religiosas vicentinas, ou Filhas da Caridade, e as Irmãs de São José de Chambery.

No entanto, uma importante contribuição veio de imigrantes europeus católicos. A imigração europeia começou já em 1819, com a chegada de suíços protestantes, que foram obrigados a se tornarem católicos. Na época imperial vieram imigrantes de diversos países europeus como França, Rússia e Ucrânia, num fluxo mais intenso de 1824 a 1850. Foram mais numerosos os alemães, muitos deles luteranos, que se estabeleceram no Sul e Sudeste do Brasil. Em segundo lugar, os italianos, que chegaram a partir de 1850, e numa onda mais intensa desde 1870. Também eles se fixaram principalmente no Sudeste e no Sul do país. E o terceiro grupo mais numeroso foi o dos poloneses, que, a partir de 1871, fixaram-se na região Sul. Entre 1870 e 1930 chegariam outros cerca de três milhões de europeus.

Essa imigração fez com que a Constituição brasileira de 1824, mesmo mantendo o catolicismo como religião do Estado, estabelecesse uma tolerância em relação aos outros cultos, como convinha a uma sociedade burguesa. Porém, era proibida a prática pública desses cultos, e os imigrantes não católicos eram considerados de segunda categoria, sem acesso a diversos dos direitos sociais.

Entretanto, a Lei do Ventre Livre, em 1870, foi um marco para a sociedade brasileira e para os religiosos. A maioria dos padres passou a defender a tese de que a escravidão era contrária ao Evangelho. Dois padres seculares destacaram-se no apoio ao movimento abolicionista: João Augusto Frota, no Ceará, e João Caetano Catalano, no Rio Grande do Sul.[9]

Comunidades religiosas de Ordens tradicionais, como os franciscanos e os beneditinos, passaram a alforriar seus escravos. Mas outros religiosos se negaram, esperando até o último momento por uma indenização do governo, o que não ocorreu. Já os de congregações religiosas recém-chegadas escandalizavam-se com as práticas do cativeiro. De fato, com exceção dos lazaristas, as novas congregações já não possuíam escravos.[10]

Da parte do episcopado, alguns bispos atuaram de maneira isolada a favor da libertação dos escravos e apoiaram abertamente a Lei do Ventre Livre, como Dom Pedro Maia de Lacerda, Dom Antônio Ferreira Viçoso e Dom Sebastião Laranjeiras. Porém, o conjunto do episcopado era contrário à abolição total da escravidão, alinhado com a clássica argumentação dos escravocratas de que os negros cativos eram sua propriedade privada, sagrada e inviolável. Assim, a hierarquia da Igreja Católica só tomou posição pela extinção total da escravidão em 1887, quando esta já estava impraticável no Brasil.

De fato, a sociedade brasileira, à medida que se complexificava e era interpelada pela questão social, evidenciava o paradoxo da sua estrutura escravista e latifundiária. Nas décadas de 1860 e 1870 cresceu o sentimento emancipacionista e antiescravista, além de que os próprios escravos, muitas vezes frustrados pelo não cumprimento da Lei do Ventre Livre, foram minando o sistema da escravatura de

---

[9] A respeito das posições do clero católico, diante do processo de abolição da escravatura, é oportuno o texto de Beozzo: A Igreja na crise final do império. In: VV.AA. *História da Igreja no Brasil: ensaio e interpretação a partir do povo. Segunda Época*. 3. ed. São Paulo/Petrópolis: Paulinas/Vozes/Cehila, 1992, t. II/2, pp. 257-295.

[10] VIEIRA, op. cit., pp. 189-203.

muitas maneiras, como através de fugas, rebeliões, alistamento no Exército para alcançar a liberdade. A Lei do Sexagenário, em 1885, foi uma concessão dos conservadores para retardar a abolição total. Porém, o sistema de cativeiro tornou-se insustentável, o que obrigou o Parlamento a sancionar a Lei Áurea, assinada pela Princesa Isabel em 13 de maio de 1888. Os escravos negros eram cerca de setecentos mil em todo o país, ou seja, 5 por cento da população.

Faltou o apoio da Igreja Católica com seu peso institucional, como afirmou o líder do movimento abolicionista Joaquim Nabuco: "A abolição teria sido obra de outro alcance moral se tivesse sido feita do altar, pregada do púlpito, prosseguida de geração em geração pelo clero e pelos educadores da consciência".[11]

A imigração branca foi incentivada e favorecida pelo governo, junto com a oligarquia escravocrata, objetivando substituir a mão de obra escrava, estabelecer o regime da pequena propriedade, mas também branquear a população. Assinada a Lei Áurea, toda a população de ex-escravos foi posta à margem do sistema produtivo brasileiro.[12]

Foram os imigrantes italianos e poloneses que mais contribuíram para a fé católica em moldes romanos. Suas colônias tinham capelas e eram celeiros de vocações sacerdotais e religiosas. Ocorre que também chegaram dezenas de congregações religiosas da Itália, França, Alemanha e Holanda. Dessa maneira, fortaleceu-se um catolicismo europeizado e romanizado.

A imigração fez crescer o pluralismo na sociedade brasileira. A partir de 1908 viriam sírios, libaneses, palestinos e japoneses. Além de outras religiões, os imigrantes traziam ideais socialistas, anarquistas e republicanos.

---

[11] NABUCO, Joaquim. *Minha formação*. Rio de Janeiro: Livraria José Olympio Editora, 1957 (Coleção Documentos Brasileiros, n. 90).

[12] DREHER, M. N. *A Igreja Latino-americana no contexto mundial*. São Leopoldo: Sinodal, 1999, pp. 50-51 (Coleção História da Igreja, v. 4).

O protestantismo no Brasil imperial[13]

Desde a Reforma iniciada na Alemanha por Lutero, no século XVI, nasceram diversas Igrejas cristãs participantes do movimento comumente chamado de protestantismo histórico. Assim, pessoas que vieram dessas Igrejas ao Brasil colonial constituíram o chamado protestantismo de invasão, perseguido e condenado como heresia.

No entanto, no século XIX as potências europeias latino-católicas foram-se enfraquecendo, enquanto o poderio passava às nações anglo-saxônicas, que eram protestantes. Assim, foi chegando ao Brasil um protestantismo de imigração, de gente ainda ligada à cultura religiosa europeia, que gradativamente se foi ajustando à cultura brasileira.

Os ingleses foram os primeiros, em 1810, quando o Brasil celebrou com a Inglaterra o Tratado de Comércio e Navegação. Eles tinham permissão para praticar seu culto anglicano, mas só de forma privada e com muitas restrições. Contudo, nove anos depois eles já haviam conseguido no Rio de Janeiro sua primeira capela e o primeiro cemitério. Também metodistas chegaram dos Estados Unidos em 1810.

No entanto, a onda imigratória se iniciou em 1824, com a chegada dos que eram do ramo original da Reforma protestante: os luteranos alemães. Eles se fixaram no interior das províncias do Rio de Janeiro e do Rio Grande do Sul; em grupos menores foram a outros pontos do país, como Santa Catarina, São Paulo, Espírito Santo e

---

[13] Conforme MENDONÇA, Antonio Gouvêa. Evolução histórica e configuração atual do protestantismo no Brasil. In: MENDONÇA, Antonio G.; VELASQUEZ FILHO, Prócoro V. *Introdução ao protestantismo no Brasil*. São Paulo: Loyola, 1990, pp. 11-59. BITTENCOURT FILHO, José. *Matriz religiosa brasileira: religiosidade e mudança social*. Petrópolis: Vozes/ Koinonia, 2003, pp. 101-128; GRIJP, Klaus van der. As missões protestantes. In: VV. AA. *História da Igreja no Brasil: ensaio e interpretação a partir do povo. Primeira Época*. 4. ed. São Paulo/Petrópolis: Paulinas/Vozes, 1992, t. II/1, pp. 137-141; DREHER, Martin N. *História do povo luterano*. São Leopoldo: Sinodal, 2005.

sul de Minas Gerais. Os primeiros grupos estabeleceram dois marcos iniciais: a comunidade de Nova Friburgo, no Rio de Janeiro, iniciada pelo pastor Friedrich Sauerbronn com 334 imigrantes; e a comunidade constituída por 43 imigrantes em Rio dos Sinos, no Rio Grande do Sul, que se chamou São Leopoldo para homenagear a imperatriz Leopoldina.

Esses luteranos, especialmente na região Sul do Brasil, não tiveram quase nenhum apoio de sua matriz na Alemanha. Eles eram agricultores de pouca escolaridade e a religião era o seu espaço de identidade social. Por isso, organizaram-se numa forma popular de religião, através de Igrejas autônomas que não foram consideradas plenamente Igrejas. Permaneceram em grupos, conservando sua língua e tradições. Desse modo, constituíram um protestantismo de imigração, camponês e de língua alemã, que praticavam através de arranjos possíveis. O apoio para a estruturação eclesial só chegou em 1843, quando a Igreja Luterana da Alemanha nomeou um pastor-primaz para o Brasil.

Viver numa sociedade ainda submetida ao antigo padroado português não lhes era fácil. Para os protestantes não havia cemitérios nem legislação que oficializasse seus matrimônios. E no caso de matrimônios mistos, era impossível aos filhos serem educados na fé do pai luterano.

Entretanto, na segunda metade do século XIX começaram a chegar difusores do protestantismo de missão. Eram missionários norte-americanos e ingleses. Sua cultura em ebulição entrou em confronto com a ordem cultural estabelecida no Brasil, que girava em torno do catolicismo ibérico, já impregnado de marcas africanas e indígenas. A primeira tentativa foi a de negar essa ordem cultural, mas, com o tempo, esse protestantismo teve que passar por um processo de mutação.

Foi pioneiro o jovem Fountain Pitts, encarregado pela Igreja Metodista Episcopal dos Estados Unidos de verificar possibilidades de trabalho missionário na América do Sul. Ele chegou ao Rio de Janeiro em 1835 e ali organizou um núcleo. Depois seguiu para Montevidéu e Buenos Aires, retornando aos Estados Unidos no ano seguinte. No entanto, quem fez um trabalho mais permanente no Rio de Janeiro foi Spaulding, outro metodista que veio dos Estados Unidos. Com ele, o núcleo eclesial desenvolveu-se e servia à corte, com escola diária e escola dominical, mas também incluía alunos brasileiros e alguns filhos de escravos. Por isso, o Padre Luís Gonçalves dos Santos lançou uma suspeita de maquinação revolucionária e pediu intervenção do Estado sobre esse núcleo metodista, mas isso só serviu para fazer mais propaganda protestante.

Novos missionários chegaram em 1837. Destacou-se Daniel Kidder, missionário da Igreja Metodista Episcopal e designado pela sociedade bíblica norte-americana para divulgar a Bíblia no Brasil. Aqui esteve em dois períodos, entre 1836 e 1842, percorrendo grandes distâncias do território nacional, no Rio de Janeiro, em Santos, São Paulo e no Norte do país. Nas memórias que escreveu, deixou seu testemunho da boa disposição do povo e da colaboração por parte de padres católicos e de autoridades civis, chegando a afirmar que o Brasil era o país de maior tolerância e acolhimento aos protestantes.[14]

Kidder combatia o vício do alcoolismo promovendo as Sociedades da Temperança, principalmente entre os marinheiros. Teve apoio entusiasta ao propor à Assembleia Legislativa, em São Paulo, que o Novo Testamento fosse distribuído nas escolas, mas essa proposta não foi aprovada. Retornou aos Estados Unidos em 1840, quando faleceu sua esposa, mas também por causa da falta de verbas, pois a Igreja Metodista passava por conflitos socioeconômicos e chegou ao cisma em 1841. Desse modo, fracassou a primeira missão. Mas a Sociedade Bíblica Americana continuou atuando

---

[14] KIDDER, Daniel P. *Reminiscências de viagens e permanência no Brasil: Rio de Janeiro e Província de São Paulo*. Trad. de Moacir N. Vasconcelos. Brasília: Senado Federal/Conselho Editorial, 2001.

modestamente na distribuição de Bíblias, o que permitiu novo começo mais de dez anos depois.

Fletcher, um pastor presbiteriano, agente e secretário da Sociedade Bíblica, desde 1854 buscava ajudantes. Pode contar com Kalley, um médico escocês que optou pelo Brasil após ler as memórias de Kidder. Esse médico chegou com colaboradores que falavam português e instalou-se junto do palácio imperial, em Petrópolis. Cautelosamente, através de reuniões domésticas, foi penetrando nos círculos do governo e da aristocracia. Em 1858, instalou uma pequena comunidade eclesial no Rio de Janeiro e passou a dirigi-la. Duas damas da Corte começaram a participar e o Núncio da Igreja Católica protestou energicamente. Além disso, no Rio de Janeiro, os locais de missão protestante haviam sido agredidos. Mas, com diplomacia, Kalley conseguiu proteção policial e o apoio dos três juristas mais famosos, um dos quais era Joaquim Nabuco. E ameaçou denunciar a falta de tolerância religiosa à opinião pública internacional.

É interessante que Kalley fugia da rigidez presbiteriana quanto aos aspectos formais e institucionais. Ele congregava sua comunidade como Igreja local independente, de cinquenta membros, com realce ao carisma. Mas essa configuração de Igreja durou pouco. Ao baixar uma nova lei que reconhecia os efeitos civis do matrimônio nas Igrejas protestantes, o governo imperial obrigou-a a instituir-se como Igreja formal. Reconhecida oficialmente, a comunidade passou a chamar-se Igreja Evangélica Fluminense e elegeu quatro presbíteros dirigentes, enquanto Kalley passava por um período de férias na Europa. De volta em 1863, ele foi eleito formalmente pastor e dirigiu essa Igreja até 1876, quando foi para a Escócia.

No entanto, as sociedades protestantes instituíram-se no Brasil com o perfil anglo-saxão e especialmente norte-americano, articulado com uma cultura ocidental voltada a unificar o mundo através da modernização, civilização e cristianização. Desse modo, entraram numa rede de relações com lojas maçônicas e grupos políticos liberais brasileiros.[15] Era um protestantismo minoritário, articulado numa frente religiosa e cultural mais ampla, empenhado em ser instrumento de regeneração social através da educação, bem como em criar uma cultura antioligárquica e democrática.

Os agentes das Sociedades Bíblicas não deixavam de aproveitar a pretensa superioridade da civilização anglo-saxônica. Mas também se valiam da ânsia por uma cultura religiosa liberal e não autoritária, que se encontrava em significativos setores da sociedade brasileira. A princípio, acreditavam que a propagação da Bíblia faria o catolicismo regenerar-se espontaneamente. Assim, evitavam os confrontos. Enquanto isso, os imigrantes protestantes mantinham-se no credo e nas tradições de suas Igrejas, dispondo apenas da Bíblia e do hinário evangélico, sem orientação e sem formação. Os missionários protestantes, por sua vez, enfatizavam a subjetividade e o pietismo.

Com isso, a tendência era a de desenvolver-se um protestantismo simplificado. Isso ocorreu na Igreja Presbiteriana, apesar da sua tendência ortodoxa, conservadora e até autoritária. Ela foi erigida no Brasil a partir de Nova York e através da sua Junta das Missões Estrangeiras. Expandiu-se pelo interior do país graças à contribuição dos missionários Blackford e Simonton. Entretanto, uma inesperada expansão missionária no interior da província de São Paulo se deu pela atuação de um padre católico.

Esse padre era José Manuel da Conceição, que incentivava os fiéis a lerem a Bíblia, tinha ideias abertas e era tolerante em relação aos protestantes. Por isso, frequentemente era transferido de uma paróquia rural a outra, até que em 1864 enfrentou uma crise e, incentivado por Blackford, converteu-se ao presbiterianismo. Voltou aos lugares onde havia sido pároco, pregando e criando núcleos

---

[15] SILVA, Eliane Moura da. "Os Anjos do Progresso no Brasil": as missionárias protestantes americanas (1870-1920). *REVER (Revista de Estudos da Religião)*, Ano 12, n. 1, jan./jun./2012.

evangélicos. Em Brotas, onde fora pároco pela última vez, sua pregação suscitou um movimento religioso popular.

Ordenado pastor em 1865, José Manuel tornou-se o primeiro pastor presbiteriano brasileiro, mas cada vez mais se foi afastando da cultura norte-americana. Viajava a pé pelo interior de São Paulo e do Rio de Janeiro, abrindo campos missionários com extrema abnegação, sem seguir planejamentos e sem enviar relatórios às autoridades. Por isso, seu carisma e impulsos eram vistos como neuróticos. Viveu franciscanamente e assim morreu, em 1873.[16]

Os missionários pioneiros atestaram a eficácia da pregação evangélica simples e direta, num clima de certa tolerância religiosa e ânsia do acesso à Bíblia na base popular. Fizeram experiência da afinidade do catolicismo popular devocional com o sacerdócio comum dos fiéis.

No entanto, no Brasil também se destacaram mulheres missionárias protestantes. A partir de 1870, com o incremento de sociedades missionárias femininas, elas tiveram oportunidades para além das atividades que visavam levantar fundos para a missão. Muitas passaram a atuar na evangelização através do exercício profissional. Embora vigorasse a atribuição patriarcalista da maternidade e do lar como base suprema das atividades femininas, já se reconhecia que elas poderiam atuar no magistério, enfermagem, cuidados com os pobres e desamparados, sempre visando à conversão e educação. Elas se dedicaram à missão objetivando a moralidade e as virtudes religiosas, mas também liberdade, emancipação e realização pessoal.[17]

Pode-se lembrar Miss Hellen Smail, que atuou na Maternidade da Bahia. No Hospital Samaritano de São Paulo, em 1890, formou-se um grupo de enfermeiras evangélicas. Mulheres inglesas

---

[16] Ver SOUZA, Silas Luiz de. *José Manoel da Conceição: o padre-pastor e o início do protestantismo brasileiro*. Rio de Janeiro: Novos Diálogos, 2011.

[17] SILVA, op. cit.

trabalharam nas enfermarias femininas. A imigrante belga Jeanne Marie Rennotte atuou como professora em Piracicaba, ao lado da missionária metodista Martha Watts. Rennotte, que foi professora no Colégio Piracicabano até 1889, e depois se formou médica nos Estados Unidos, retornou ao Brasil em 1896 e foi admitida na Sociedade Brasileira de Medicina e Cirurgia de São Paulo. Escreveu vários artigos sobre direitos e emancipação das mulheres. Essas mulheres conquistaram certa autonomia no Brasil, enfrentando diversas contradições, inclusive o cerceamento pelo poder formal de suas Igrejas.[18]

A penetração dos protestantismos no Brasil foi favorecida pela brecha do afastamento entre o Estado monárquico liberal e a Igreja Católica, mas também pela abertura do país ao mundo anglo-saxão. Entretanto, os ingleses, primeiros a chegar, estavam mais interessados em ampliar o mercado para seus produtos e ficaram fechados em suas capelas. Também os alemães, buscando novo espaço de vida, contentaram-se em praticar a religião entre si. Já os norte-americanos utilizaram a cultura como meio de ocupação do espaço.

Os protestantes norte-americanos não tinham interesse algum em se fixarem em espaços geográficos novos. Estavam construindo a Nova Inglaterra como seu paraíso para ali permanecerem. Mas, desde a chegada dos peregrinos da fé no século XVII, acreditavam-se depositários da missão divina de levar aos povos mais "atrasados" os benefícios do reino de Deus na terra, de modo semelhante ao ideário português do "reino de Deus por Portugal".[19] Lançaram-se no ambiente de catolicismo obrigatório como quem combate o Anticristo, mas também entendiam que a penetração desse catolicismo na cultura religiosa brasileira era superficial, frágil e

---

[18] Ibid.
[19] BANDEIRA, Moniz. *Presença dos Estados Unidos no Brasil*. Rio de Janeiro: Civilização Brasileira, 1973, p. 75.

decadente. Por isso, empenharam-se em converter a população, valendo-se de diversos agentes financiadores norte-americanos.

O governo e as elites do Brasil, nem um pouco interessados na religião em modo protestante, buscavam a ideologia progressista dos norte-americanos e o seu sistema educacional pragmático, voltado mais para a ciência e a técnica, que viria a substituir o sistema escolástico dos jesuítas.

Além disso, eles pensavam que os protestantes jamais disputariam o poder com o Estado, porque, ao contrário do monolitismo católico, suas múltiplas denominações seguiam o modelo dos Estados Unidos, sendo fortes em sua coesão interna e fracas de presença na sociedade. Ademais, esses missionários protestantes traziam uma religião de fé e prática individuais, na convicção de que a regeneração da sociedade viria da soma dos indivíduos, religiosos e cidadãos, eticamente regenerados. Assim, longe de ser chamativo para movimentos de rebeldia de massa, o protestantismo contribuiria para uma ruptura de mentalidade que abrisse caminho para uma sociedade modernizada e progressista.

Ainda, a vinda dos protestantes interessava por causa da sua tolerância religiosa e tendência a formar sociedades voluntárias. Enquanto a Igreja Católica tinha direitos difíceis de contestar, por ter chegado junto com os conquistadores e colonizadores, as denominações protestantes eram mais maleáveis à condição civil e às leis do país.

Por outro lado, o governo imperial não abriu mão da aliança entre Igreja Católica e Estado. Aliás, em toda a América Latina, os Estados recém-emancipados, fracos e vulneráveis diante da efervescência das lutas dos segmentos dominados, não tiveram dúvida em continuar contando com o peso ideológico da Igreja Católica para manterem a ordem estabelecida pelas minorias privilegiadas.

QUESTÕES

1) Anote o que considera serem os problemas e conflitos mais relevantes enfrentados pela Igreja Católica no Brasil e as respostas que ela deu desde a política do Marquês de Pombal até a proclamação da Lei Áurea.

2) Explique o protestantismo da época do Império, mostrando quais condições favoreceram a sua entrada no Brasil e também as suas diferentes modalidades.

3) Escreva uma reflexão com o tema "Povo de negros, excluídos, devotos e imigrantes: o que lhe ofereceram os missionários?".

11
Religiões e sociedade em mudança

Objetivos

- Introduzir uma compreensão do panorama religioso em meio às transformações da sociedade brasileira, a partir da proclamação da República.
- Provocar a discussão a respeito da liberdade de religião no Brasil.
- Subsidiar a reflexão a respeito do lugar social dos brasileiros afrodescendentes com suas heranças culturais-religiosas, especialmente na umbanda.

Cristandade católica e Estado laico[1]

Através de um golpe militar, em 15 de novembro de 1889 foi destronada a monarquia e ficou estabelecido o regime republicano no Brasil. O Exército e a Armada empossaram como presidente provisório o Marechal Deodoro da Fonseca. Essa mudança política se fez sem nenhuma participação direta da Igreja Católica, embora fossem numerosos os padres engajados em movimentos republicanos.

Os novos dirigentes do país empenharam-se logo em angariar simpatias dos membros da hierarquia católica, mas os surpreenderam novamente menos de dois meses depois, ao instaurarem o Estado laico em 7 de janeiro de 1890. A separação entre Igreja e Estado formalizou-se através do Decreto 119-A, que proibia a intervenção

---

[1] Conforme HOORNAERT. A Igreja no Brasil, cit., pp. 310-312; DUSSEL, E. *História da Igreja latino-americana (1930-1985)*. São Paulo: Paulinas, 1989, pp. 20-22; VIEIRA, Dilermando Ramos. *O processo de reforma e reorganização da Igreja no Brasil (1844-1926)*. Aparecida, SP: Editora Santuário, 2007, pp. 333-336.

da autoridade federal e dos Estados federados em matéria religiosa, consagrava a plena liberdade de cultos e extinguia o padroado.

Pela primeira vez a Igreja se encontrava desamparada pelo Estado e de nada adiantaram as argumentações contrárias, apresentadas por Dom Macedo Costa, bispo do Pará e primaz do Brasil. Este, representando o pensamento católico, que entendia como ilegítima a nova orientação laica da república e via o Estado leigo como ímpio e ateu, presidiu uma reunião pastoral coletiva do episcopado de todo o país, em São Paulo.

O documento que resultou, em forma de carta aos fiéis da Igreja do Brasil, bastante abrangente, manifestava as incertezas dos bispos diante da nova situação e tinha um tom de crítica à impiedade moderna, à liberdade de cultos e à secularização do Estado. Por outro lado, fazia uma defesa triunfalista e otimista da Igreja Católica e da sua liberdade, repropondo a união entre Igreja e Estado, com o cuidado de não entrar em detalhes e de manter certa tranquilidade em acatar o regime republicano. De fato, os bispos tinham muitas queixas da monarquia. Dom Macedo Costa, que era um entusiasta defensor da queda do Império, fez no texto algumas ressalvas que refletiam a prudência do episcopado, o que ficou bem aos olhos das autoridades da república e também do papa. Os demais bispos aceitaram isso sem questionar.[2]

Porém, o episcopado reagiu ante o artigo 72 da nova Constituição do país, promulgada em 24 de fevereiro de 1891. Além da liberdade de cultos, esse artigo determinava o reconhecimento oficial somente do casamento civil, o caráter secular dos cemitérios e sua administração pela autoridade municipal, a laicização do ensino nos estabelecimentos públicos e o fim da subvenção oficial a Igrejas ou cultos.

Dom Macedo Costa insistia na urgência de se realizar um concílio nacional brasileiro, mas as autoridades do Vaticano não o

---

[2] Pode-se ler a Carta Pastoral Coletiva do Episcopado Brasileiro, de 19 de março de 1890, em: RODRIGUES, Anna M. M. (Sel. Org.). *A Igreja na República*. Brasília: Ed. UnB, 1981, pp. 54ss.

autorizaram, sob a alegação de que primeiro deveria haver um concílio plenário de toda a América Latina. Este se realizou em 1899, em Roma, e sob o estreito controle de canonistas do Vaticano. Já o do Brasil teria que esperar por mais de quarenta anos.

Na ocasião do IV Centenário do descobrimento do Brasil, em 1900, os bispos divulgaram uma Pastoral Coletiva, na qual insistiam em que a perda do auxílio econômico atingia profundamente a Igreja.[3] Dom Macedo Costa havia falecido em 1891, de modo que o episcopado ficara sem líder. O novo bispo a exercer liderança, Dom Sebastião Leme, despontou em 1916, quando tomou posse como arcebispo de Olinda e Recife. Nessa ocasião escreveu uma Carta Pastoral, com o tema do ensino, na qual expunha claramente o pensamento romanizador. Lamentando a insuficiência de divulgação e assimilação do catolicismo no Brasil, a maior nação católica do mundo, o bispo convocava os católicos a difundir a ideia católica com todos os meios, nas famílias, escolas, universidades e imprensa.[4]

Essa pastoral ganhou grande repercussão e, a partir da década de 1920, foi tomada como programa de ação da Igreja em todo o país. Em 1921, Dom Leme passou a ser arcebispo coadjutor no Rio de Janeiro, e em 1930 recebeu o título de cardeal. Sua orientação sintonizava-se com as do Papa Leão XIII, tanto na abertura à ação social como na oposição ao liberalismo. Também seguia o Papa Pio XI, que em 1929 reintroduziu na Itália e no mundo a concepção de cristandade pela retomada das alianças entre os poderes político e eclesiástico, tendo como princípios fundamentais a ideia da sacralidade da pátria e a valorização do conceito de autoridade. Assim, o projeto católico era o de transformar o Estado republicano num Estado religioso, segundo a configuração da Igreja como cristandade.

Porém, no Brasil, a aliança entre altar e trono foi *sui generis*, numa cordialidade de conveniência. A Igreja, empenhada na

---

[3] *Pastoral Coletiva do episcopado ao clero e aos fiéis das duas províncias eclesiásticas do Brasil*. Rio de Janeiro: Leuzinger, 1900.
[4] LEME, D. Sebastião. *Carta Pastoral saudando seus diocesanos*. Petrópolis: Vozes, 1916.

própria reforma e reorganização institucional desde o início do reinado de Dom Pedro II, acabou aceitando com uma surpreendente tranquilidade a laicização da vida católica imposta pela república. E o governo serviu-se do trabalho missionário dos religiosos dedicados à salvação das almas para integrar territórios e assegurar as fronteiras do país.[5]

No entanto, também a Igreja lançava-se numa nova conquista de territórios. Podemos ver como isso ocorreu, especialmente em relação aos nativos, aos negros, aos trabalhadores rurais e aos operários.[6]

Os nativos sobreviventes, mais concentrados na Amazônia e no Centro-Oeste do Brasil, não estavam diretamente no projeto de trabalho da hierarquia da Igreja. Quem lhes dedicou trabalho missionário foram religiosos estrangeiros, num vínculo precário com o aparelho eclesiástico e muitas vezes residindo fora das poucas áreas de missão: salesianos vindos da Itália, Alemanha e França; espiritanos franceses, depois também alemães e holandeses; beneditinos belgas; capuchinhos italianos; franciscanos alemães e franceses; servitas italianos; dominicanos franceses; jesuítas italianos.

Com toda a sua abnegação, nas fronteiras entre a civilização dominante e a selva, esses religiosos atuavam como militantes que combatiam o demônio, os pajés e também os missionários concorrentes, que eram protestantes norte-americanos. Empenhavam-se em tirar os nativos do seu universo cultural, que viam como paganismo e atraso, articulando esse velho ideal missionário ao objetivo do governo de integrar os "índios" no Estado brasileiro. Davam instrução religiosa, promoviam alfabetização e trabalho profissional. E acabaram transformando essas regiões missionárias em verdadeiros nichos da cristandade europeizada.

---

[5] VIEIRA, op. cit., p. 513.

[6] De acordo com AZZI, Riolando. *História da Igreja no Brasil: ensaio e interpretação a partir do povo. Terceira Época – 1930-1964*. Petrópolis: Vozes, 2008, t. II/3-2, pp. 53-115.

A missão conviveu com muitas formas de violência contra os nativos, expulsos de suas terras para dar lugar à exploração dos seringais no ciclo da borracha, ao garimpo, à criação de gado. Muitas vezes só lhes restava o refúgio na missão católica, onde, apesar de desconfiarem dos missionários, tinham serviços de educação, saúde, assistência social, higiene e transportes. Os missionários, por sua vez, eram enaltecidos pelo discurso católico como heróis, mártires e bandeirantes da fé.

Na direção dos negros, a mesma Igreja que se ausentara das vanguardas abolicionistas prestou-se a defender a manutenção da ordem social vigente, injusta para os atingidos pela Lei Áurea, deixados à própria sorte. A população negra, marginalizada, vítima do racismo e sem meios de subsistência, era discriminada como raça inferior, incapaz do trabalho livre, responsável pela desordem social.

Também nas instituições católicas as pessoas negras eram destinadas só a trabalhos domésticos e braçais, numa vida subalterna e obscura. Quase não havia pessoas negras nas pias associações católicas. E o acesso como membros dos institutos religiosos era-lhes bem difícil. Nas congregações femininas, quando finalmente foi possível o ingresso de negras, a estas não era permitido exercer o cargo de superioras nem ser corista.

O clero católico condenava o Carnaval como selvageria. Também fazia restrições às congadas e aos reisados que, como festas populares, rompiam simbolicamente as barreiras sociais, enquanto promoviam fraternidade e certo congraçamento para além de cor, sexo e *status* social. As religiões africanas eram alvo de perseguição e repressão mais dura. Somente a partir da década de 1930 é que alguns estudiosos passaram a valorizá-las como patrimônio cultural, enfrentando a forte oposição de alguns setores da intelectualidade católica.

No entanto, foi à população rural que a Igreja Católica mais se dedicou nesse período. Pela aversão à modernidade, que se difundia mais nos centros urbanos, e porque os padres e religiosos provinham quase sempre do meio rural, as autoridades eclesiásticas acreditavam que os camponeses, ainda não contaminados pelas ideias liberais e socialistas, preservariam os tradicionais valores religiosos e morais.

Quanto ao operariado, em 1941, por ocasião dos cinquenta anos da encíclica *Rerum Novarum*, os bispos do Brasil retransmitiram a campanha católica europeia de recristianização do operariado, sem considerar a realidade específica dos operários brasileiros, em sua grande maioria católicos de tradição. Além de os verem como ignorantes em religião, materialistas e seduzidos pela modernidade, tinham dificuldade de aceitar suas reivindicações de direitos e entendiam suas greves como transgressão da lei e da moral. Na aliança com os segmentos dominantes da sociedade, a hierarquia católica empenhava-se em controlá-los ideologicamente, transmitir-lhes conhecimento da doutrina cristã, fazê-los viver como bons católicos e torná-los instrumentos hábeis de recristianização do meio operário.

Porém, esses esforços de ressacralização da sociedade supunham uma disputa de espaço dentro da nova situação de pluralismo religioso e ideológico. A Igreja Católica, em sua configuração de cristandade renovada e em atitude de polêmica, principalmente anticomunista, antiliberal e antiprotestante, empenhava-se em impregnar a sociedade brasileira de valores cristãos, através de dirigentes e leis católicas, para restaurar o reinado de Cristo em todos os âmbitos. Assim, instigada pelo populismo do governo, na década de 1930 a hierarquia católica promoveu manifestações de massa, na intenção de convencer os governantes e a sociedade da importância da Igreja Católica.

Pode-se lembrar alguns eventos marcantes, como a recepção da imagem da Padroeira do Brasil, Nossa Senhora Aparecida, em maio de 1931, com todo o episcopado; em outubro desse mesmo ano, a inauguração da estátua do Cristo Redentor do Corcovado, com cerca de quinhentos mil católicos, manifestação que valeu a volta do ensino religioso nas escolas após quarenta anos de reivindicação;

congressos eucarísticos nacionais que reuniram multidões em Salvador (1933), Belo Horizonte (1936), Recife (1939) e São Paulo (1942).

No entanto, na mesma Igreja havia pessoas e segmentos posicionados noutra direção. Pode-se lembrar, por exemplo, o religioso redentorista Padre Júlio Maria, que, quando foi proclamada a república, propunha uma Igreja mais fiel à sua missão, mais espiritual e junto do povo. Dizia ele que esse é o espírito da cidade de Deus que Jesus Cristo fundou na terra, não com as castas, as aristocracias, as burguesias ou as dinastias.[7]

Alguns leigos intelectuais católicos tiveram marcada influência na sociedade brasileira. Uns estiveram a favor da conservação da ordem estabelecida, como Jackson de Figueiredo, que dirigiu a revista *A Ordem* numa orientação nacionalista e corporativista conservadora. Essa revista, fundada em 1921, era um veículo importante de expressão do pensamento católico. No ano seguinte foi fundado no Rio de Janeiro o Centro Dom Vital, um instrumento de cristianização da inteligência brasileira. Já outros intelectuais católicos atuaram numa linha humanista e a favor do povo, como Alceu Amoroso Lima, também chamado Tristão de Ataíde. Adepto da orientação liberal e democrática de Jacques Maritain, ele fez a revista *A Ordem* mudar de orientação. Em 1947 recebeu no Centro Dom Vital o dominicano Padre Lebret, fundador do movimento Economia e Humanismo.

Não faltaram grupos católicos que, apesar de propensos à manutenção da ordem estabelecida, alinharam-se com a doutrina social a partir da *Rerum Novarum* e se voltaram à defesa dos direitos sociais. Pode-se lembrar as Legiões de Trabalho, os Círculos

---

[7] Ver: JÚLIO MARIA, Pe. *O catolicismo no Brasil (Memória histórica)*. 2. ed. Rio de Janeiro: Agir, 1950. BEOZZO, José Oscar. Pe. Júlio Maria: uma teologia liberal-republicana numa Igreja monarquista e conservadora. In: VV.AA. *História da Teologia na América Latina*. 2. ed. São Paulo: Paulinas, 1981.

Operários e a JOC (Juventude Operária Católica). Trataremos deles mais adiante.

No entanto, foi em seu trabalho de assistência rural que a Igreja Católica avançou mais no sentido de conscientização e promoção humana. Após a Segunda Guerra a atenção voltou-se para os trabalhadores do campo atingidos pelos males do latifúndio e obrigados ao êxodo rural. Algumas dioceses do Nordeste do país desenvolveram uma ação pastoral bastante efetiva no apoio à organização das populações rurais, inclusive na reivindicação de reforma agrária e na denúncia das injustiças sociais. A Igreja, em colaboração com o governo, oferecia aos lavradores instrução, assistência social, orientação para o cooperativismo, crédito, mecanização agrícola, ensino profissional. Eram poucas iniciativas, mas que resultaram numa gradativa abertura às novas necessidades sociais, com nova visão pastoral.

Beozzo faz ver, no campo das representações simbólicas, como as mudanças na imagem de São José refletem a abertura da Igreja Católica para a missão dentro da realidade social. O São José de botas da época colonial, com capa larga e bordão, à maneira de um senhor de engenho, na república passa a ser representado como um bom chefe de família, zeloso pelo lar católico, modelo de esposo e pai. Segurando na mão direita um lírio florido e no braço esquerdo o Menino Jesus, apela para a moral doméstica e a virtude da pureza, longe das lutas anarquistas, socialistas, operárias. Entretanto, o movimento operário católico o fez passar do lar para a oficina do trabalho, representando-o como o São José operário da oficina de Nazaré. O lírio foi substituído pelo serrote e o Menino Jesus, descido dos seus braços, é seu aprendiz e ajudante.[8]

---

[8] BEOZZO, J. O. A Igreja frente aos estados liberais: 1880-1930. In: DUSSEL, E. (Org.) *Historia Liberationis: 500 anos de História da Igreja na América Latina*. São Paulo: Paulus, 1992, pp. 216-218.

O pentecostalismo[9]

O início do fenômeno pentecostal deu-se em Los Angeles, sul dos Estados Unidos, durante a primeira década do século XX. O contexto era do *revival*, ou reavivamento protestante, e da política do *apartheid*. Num *revival* dirigido por Charles Fox Parham desenvolveu-se a doutrina do sinal da glossolalia para o batismo com o Espírito Santo. Era uma raiz do pentecostalismo, num segmento branco da sociedade, não isento da ideologia racista.

No entanto, outra raiz importante constituiu-se através de uma congregação de pessoas negras, em 1906, na periferia da mesma cidade de Los Angeles e no mesmo meio social onde surgiram o negro espiritual, o jazz e o blues. William Seymour, um negro de mentalidade e práticas ecumênicas, dirigia um *revival* numa pequena congregação evangélica situada na Rua Azusa. Ali se instaurou um fenômeno religioso que durou certo tempo, com grande entusiasmo, choro, fala em línguas, danças, desmaios, visões e outras manifestações corporais. O mais surpreendente era que, pela primeira vez na história dos Estados Unidos, especialmente no Sul racista, dirigentes brancos de Igrejas aceitavam a imposição das mãos de dirigentes negros. De fato, o movimento pentecostal é a única comunidade cristã do mundo fundada por um cristão negro.[10]

Logo vieram ao Brasil os primeiros missionários pentecostais, com seu trabalho independente, sem o aval oficial das missões das denominações históricas. Em 1910, chegou o imigrante italiano Luigi Francescon, um convertido presbiteriano que vivia nos

---

[9] Aqui dialogamos principalmente com: DREHER, M. N. *A Igreja Latino-americana no contexto mundial*. São Leopoldo: Sinodal, 1999, pp. 186-190. BITTENCOURT FILHO, José. *Matriz religiosa brasileira: religiosidade e mudança social*. Petrópolis: Vozes/Koinonia, 2003, pp. 115-120. SIEPIERSKI, Paulo D. Contribuições para uma tipologia do pentecostalismo brasileiro. In: GUERRIERO, Silas (Org.). *O estudo das religiões: desafios contemporâneos*. São Paulo: Paulinas, 2003, pp. 71-88.

[10] HOLLENWEGER, Walter J. De Azusa Street ao fenômeno de Toronto: raízes históricas do movimento pentecostal. *Revista Concilium*, n. 265/3, p. 8, 1996.

Estados Unidos e lá se tornara pentecostal. Veio com a intenção de difundir sua experiência religiosa. No mesmo ano ele fundou a Congregação Cristã do Brasil, em Santo Antônio da Platina, Estado do Paraná, e também no bairro do Brás, na cidade de São Paulo. No ano seguinte foi fundada a Assembleia de Deus, em Belém, Estado do Pará, por dois missionários suecos que chegaram ao impulso de experiências místicas: Gunnar Vingren e Daniel Höberg.

Com essas duas Igrejas instaurava-se no Brasil a forma de pentecostalismo geralmente denominada clássica, ou histórica, que se distingue pela repetida possessão do Espírito Santo, com sinais de glossolalia e outros estados extáticos. De herança protestante, ela guarda especialmente o pietismo e o puritanismo, mas também o *ethos*, a origem espiritual, o fervor religioso, o modo de pequenas comunidades que se voltam para o seu próprio interior, a prática voltada para o corporativismo e algum senso missionário. Ainda, a Bíblia e as confissões, se bem que com menos elaboração.

Os pentecostais dos primeiros tempos, no Brasil, conviveram com os missionários norte-americanos que, embora republicanos e democratas, distanciavam-se da política para propagar uma mensagem religiosa de salvação individual da alma, com indiferença pelo mundo e suas realidades temporais. Também tiveram proximidade com as primeiras congregações protestantes aqui estabelecidas, de tipologia religiosa messiânico-milenarista de espera, ou seja, na expectativa do breve retorno de Cristo, que viria estabelecer o milênio de paz e felicidade.

Desse modo, o pentecostalismo clássico brasileiro forjou-se com tendência pré-milenarista e um enfático messianismo, no aguardo de uma ação divina marcada por cataclismos, seguida pela manifestação de Cristo e instauração do seu reino milenar. Embora com variações, essa expectativa caracteriza-se por aproximação do fundamentalismo e biblicismo, desprezo pelos prazeres mundanos, cultivo da sobriedade e da temperança, afastamento das questões sociais, união da fé com a ética, rechaço aos rituais que incluem magia.

Entretanto, diferentemente do protestantismo de missão, que era marcado por formas impostas por instituições estrangeiras, o pentecostalismo instaurou-se no Brasil de maneira espontânea, com estruturas flexíveis e capacidade de adaptar-se à cultura popular. A princípio os arautos pentecostais eram bem recebidos nas Igrejas evangélicas locais, a Batista, a Presbiteriana e outras, mas logo surgiram conflitos com os líderes dessas denominações e divisões por causa da nova pregação.

O pentecostalismo teve um crescimento constante durante toda a primeira metade do século XX, até que a sociedade entrou em marcadas mudanças após a Segunda Guerra, em meio a um acentuado êxodo rural, crescimento urbano e industrial e transformações culturais. Nessa transição da sociedade tradicional para a moderna constituíram-se as Igrejas O Brasil para Cristo e Evangelho Quadrangular, ainda com o perfil do pentecostalismo clássico, porém mais estruturadas e hierarquizadas.

A Igreja do Evangelho Quadrangular foi iniciada no Brasil em 1951, a partir de sua sede em Los Angeles. O pastor Harold Williams, auxiliado por Herminio Vasquez Ramos, um pastor peruano, fundou o primeiro templo na cidade de São João da Boa Vista, Estado de São Paulo. Dois anos depois iniciou sua Cruzada Nacional de Evangelização, que fez a Igreja difundir-se na capital paulista e em todo o país.

A Igreja O Brasil para Cristo foi fundada em 1955 por Manoel de Mello e Silva, um migrante que se deslocou do sertão de Pernambuco para estabelecer-se em São Paulo, como trabalhador da construção civil. Convertido à Assembleia de Deus, algum tempo depois aderiu à Cruzada de Evangelização da Igreja do Evangelho Quadrangular, na qual foi ordenado ministro. Entretanto, a partir de uma experiência religiosa iniciou uma campanha de reavivamento e cura divina, que tinha entre seus principais empreendimentos um programa radiofônico intitulado "A Voz do Brasil para Cristo". Esse programa esteve no ar durante duas décadas, continuando depois numa Rádio Musical FM. A Igreja difundiu-se principalmente em bairros de operários e com moradores da periferia, na zona Leste da cidade de São Paulo.

Nesse passo intermediário para o leque de denominações do pentecostalismo autônomo, o acréscimo era o uso de modernas técnicas para a comunicação de massa. Porém, a Igreja Quadrangular trazia uma inovação, ao colocar a cura divina no centro da sua teologia. A chegada dessa Igreja ao Brasil significou a expansão internacional do movimento da cura divina.[11] Aliás, ao crescente impulso da cura divina, nessa fase pós-Segunda Guerra, surgiu nos Estados Unidos o movimento carismático.

O surgimento se deu a partir de um retiro de avivamento pentecostal realizado por um grupo de alunos e professores da Universidade de Duquesne, em Pittsburg, no ano de 1967. Esse grupo buscava uma expressão popular do protestantismo na tradição dos Pais Peregrinos do século XIX. Entre eles estavam alguns estudantes que haviam passado pelos Cursilhos de Cristandade, um rígido movimento católico espanhol que, ao impulso da renovação segundo Concílio Vaticano II, realizado entre 1962 e 1965, também se valia de técnicas voltadas a causar impacto emocional. Assim, da busca de novas vias de renovação católica, aliada aos reavivamentos do pentecostalismo evangélico, surgiu uma forma católica de pentecostalismo, ou seja, o movimento de renovação carismática.[12]

A princípio, esse movimento manteve um caráter ecumênico, através de grupos mistos de católicos e protestantes. Além do grande apelo da cura divina e de uma reaprendizagem da oração pessoal, na abertura ao Espírito Santo, eram suas características: centralidade da Bíblia e de Jesus Cristo, livre manifestação dos carismas no seio da comunidade em festa, curas e exorcismos, vistos

---

[11] SIEPIERSKI. Contribuições para uma tipologia..., cit.

[12] VALLE, Edênio. A Renovação Carismática Católica: algumas observações. *Estudos Avançados*, v. 18, n. 52, set./dez./2004.

como comprovação do poder de Deus. Além disso, os primeiros grupos de católicos carismáticos, no contexto urbano de classe média, perceberam que o "batismo do Espírito" não só reanimava a fé individual, mas também liberava energias para uma poderosa ação evangelizadora. Entretanto, os pioneiros do catolicismo revivalista logo trataram de garantir sua identidade católica, realçando a figura da Virgem Maria, o sacramento da Eucaristia e a pessoa do papa.

Em poucos anos, o movimento carismático católico difundiu-se pelo mundo todo. Nos Estados Unidos teve entre seus maiores líderes o padre jesuíta Thomas Forrerst, que, na década de 1970, promoveu grandes eventos de cura divina. Foram jesuítas norte-americanos que o trouxeram ao Brasil, já no início dessa década. Os primeiros grupos constituíram-se na cidade paulista de Campinas, com participantes dos Cursilhos, além de membros de Ordens e congregações religiosas, entre os quais se destacou o padre jesuíta norte-americano Haroldo Rahm.[13]

No Brasil da ditadura militar, na onda de importação de padrões culturais e religiosos norte-americanos também chegaram os do protestantismo, embora com algum atraso e apesar da embrionária ligação da Igreja Católica com a Europa.[14] Walter Robert Mac Alister, um missionário canadense itinerante em vários continentes, com sua pregação e prática ritual centradas na cura divina, em 1960 fundou no bairro do Botafogo, cidade do Rio de Janeiro, a Cruzada de Nova Vida. Pregava em igrejas e tendas de lona e combatia em cultos públicos as possessões dos demônios, aos quais desafiava, chamando-os pelo nome e afirmando serem provenientes dos cultos afro-brasileiros e espíritas. Escreveu diversos livros que realçavam o combate à umbanda e ao candomblé.[15]

---

[13] MASSARÃO, Leila Maria. Combates no Espírito: renovação carismática católica, teorias e interpretações. *Revista Aulas, Dossiê Religião, n. 4, abr./jul./2007.*

[14] VALLE, op. cit.

[15] ODÊMIO, Antonio Ferrari. *Bispo S/A: a Igreja Universal do Reino de Deus e o exercício do poder.* 2. ed. São Paulo: Ave Maria, 2007, pp. 102-103.

Muitas Igrejas se instauravam ainda no perfil do pentecostalismo clássico, como a Deus é Amor, fundada em 1962, e a Casa da Bênção, em 1974. Porém, a Cruzada de Nova Vida, que no final da década de 1960 tornou-se a Igreja de Nova Vida, trazia, de forma embrionária, as principais características do chamado "neopentecostalismo": intenso combate ao Diabo, valorização da prosperidade material mediante a contribuição financeira e ausência do legalismo na conduta moral.[16]

A base da pregação e prática ritual da Nova Vida foi adotada por uma equipe que, em 1975, fundou a Cruzada do Caminho Eterno. Um deles era Edir Macedo, de origem humilde e católica, que havia frequentado a umbanda e o espiritismo, convertendo-se à Igreja de Nova Vida aos dezoito anos, mas que rompeu também com essa Igreja após doze anos de atuação. Os outros eram: seu cunhado Romildo Ribeiro Soares, Roberto Augusto Lopes, também ele ex-umbandista, e que fora coroinha na Igreja Católica, e os irmãos Samuel e Fidelis Coutinho.[17]

Esse grupo pregava nas casas, ruas, praças e em cinemas alugados, até que sua Cruzada foi extinta em 1977, ano em que Macedo, Soares e Lopes fundaram a Igreja Universal do Reino de Deus, no subúrbio da Zona Norte da cidade do Rio de Janeiro. Macedo foi concentrando em sua própria pessoa a direção dessa Igreja. Seu cunhado Romildo Soares, que dirigia com sucesso programas de rádio e televisão, em 1980 separou-se para fundar, no mesmo estilo, a Igreja Internacional da Graça de Deus. Ainda em 1980, Macedo e Lopes instituíram o episcopado na Igreja Universal, consagrando-se bispos mutuamente. Lopes foi designado para iniciar a Igreja Universal na cidade de São Paulo. Em 1986, teve sua candidatura a deputado federal constituinte lançada por Edir Macedo, sendo eleito pelo PTB do Rio de Janeiro com a maior votação na sigla.

---

[16] MARIANO, Ricardo. *Neopentecostais: sociologia do novo pentecostalismo no Brasil*. São Paulo: Loyola, 1999, p. 51.

[17] ODÊMIO, op. cit., p. 104.

Mas voltou para a Igreja de Nova Vida, após se desligar da Igreja Universal, descontente com a visão empresarial e mercantilista de seu dirigente.[18]

A Igreja Universal do Reino de Deus atingiria um vultoso poder religioso e econômico na década de 1990, exercendo forte influência nas camadas populares.

A nova modalidade de pentecostalismo, que se afirmou ao lado da forma clássica desde o final da década de 1970, extrapolou as fronteiras institucionais do próprio movimento, abrindo-se à incorporação de mecanismos de funcionamento de religiões fora do campo cristão. A teologia da prosperidade passou a ser um demarcador simbólico da adesão das camadas sociais dos centros urbanos em condições de pobreza econômica e instabilidade.[19]

A cura divina fez valorizar o corpo e a vida neste mundo. Consequentemente, a expectativa do retorno iminente de Cristo atenuou-se, dando passagem a um lento e seguro retorno ao pós-milenarismo. A grande batalha contra o demônio que, na concepção pré-milenarista, precederia a instauração do milênio de paz e felicidade com o reinado de Cristo, foi assumida no cotidiano. Já sem os sinais externos de austeridade e santidade, as novas denominações deslocaram a ênfase para a prosperidade material, aderindo às estruturas comerciais e à incorporação de imagens para o consumo, na comunicação de massa da sociedade pós-industrial. Além disso, passaram a valer-se de elementos da religiosidade popular.[20]

Em um século de história, o pentecostalismo firmou-se no Brasil como religião assentada sobre a leitura popular e leiga da Bíblia, com diferentes maneiras de apropriação e de consumo de seus

---

[18] Ibid., p. 104; MARIANO, op. cit., p. 56.
[19] ALMEIDA, Ronaldo de. A expansão pentecostal: circulação e flexibilidade. In: TEIXEIRA, F.; MENEZES, Renata (Org.). *As religiões no Brasil: continuidades e rupturas*. Petrópolis: Vozes, 2006, pp. 111-121.
[20] SIEPIERSKI, op. cit.

textos.[21] Constituiu-se num campo religioso bastante plural, como uma espécie de família com suas redes de parentesco, mecanismos de inclusão, classificação e separação, que mantém: os protestantes como parentes próximos; os católicos romanos como parentes distantes; os de religiões afro-brasileiras, espiritismo kardecista e outros, como não parentes. E na interação com os "parentes próximos" adotou práticas, costumes e rituais típicos.[22]

A umbanda[23]

O processo através do qual constituiu-se a umbanda brasileira deu-se em diversas direções e sem um controle centralizado. Com um mínimo estabelecimento de fronteiras, a definição de seus sistemas doutrinais e a codificação dos seus rituais chegou-se a um movimento de institucionalização, dominado por pessoas egressas do kardecismo e imbuídas da cosmologia kardecista.

Já na época colonial surgiram os calundus, que envolviam a sincretização de elementos religiosos negros, indígenas e europeus. Um caso de calundu-angola, que ficou registrado entre os interrogatórios da Inquisição, ocorreu na Vila de Sabará, Minas Gerais, de 1720 a 1740. Era dirigido por Luiza Pinta, uma angolana nascida escrava, que comprou sua alforria aos 30 anos. Ela foi presa, torturada e interrogada em Lisboa. As cerimônias desse calundu, abertas ao público e frequentadas por negros e brancos, eram acompanhadas

---

[21] BENATTE, Antonio Paulo. Os pentecostais e a Bíblia no Brasil: aproximações mediante a estética da recepção. *REVER (Revista de Estudos da Religião), PUC-SP*, n. 1, jan./jun./2012.

[22] CAMPOS, Leonildo Silveira. Protestantismo histórico e pentecostalismo no Brasil: aproximações e conflitos. In: GUTIÉRREZ, Benjamim F.; CAMPOS, L. Silveira (Ed.). *Na força do espírito – os pentecostais na América Latina: um desafio às Igrejas históricas*. São Paulo: Associação Literária Pendão Real, 1996, pp. 84s.

[23] Neste assunto o diálogo é principalmente com ORTIZ, Renato. *A morte branca do feiticeiro negro: umbanda e sociedade brasileira*. São Paulo: Brasiliense, 1999. ROHDE, Bruno Faria. Umbanda, uma religião que não nasceu: breves considerações sobre uma tendência dominante na interpretação do universo umbandista. *REVER (Revista de Estudos da Religião), PUC-SP*, n. 1, pp. 77-96, 2009.

de cantos e toques de atabaques. Tinham por objetivo a purificação da comunidade, a cura de doenças ou malefícios e a realização de adivinhações esclarecedoras. Luiza trabalhava com diversas entidades. Ao entrar em transe no meio da música e da dança, era paramentada com as roupas da entidade incorporada. Para curar também se valia das missas para Santo Antônio e São Gonçalo, e em algumas ocasiões vestia-se de anjo. Eram elementos característicos da umbanda.[24]

No final do século XIX, em meio aos segmentos marginalizados da sociedade brasileira, especialmente no contexto urbano, buscava-se sentido para a vida em novos quadros da religião, principalmente no espiritismo kardecista, que estava penetrando nas classes populares.

O espiritismo de Allan Kardec havia chegado da França ao Brasil na época imperial, tornando-se em pouco tempo uma alternativa religiosa de vanguarda e até de modismo, na conjugação de ciência experimental com fé revelada e na aproximação com o anticlericalismo dos segmentos ilustrados que se opunham à política do Império, especialmente dos abolicionistas e republicanos. No entanto, com a tradução das obras de Allan Kardec na década de 1860, o kardecismo ultrapassou os círculos dos franceses estabelecidos no Rio de Janeiro, alcançando a adesão de médicos, advogados, jornalistas e militares da elite imperial. Houve conflitos dos de tendência mais mística, preocupados com a moral e a doutrina, com os de tendência mais científica experimental. Venceram os místicos, que se tornaram majoritários na Federação Espírita Brasileira, conhecida como "a casa de Ismael", que só conquistaria reconhecimento de entidade federativa nacional em 1949.[25]

---

[24] MOTT, L. O calundu-angola de Luiza Pinta: Sabará, 1739. *Revista do IAC*, Ouro Preto, 1, pp. 73-82, 1994.

[25] LEWGOY, Bernardo. Incluídos e letrados: reflexões sobre a vitalidade do espiritismo kardecista no Brasil atual. In: TEIXEIRA; MENEZES, op. cit., pp. 172-188.

Com a liberdade religiosa estabelecida pela República, o Espiritismo afirmou-se no Brasil como uma doutrina de caridade e assistência aos pobres, principalmente através da prescrição mediúnica de receitas homeopáticas à população desassistida. Porém, juristas e médicos, aos quais se aliaram clérigos católicos, moveram processos contra a atuação mágico-terapêutica dos espíritas. Então o kardecismo brasileiro orientou-se para uma clientela de camadas médias urbanas letradas, tendo grande penetração entre os segmentos profissionais urbanos que já não aceitavam o controle de suas consciências e projetos pelas autoridades católicas. Desenvolveu-se na primeira metade do século XX como religião da razão, reflexão, livre-arbítrio e voluntariado, em oposição à religiosidade tradicional e familiar do catolicismo.[26]

Entretanto, essa orientação do kardecismo não foi a única. Em Minas Gerais, o líder religioso e médium Chico Xavier, além do legado de uma reconhecida obra escrita, contribuiu significativamente para nacionalizar as referências doutrinárias dessa religião e aproximá-la da piedade popular católica. E a aproximação com os segmentos marginalizados da sociedade brasileira se fazia desde a década de 1920, tanto assim que, no meio popular, acentuou-se a dimensão mágica e a sincretização de entidades espíritas com divindades africanas. Resultou daí o que foi preconceituosamente chamado de "baixo espiritismo".

Na Bahia, os candomblés de caboclo tornaram-se sessões de caboclo. E no Sudeste brasileiro, onde predominavam os negros bantos, a tendência era de sincretização das crenças africanas com a corrente espírita kardecista, com a qual os bantos, com seu culto dos antepassados, tinham mais afinidade. Foi no meio deles que surgiu a cabula, em sessões chamadas *mesa*, secretas e praticadas nos bosques pelo *umbanda*, também chamado *embanda*. Logo essas sessões de cabula passaram para o interior das casas.

---

[26] Ver: CAMARGO, C. P. Ferreira de. *Kardecismo e umbanda: uma interpretação sociológica*. São Paulo: Pioneira, 1961.

No Rio de Janeiro, uma associação do culto da cabula com as práticas do jeje-nagô deu origem à macumba carioca, cujo culto organizou-se com um sincretismo avançado. O mesmo fenômeno ocorreu em Vitória, no Espírito Santo. No Estado de São Paulo, surgiu a cabula do interior, enquanto na capital paulista, num acelerado ritmo de desagregação social, as crenças se individualizavam na pessoa do macumbeiro e a religião assumia mais o caráter de magia.

Com tudo isso, a macumba tomou forma no contexto da sociedade de classes, que se formava marginalizando o povo negro. Assim explica Renato Ortiz:[27]

> A abolição da escravatura representou um momento de desagregação social do mundo negro, abandonado em meio às engrenagens de uma sociedade que se transformava através de acelerada urbanização e industrialização. Ao migrarem para as cidades, os ex-escravos e seus descendentes foram vencidos pela concorrência dos imigrantes brancos. Sem oportunidades de emprego, assistiram à destruição de sua herança cultural e à desagregação de sua memória coletiva negra, pois o processo de transformação social acarretava também um processo de transformação dos seus símbolos. Dos seus cultos restavam fragmentos, fora da totalidade da cosmovisão de cada cultura e tradição africana.

A macumba apareceu como um esforço da comunidade negra e mestiça para construir um cosmo simbólico coerente, diante da incoerência da sociedade. Ao contrário do Candomblé, organizado em nações, valia-se do sincretismo para substituir os laços étnicos por uma solidariedade de cor. A partir dela, um movimento de reinterpretação das práticas africanas fez o afro-brasileiro tornar-se negro-brasileiro, integrado na contraditória sociedade de classes. Desse modo, a umbanda se consolidou.

Um dos marcos do seu início é a experiência religiosa vivida por Zélio de Morais em 15 e 16 de novembro de 1908. Considerado por um segmento da umbanda como marco fundador, o fato assim é relatado:

---
[27] ORTIZ, op. cit., pp. 27-45.

Zélio de Morais, com 17 anos de idade, foi a uma mesa espírita devido a um problema de saúde. Ali começaram a manifestar-se nos médiuns diversos espíritos de pessoas negras, escravas, e também indígenas. Mas, como os kardecistas costumavam rejeitá-los, considerando-os atrasados nos âmbitos espiritual, cultural e moral, o dirigente da mesa convidou-os a se retirarem. Então, pela primeira vez baixou o Caboclo das Sete Encruzilhadas, que pronunciou um discurso em defesa daquelas entidades ali discriminadas por causa de diferença de cor e de classe social. Os dirigentes da reunião espírita tentaram afastar também o Caboclo das Sete Encruzilhadas, que então prometeu fundar, na casa de Zélio, um novo culto com as entidades ali consideradas atrasadas.[28]

Na noite seguinte, quando se aglomeraram na casa de Zélio de Morais amigos, parentes, curiosos e kardecistas incrédulos, o mesmo caboclo baixou novamente e deixou estas determinações: iniciava-se ali uma nova religião, na qual pretos velhos e caboclos poderiam trabalhar; a prática da caridade seria a sua característica principal; ela teria por base o Evangelho cristão e por mestre maior Jesus; o uniforme dos médiuns seria branco; todos os atendimentos seriam gratuitos; a religião se chamaria umbanda. Ainda, fundou a primeira tenda, com o nome Tenda Espírita Nossa Senhora da Piedade. A entidade manifestada continuou trabalhando com Zélio e dez anos depois determinou a fundação de sete novos templos para a difusão ampla da religião, todos com o prefixo Tenda Espírita. Essas fundações se fizeram nas décadas de 1920 e 1930.[29]

Esse marco mítico assumido como central na organização da umbanda carioca é uma construção tardia, feita só a partir da década de 1960 e principalmente a partir da morte de Zélio de Morais, em 1975. Não obstante, situa um momento significativo, possivelmente um ápice no processo de formação dessa religião, no qual um

---

[28] GIUMBELLI, E. Zélio de Morais e as origens da Umbanda no Rio de Janeiro. In: SILVA, V. G. (Org.). *Caminhos da alma: memória afro-brasileira*. São Paulo: Summus, 2001, pp. 183-217.

[29] Ibid.

grupo de pessoas brancas, de classe média, no início do século XX assumiu um papel fundamental. Descontentes porque o kardecismo inferiorizava e dispensava os espíritos de negros e de nativos, considerando-os entidades carentes de luz, essas pessoas passaram a organizar um segmento da umbanda a partir da base kardecista.[30]

Segundo Ortiz,[31] a umbanda canalizou a desagregação da memória coletiva africana através de um duplo processo, de empretecimento e embranquecimento.

O empretecimento consistiu na apropriação de determinadas crenças afro-brasileiras, embora sem uma valorização das tradições negras, por um segmento social branco e erudito, constituído principalmente por grupos de kardecistas mais místicos, voltados à busca de consolo nos sofrimentos e enfermidades. Eles romperam com a corrente mais racionalista e penetraram nos extratos mais pobres da sociedade brasileira, aderindo a práticas de caráter mágico. A apropriação foi mais propriamente das macumbas banto e dos candomblés nagô e angola, associados a resquícios de práticas de culto dos nativos e a valores morais católicos.

Porém, predominou o embranquecimento, a começar pelos valores impostos pelo mundo branco dos católicos, kardecistas e imigrantes europeus. Os umbandistas oriundos do kardecismo, bem como os mulatos considerados de "alma branca", associaram essa forma de umbanda ao progresso, sabedoria pura herdada de cultos milenares, cientificismo e erudição cultural. Além de assumirem a chefia do culto, reinterpretaram, normatizaram e codificaram a síntese umbandista, valendo-se dos instrumentos e valores fornecidos pela sociedade. Assim, num universo mágico ampliado e complexificado, fez-se a canalização das heranças africanas que estavam desagregadas, em ruptura com o passado colonial, conservando-se parte das antigas tradições.

---

[30] ROHDE, op. cit.
[31] ORTIZ, op. cit., pp. 34-45.

Resultou uma síntese umbandista genuinamente sincrética. As crenças e tradições afro foram emolduradas pela doutrina kardecista, por sua vez já inspirada em elementos hinduístas, como os ciclos de reencarnação e a lei do karma. Ainda, herdava-se da Europa do século XIX um caráter cientificista. Prevaleceu a abertura a espíritos de outras categorias sociais, como negros e indígenas, cultuados e valorizados pelas suas mensagens e trabalho. Mas também prevaleceu o modo kardecista, segundo o padrão das tendas e das mesas, com discurso intolerante em relação às práticas de culto consideradas bárbaras e primitivas, de macumba, candomblé, xangô, batuque, catimbó e outros cultos, genericamente denominados "magia negra".[32]

Essa intolerância tem que ser entendida no contexto do projeto político-cultural nacionalista do governo Vargas, sobretudo no Estado Novo, por ele instaurado em 1937. Com apoio da Igreja Católica, intensificava-se a perseguição oficial do Estado aos cultos considerados atrasados e mistificadores, principalmente aos de origem negra. Por isso, o discurso dos intelectuais umbandistas, de integração aos valores correntes na sociedade brasileira e de identificação da umbanda como religião da brasilidade, objetivava obter maior liberdade de culto.[33]

Mas os umbandistas kardecistas também reproduziam os aspectos fundamentais do discurso racial da oficialidade, no Brasil dos anos 1920 e 1930. Não tanto da corrente pautada em teses biologizantes, que tentava embranquecer progressivamente a população, vista como "degenerada" pela mestiçagem. Iam mais com a corrente que buscava a mistura das três raças formadoras, a branca, a negra e a indígena, exaltando o mestiço como ícone da nação e afirmando o mito da democracia racial. Conforme a obra de Gilberto Freyre, *Casa Grande e Senzala,* o mito era o da convivência

---

[32] ROHDE. Umbanda, uma religião que não nasceu, cit.
[33] OLIVEIRA, J. H. M. *Das Macumbas à Umbanda: uma análise histórica da construção de uma religião brasileira*. Limeira: Editora do Conhecimento, 2008.

harmoniosa entre os diferentes grupos raciais, mas numa hierarquia e escala evolutiva que privilegia o branco.[34]

Paralelamente, outros segmentos da umbanda continuavam a exercer suas práticas e crenças, o que ocasionou inúmeras controvérsias. Por exemplo, entre umbanda e quimbanda. Esta última trabalha apenas com os exus, renegados por umbandistas mais próximos do kardecismo e mais ocidentalizados. Mas, a quimbanda afirmou-se como intrínseca à umbanda, embora sem aceitação total.[35]

O crescimento da umbanda deu-se de forma diferenciada entre os Estados brasileiros. Começou no Rio de Janeiro e no Rio Grande do Sul, acelerando-se no Rio de Janeiro em 1952 e 1953. Em São Paulo foi forte na década de 1960. Após o segundo congresso umbandista, em 1961, a umbanda teve grande difusão e conquistou reconhecimento social. Do Brasil expandiu-se para a Argentina, Uruguai, Estados Unidos e Itália.

Não faltaram tentativas de unificação das linhas, como mostra Patrícia Birman.[36] A tentativa de unificar através da subordinação dos terreiros a um centro foi de umbandistas de classe média, com forte influência do kardecismo. Para isso constituiu-se a primeira Federação Espírita de Umbanda em 1939, no Rio de Janeiro. Em 1941 realizou-se o primeiro congresso umbandista, objetivando estudar a religião e codificar seus ritos. A partir de 1950 realizaram-se outros congressos e multiplicaram-se as federações, não isentas de conflitos entre as variadas formas de tendas e terreiros. Atuaram diversos profissionais, como advogados, jornalistas, militares e médicos, na tentativa de intermediar a relação entre a associação

---

[34] SCHWARCZ, L. M. Nem preto nem branco, muito pelo contrário: cor e raça na intimidade contemporânea. In: Id. (Org.). *História da vida privada no Brasil: contrastes da intimidade contemporânea*. São Paulo: Companhia das Letras, 1998, pp. 174-243.

[35] ROHDE, op. cit.

[36] BIRMAN, Patrícia. *O que é umbanda*. São Paulo: Abril Cultural/ Brasiliense, 1985, pp. 94-106 (Coleção Primeiros passos, 34).

religiosa e o poder jurídico. Entretanto, também um movimento inverso ocorreu desde os anos 1950, com o objetivo de enfrentar a perseguição do Estado, que tinha apoio da Igreja Católica. Esse movimento organizou federações de umbanda sem um projeto ideológico definido e, a partir dos anos 1970, também confederações.

As federações trouxeram saldos positivos. No plano político, o fortalecimento de uma ação clientelística e maior consciência dos umbandistas em prol dos seus direitos religiosos. No plano religioso, mesmo com a pluralidade das linhas, uma linguagem e religião comum. Mas as tentativas de unificação falharam todas, de modo que a umbanda consolidou-se mantendo seus desencontros doutrinários e organizativos e seu pluralismo de tendências, evidenciado numa rica literatura.

A permanência de certo puritanismo, que recusa os espíritos negros e indígenas e também as práticas mágicas, fez persistirem alguns conflitos. Por outro lado, firmou-se a aceitação do Espiritismo na base das práticas afro-brasileiras. Além disso, o terreiro de umbanda tornou-se, no conglomerado urbano caótico, um lugar de encontro, de recuperação de identidades e de reconstrução de relações.

QUESTÕES

1) Escreva resumidamente de que maneira, a partir da instauração da República no Brasil, a Igreja Católica, o Espiritismo kardecista e o movimento pentecostal se voltaram para os segmentos da sociedade economicamente pobres.
2) Anote o que, a seu ver, são apelos e desafios importantes na história da umbanda.
3) Faça uma mensagem com o tema da liberdade de religião no Brasil.

III
Movimentos sociorreligiosos

Objetivos

- Apresentar alguns movimentos sociorreligiosos ocorridos no Brasil, nos últimos tempos do Império e durante a República Velha.
- Facilitar uma compreensão a respeito do cristianismo alternativo vivido por segmentos socialmente dominados.
- Provocar a discussão acerca do papel da religião, nesses espaços alternativos e no contexto das injustiças sociais.

Um catolicismo alternativo

No Brasil, as expressões populares de catolicismo sobreviveram às sacudidas das mudanças na sociedade.

Enquanto o controle do clero se exercia sobre as práticas católicas de lei e obrigação, as pessoas continuavam dando asas à sua devoção em ocasiões como as festas de santo, procissões, novenas, santas missões. O catolicismo popular formou-se bastante festeiro, mas também com um caráter penitencial, manifestado especialmente em tempos de seca, epidemia, revoluções e calamidades públicas, vistas como castigo de Deus. Os bispos empenhados na implantação dos padrões romanos condenavam as práticas autônomas e a ultrapassagem das regras da ortodoxia.[1]

---

[1] FRAGOSO, Hugo. A Igreja na formação do Estado liberal (1840-1875). In: VV. AA. *História da Igreja no Brasil, Segunda Época*. 3. ed. São Paulo/Petrópolis: Paulinas/Vozes/Cehila, 1992, t. II/2 pp. 219-230.

Entretanto, esse modo de catolicismo, alternativo ao dos padrões romanos oficiais, foi vivido por muitos homens e mulheres que, com sua profunda piedade cristã, atuaram como apóstolos da caridade, beatos, conselheiros, ermitães, profetas. Sem se oporem às autoridades da Igreja e até imitando os modelos católicos institucionais, geralmente viveram em castidade e traduziram sua penitência em termos de dedicação aos pobres.[2]

Essas expressões, que muitos estudiosos chamaram de rústicas, medievais, ignorantes, na quase totalidade dos casos foram fiéis à doutrina oficial da Igreja, seguiram o papa e todo o clero e não eram heréticas. Sua diferença estava no caráter leigo, na aguda sensibilidade social em direção contrária à da ideologia da república e na sua orientação alternativa à da reforma de romanização impulsionada pelas autoridades da Igreja. Além disso, o beatismo brasileiro constituiu um diferencial. Primeiro, porque articulava a busca de pão, saúde e sonho, com um mínimo de estruturação eclesial e um máximo de mística. Depois, porque estabelecia um sectarismo fundamentado em exigências éticas.[3]

Também padres alinharam-se com os beatos e profetas populares, exercendo sua missão junto dos pobres e sofredores de um modo alternativo ao oficial e romano. Ao menos dois deles podem ser aqui destacados: Ibiapina e Cícero Romão Batista.[4]

José Antonio de Maria Ibiapina nasceu em Sobral, Ceará. Ainda jovem ingressou no seminário de Olinda, mas logo se retirou. Em Recife, no Convento da Madre de Deus, por mais de um ano conviveu com os padres oratorianos, o que lhe deixou marcas de uma profunda espiritualidade, voltada para o serviço prático da caridade para com o próximo. Mas aos 18 anos teve que passar à chefia da

---

[2] Ibid., pp. 230-232.
[3] HOORNAERT, Eduardo. *Os anjos de Canudos: uma revisão histórica*. 3. ed. Petrópolis: Vozes, 1998, pp. 121-133.
[4] Seguiremos principalmente: COMBLIN, Joseph Jules. *Padre Ibiapina*. São Paulo: Paulus, 2011. Id. *Padre Cícero de Juazeiro*. São Paulo: Paulus, 2011.

família. Viu a morte de seu pai e irmão mais velho, em 1824, vítimas da repressão que se abateu contra a Confederação do Equador. Os bens de sua família foram confiscados. A mãe também faleceu logo, de parto prematuro.

Após encaminhar os irmãos menores à casa de parentes, no Recife, Ibiapina recolheu-se no mosteiro de São Bento para continuar os estudos de seminário, apoiado financeiramente por algumas pessoas. Porém, o referencial da luta dos seus familiares o fez desistir de ser sacerdote. Fez uma brilhante carreira como advogado, juiz de direito e deputado nacional no Rio de Janeiro, sempre em defesa dos injustiçados. Incisivo em suas palavras e rígido na aplicação da lei, não aceitava a ilegalidade, a corrupção, os abusos e as manobras dos governantes. Assim, o programa de reformas que apresentou, como juiz em Quixeramobim, desagradou o governador. Além disso, enfrentou muitos conflitos com os chefes políticos e fazendeiros locais, que protegiam seus pistoleiros e impunham suas decisões aos jurados nos tribunais. Renunciou ao cargo um ano depois. Abandonado pela noiva, desistiu também da política nacional em 1837, passando a exercer a profissão de advogado no Recife, onde morava com duas irmãs solteiras. Era respeitado por todos e venerado pelos humildes como defensor dos pobres.

Entretanto, em 1850 recolheu-se em sua casa, passando a uma vida de oração e estudos de filosofia e teologia. Três anos depois, com 46 anos, decidiu ser padre, mas sem passar por seminário. Foi aceito pelo bispo, que reconheceu seus grandes serviços e seu preparo nos estudos.

Como padre, deixou todos os seus bens e partiu para a missão itinerante no interior, junto às populações mais carentes. Percorria enormes distâncias, a pé ou a cavalo, sempre incansável. Da parte das autoridades da Igreja não lhe vinha apoio; pelo contrário, o bispo do Ceará, Dom Antônio Luís dos Santos, tomou medidas contra ele em 1863 e 1864. Tomou para si a direção das Casas de Caridade que estavam em sua diocese e proibiu-o de pregar missões no Ceará.

Ocorre que nessa província foi particularmente forte a repercussão da Questão Religiosa de 1872 a 1875. O bispo empenhara-se resolutamente na defesa dos dois bispos aprisionados e buscava influenciar o parlamento a favor deles. Com seu apoio, em todo o Ceará divulgava-se uma petição de protesto contra a prisão dos sacerdotes antimaçônicos, ao mesmo tempo que ele alertava a respeito dos planos "diabólicos" dos maçons que estariam dispostos a minar a fé católica no Brasil.[5]

Padre Ibiapina passou a trabalhar principalmente na Paraíba. Ele tinha um extraordinário carisma de convocar e animar o povo desassistido pelo sistema social. Dedicou-se à construção e manutenção de muitas obras emergenciais, como hospitais e cemitérios para as vítimas da cólera, açudes e cacimbas, asilos para idosos, estradas, além da reconstrução de igrejas e capelas desmoronadas. Empenhou-se especialmente nas vinte e duas Casas de Caridade que fundou, com estatuto e regulamento interno, voltadas ao acolhimento e educação de meninas órfãs e crianças enjeitadas, além da educação escolar de moças e acolhimento de peregrinos. Essas casas eram pobres e tinham um ritmo de vida austero, entre trabalho, estudo e oração. Porém, se autosustentavam e jamais mantiveram pessoas na condição de escravas. Eram como pequenos oásis e centros gravitacionais de resistência, em meio aos flagelos da seca e à extrema precariedade da população.

As Casas de Caridade contavam com a dedicação incondicional de muitas mulheres do interior, vocacionadas e dirigidas pelo Padre Ibiapina, que as denominava "irmãs de caridade". Veneradas no meio popular por sua vida de santidade e dedicação aos pobres, mais tarde foram chamadas "beatas". De forma quase sempre anônima, elas mantiveram as casas durante quase cem anos, apesar da desconfiança da parte dos bispos de Fortaleza e da Paraíba e da quase total falta de apoio desde a morte do fundador.

---

[5] DELLA CAVA, Ralph. *Milagre em Joaseiro*. 2. ed. Rio de Janeiro: Paz e Terra, 1976, p. 39.

Também irmãos, muitas vezes chamados beatos, abandonavam tudo para servir a Deus nas casas de caridade, dedicando-se a pedir esmolas, cuidar dos rebanhos e da agricultura, ensinar ofícios. Alguns trabalhavam como professores em escolas anexas para meninos.

Padre Ibiapina faleceu em 19 de fevereiro de 1883, na Casa de Caridade de Santa Fé, na Paraíba. Seu estilo de missão, que não dependia de Ordens ou congregações religiosas, era uma alternativa ao modelo romanizado que se implantava. Pautava-se no exercício concreto e prático do amor ao próximo, numa região radicalmente marcada por desigualdade social.

Foi também no Ceará que despontou Padre Cícero Romão Batista, nascido em Crato. Embora decidido a cuidar da mãe e de suas duas irmãs, depois que uma epidemia de cólera causou a morte de seu pai, ingressou em 1865 no recém-fundado seminário de Fortaleza. Teve ajuda financeira do seu padrinho, um rico comerciante do Crato. Já no ano seguinte finalizou os estudos, mas o reitor o desaconselhou de ser padre por considerá-lo demasiadamente místico e por vezes autônomo em matéria doutrinal. Porém, ganhou simpatia do bispo, que o ordenou sacerdote. Com sua inteligência reconhecida, foi incentivado a prosseguir os estudos em Roma, mas a preocupação com a família o fez retornar ao Crato.

Dali conheceu Joaseiro, hoje denominado Juazeiro do Norte, que era um povoado de apenas duas ruas, com trinta e seis casas, a maioria de taipa e palha, onde se abrigavam descendentes de escravos libertos. Também havia uma pequena capela dedicada a Nossa Senhora das Dores, mas sem capelão. Padre Cícero, que pensava lecionar no seminário de Fortaleza, acabou optando pela missão nesse povoado, inclusive indo buscar sua família. Tal escolha foi na convicção de obedecer a um mandato divino, que lhe teria chegado através de um sonho, quando dormia na escolinha do povoado.

Ali lhe teria aparecido o Sagrado Coração de Jesus rodeado pelos doze apóstolos. Mas, a fala de Jesus aos apóstolos desviou-se para uma multidão de retirantes da seca, famintos e fatigados, que entraram de repente. Após falar aos retirantes sobre as maldades do mundo e as ofensas dos pecadores, anunciando o fim do mundo, caso não fosse atendido o seu apelo e último esforço de conversão, Jesus voltou-se para o padre ordenando: "E você, Padre Cícero, tome conta deles!". A obediência do padre ao que ele sentiu nessa experiência religiosa como chamado divino concretizou-se em mais de sessenta anos de missão, com o enfrentamento de muitos e pesados reveses.

Nos primeiros dezessete anos ele trabalhou no anonimato. Vivia de esmolas, na pobreza e austeridade. Deslocava-se a pé de sítio em sítio para pregar missões, dirigir novenas, terços, procissões e festas religiosas. Como o Padre Ibiapina, reuniu um grupo de beatas dedicadas à oração e ao serviço religioso. Combatia os vícios e abusos morais, a violência dos homens contra as mulheres, as bebedeiras e danças. Abriu escolas e orfanatos. Estimulava e orientava a produção agrícola autônoma, a abertura de cacimbas, a construção de cisternas nos quintais das casas para recolher a água da chuva, os ofícios comuns para o sustento, os cuidados da saúde com remédios naturais. Logo se espalhou sua fama de santo, profeta e bom conselheiro, de vida exemplar, olhar penetrante e palavra forte, capaz de convencer os corações mais duros. Muitos vinham de longe para procurar o Padrinho Padre Cícero.

Entretanto, um fenômeno religioso assumido como milagre fez a história de Juazeiro mudar. A protagonista foi a Beata Maria de Araújo, solteira, de 28 anos, nascida ali no povoado e que residia com a família do padre. Vejamos os fatos.[6]

Os efeitos da seca levavam os moradores de todo o Vale do Cariri a fazer orações, novenas, peregrinações e outros atos de devoção, buscando "deter a mão de Deus" e evitar uma seca geral. Assim, na

---

[6] Segundo o relato escrito por Padre Cícero, dez meses após o início do fenômeno, a pedido do bispo de Fortaleza. Apud DELLA CAVA, op. cit., pp. 56-59.

primeira sexta-feira de março de 1889, um grupo de mulheres do Apostolado da Oração passou a noite em vigília na capela, enquanto o padre atendia em confissão os homens do povoado. Por volta das cinco horas da manhã o padre lhes antecipou a comunhão, para que elas pudessem retornar às suas casas e fazer o desjejum antes da missa matutina. Foi então que Maria de Araújo, a primeira a receber a comunhão, caiu por terra, escapando-lhe da boca parte da hóstia, que vertia sangue.

O mesmo fato repetiu-se durante toda a Quaresma, às quartas e sextas-feiras; continuou a partir do domingo da Paixão, totalizando 47 vezes até ao dia da Ascensão. Ficavam manchados de sangue os panos sobre os quais se depositava a hóstia consagrada. Padre Cícero e todos os assistentes estavam convictos de que era o sangue de Cristo, mas o padre buscava manter segredo. Entretanto, quatro meses depois, por ocasião da festa do Precioso Sangue, seu amigo Monsenhor Monteiro, que era reitor do seminário menor de Crato, liderou uma romaria com cerca de três mil pessoas, às quais proclamou o milagre. Padre Cícero o confirmou, em atenção ao seu amigo reitor. E outros padres também reforçavam a crença no milagre.

Mas, o bispo do Ceará, Dom Joaquim José Vieira, repreendeu Padre Cícero por não lhe ter comunicado os fatos imediatamente. Como os outros prelados, temia os efeitos dos crescentes ataques dos republicanos à Igreja Católica, a dessacralização da sociedade e as reivindicações de liberdade religiosa. Assim, sem negar a possibilidade de haver um milagre, o que poderia confundir os descrentes, mas também preocupado com a preservação da pureza doutrinal, proibiu o padre de pregar em público sobre milagres ainda não comprovados pela Igreja e lhe pediu um relatório pormenorizado dos fatos.[7]

Padre Cícero lhe enviou o relatório. Mas, ante a publicidade desses acontecimentos na imprensa do Ceará e acreditando na

---
[7] DELLA CAVA, op. cit., p. 56.

possibilidade de heresias e de um cisma em Juazeiro, o bispo logo transferiu para o Crato a urna que guardava as hóstias e os panos manchados de sangue. Também enviou a Juazeiro uma comissão de inquérito que, para sua decepção, concluiu tratar-se realmente de fatos sobrenaturais. Em abril de 1892, a urna foi roubada, sendo acusado o mestre-escola de Crato e ex-seminarista José Joaquim Marrocos, que liderava os movimentos de apoio ao Padre Cícero. O bispo, convencido de que o cisma era fato, em 5 de agosto de 1892 decretou a suspensão de Ordens do Padre Cícero. Proibido de pregar, confessar e orientar os fiéis, ele só podia celebrar missa.

No ano seguinte, através de uma carta pastoral, o mesmo bispo desacreditou os fatos e exortou os fiéis a ignorá-los, embora sem condená-los formalmente. Também levou o caso à Congregação do Santo Ofício, no Vaticano. Porém, contra as suas decisões multiplicavam-se apelos ao papa e, em todo o vale do Cariri, cresciam protestos. Na iminência de uma revolta popular, o bispo impôs uma interdição parcial ao povoado de Juazeiro, o que acendeu mais ainda a revolta popular.

Ao chegar de Roma o veredicto que reprovava todos os fatos como "gravíssima e detestável irreverência e ímpio abuso à Santíssima Eucaristia", o bispo de Fortaleza tomou diversas medidas, como: proibição das romarias, restituição das esmolas recebidas em razão dos milagres, remoção de Maria de Araújo para Barbalha, destruição das fotos e medalhas, punição aos padres e leigos adeptos. Também proibiu Padre Cícero de celebrar missa e insistiu em que ele devia sair de Juazeiro.

Porém, dadas as dificuldades de comunicação, essas medidas ficaram à parte da crescente popularidade de Padre Cícero e do contingente cada vez maior de peregrinos que se dirigiam a Juazeiro. Além disso, em 1896 os devotos impediram que o padre fosse assassinado, quando um grupo de homens armados com facas o surpreendeu no meio de sua pregação. A emoção cresceu e o incidente foi sentido como uma ameaça vinda da diocese. Já em Crato se espalhou o boato de que a cidade seria destruída por cinco mil capangas armados vindos de Juazeiro. Ao mesmo tempo, diversas associações católicas se mobilizaram, na tentativa de esclarecer os fatos diante das autoridades de Roma e conseguir interlocução com o papa.

Padre Cícero, obrigado pelo Santo Ofício a deixar Juazeiro, sob pena de excomunhão, partiu para Salgueiro. Mas, com ajuda financeira do governador de Pernambuco, em 1898 foi pessoalmente a Roma, onde permaneceu oito meses, sendo várias vezes atendido pelo Santo Ofício. Também conseguiu uma brevíssima audiência com o Papa Leão XIII. Embora mantidos os decretos anteriores, foi-lhe permitido celebrar missa em Roma e também no Ceará, dependendo da ratificação do seu bispo, além da revogação da obrigação de sair de Juazeiro. O padre ali retornou, mas não teve permissão do bispo local para celebrar missa.

Entretanto, o fenômeno religioso em torno do Padrinho Padre Cícero cresceu mais e mais e muitos romeiros passaram a residir em Juazeiro, de modo que, entre 1890 e 1898, a população dali passou de dois mil a cinco mil habitantes. Chegaria a doze mil em 1909. Padre Cícero dedicou-se a pacificar as tensões que se instauraram, entre os antigos moradores e os recém-chegados, como também a promoção humana dos pobres, vindos de muitos lugares. Em praça pública fazia pregação, com o tema do fim do mundo sempre presente em suas exortações, e dava a bênção ao povo.

Aos 67 anos de idade, esse reconhecido patriarca do Nordeste passou a atuar como político no Ceará. Seu objetivo era pacificar a violência dos coronéis, mas também conseguir a emancipação política de Juazeiro. Exerceu essa função durante vinte anos, tornando-se o mais importante líder político do Cariri, com influência na política nacional. Por diversos mandatos consecutivos foi prefeito de Juazeiro, além de vice-governador do Ceará em dois mandatos. Mas os conflitos entre Crato e Juazeiro tornaram-se guerra sangrenta. Juazeiro emancipou-se em 1911, quando já era o centro urbano mais importante do Ceará depois da capital, Fortaleza. Em 1914 venceu a guerra contra Crato e tornou-se o mais importante reduto político do Nordeste.

Porém, o Padrinho dos pobres não se sentia à vontade como político, inclusive porque seu amigo e conselheiro, o médico baiano Floro Bartolomeu da Costa, tornara-se o chefe das novas tendências políticas e era quem exercia o poder de fato. Já com a idade de 80 anos, em 1924, com a saúde debilitada, o padre recolheu-se em sua casa, assistido por Joana Tertuliana de Jesus, conhecida como Beata Mocinha, que cuidava de sua saúde e de seus assuntos pessoais.

No entanto, ele tentava recuperar o exercício pleno do seu sacerdócio. Não conseguiu, porque seus numerosos inimigos lhe faziam constantes acusações, inclusive por causa das muitas esmolas que os romeiros lhe traziam. Assim, em 1921 ele foi novamente suspenso de ordens por Dom Quintino Rodrigues de Oliveira e Silva, primeiro bispo da diocese do Crato. Esse bispo o submeteu a diversas restrições e humilhações, mas, temendo o furor popular, impediu que fosse publicada a bula de excomunhão, várias vezes enviada de Roma.

Padre Cícero faleceu em 20 de julho de 1934. Nada menos que sessenta mil pessoas acompanharam seu cortejo fúnebre. No Cariri, que se tornara um próspero celeiro do Ceará, Juazeiro continuaria atraindo multidões de peregrinos em busca da proteção de Nossa Senhora das Dores e do santo Padrinho.

É importante ressaltar que o movimento constituído ao redor de Padre Cícero não era o único. Em todo o país, principalmente em regiões onde se agravavam as contradições sociais, fervilharam movimentos sociorreligiosos com caráter de messianismo. O fanatismo religioso de que foram acusados era, na verdade, a forma de luta dos setores socialmente dominados e oprimidos, que tendiam a elaborar seus projetos sociais a partir de algum referencial presente em sua memória religiosa.[8]

[8] ARRUDA, João. *Canudos: messianismo e conflito social.* Fortaleza, CE: Edições UFC/SECULT, 1993, pp. 73-74.

O movimento de Canudos

Euclides da Cunha publicou, em 1902, sua obra *Os Sertões*, que tirou Canudos do ostracismo dos sertões baianos. Quase todos os intelectuais a tomaram como o maior e inquestionável conhecimento científico do assunto. Porém, ao tentar aplicar um conjunto de hipóteses do início do século XIX, pretensamente científicas, o autor deixou de lado os conflitos sociais e mostrou o movimento de Antônio Conselheiro com as características de aberração, paranoia e morbidez, que seriam devidas, por exemplo, à extremada miscigenação étnica dos seus membros, à morbidez do clima e solo onde viviam, ao inevitável conflito entre o litoral civilizado e o sertão retardatário, ao ambiente moral dos sertões que favoreceria o contágio e alastramento da nevrose.[9]

Atualmente não faltam críticas e revisões à abordagem euclidiana. Entretanto, aqui buscamos uma compreensão sucinta dos fatos históricos.[10]

Antonio Vicente Mendes Maciel era de Quixeramobim, província do Ceará. Desde a infância conviveu com a violência do Nordeste, estando órfão desde os 6 anos. Tornou-se discípulo do Padre Ibiapina, que o iniciou no estudo dos textos católicos. Em 1874 já era conhecido como Antônio Conselheiro, o beato que andava de cidade em cidade dando bons conselhos, promovendo obras em benefício das comunidades e pregando. Tinha especial aptidão para reunir o povo a fim de construir açudes, canais de irrigação, muros de cemitério, cacimbas e principalmente igrejas. Em suas prédicas

---

[9] Ibid., pp. 119-129. CUNHA, Euclides da. *Os Sertões*. 5. ed. Rio de Janeiro: Editora Francisco Alves, 1914.

[10] Especialmente: BENÍCIO, Manuel. *O Rei dos Jagunços: crônica histórica e de costumes sertanejos sobre os acontecimentos de Canudos, documentada e comentada por Manuel Benício, ex-correspondente do Jornal do Commercio junto às forças legais contra Antônio Conselheiro*. Rio de Janeiro: Tipografia do Jornal do Comércio, 1899. HOORNAERT. *Os anjos de Canudos*, cit.; AGUIAR, Luiz Antonio Farah. *Canudos: santos e guerreiros em luta no sertão*, 2005; ARRUDA, op. cit.

mostrava familiaridade com a Bíblia e a história do cristianismo, especialmente na referência à vida dos apóstolos e dos primeiros cristãos. Muitos seguidores passaram a acompanhá-lo, cantando hinos sacros e repetindo em coro as orações.

Em 1873, ele deixou o Ceará e, começando por Pernambuco, pôs-se a percorrer um longo caminho na missão de apóstolo peregrino. Vestia uma túnica azul de brim, tinha as barbas e o cabelo longos e desgrenhados e trazia nas costas uma espécie de mochila de couro, na qual carregava livros, papel, tinta e seus escritos. Estava convicto de obedecer ao mandato de Jesus, recebido numa visão.

Ele era contrário à República, embora não defendesse a restauração da monarquia. Na Bahia, solidário com os empobrecidos, chegou a arrancar os editais de cobrança de impostos. Isso acendeu a inimizade do juiz Arlindo Leone, que de imediato deu ordens para prendê-lo. Mas o Conselheiro, alertado e protegido pela população, conseguiu escapar. Em 1876, estava em Fortaleza e explicou ao jornalista e advogado João Brígido, seu amigo de infância, que iria a Canindé pagar uma promessa a São Francisco, antes de seguir para onde os "mal-aventurados" o chamassem. Ele se referia aos que estavam sofrendo mais as injustiças sociais, expostos a contínua insegurança e, muitas vezes, desclassificados como vagabundos e delinquentes.

Foram vinte anos de missão itinerante, seguido por um contingente cada vez maior de devotos do Bom Jesus Conselheiro. Espalhou-se sua fama de homem santo, que dava conselhos e orientações e também providenciava remédios. Ele chamava a todos de irmãos e seus seguidores o chamavam "meu pai conselheiro".

O Beato Conselheiro tinha grande respeito pelos padres e os imitava. Era respeitado pelos vigários e integrantes das câmaras municipais da região do Vaza-Barris. Porém, seu prestígio incomodava as elites dominantes da Bahia e o próprio clero. Então, objetivando tirá-lo dos sertões, em junho de 1876 o delegado de polícia de Itapicuru o enviou preso e ascoltado a Salvador, forjando uma acusação de que ele teria assassinado sua esposa e sua mãe. No trajeto foi bastante torturado e em Salvador foi submetido a um intenso interrogatório, mas negou-se a responder. Após muitas humilhações, o deportaram para o Ceará com recomendações às autoridades de que o vigiassem e impedissem a todo custo o seu retorno aos sertões baianos.

Porém, houve ampla reprovação a esse procedimento desrespeitoso e ilegal. E no Ceará constatou-se a inocência do Conselheiro, bem como a conspiração das elites baianas. Por isso, ele foi libertado. Logo retornou a Itapicuru, justamente na data em que ele mesmo havia pré-fixado para o seu retorno. A população humilde viu nisso um milagre e o recebeu triunfalmente. Seu movimento cresceu tanto que deixou acuados os homens da elite civil e eclesiástica.

No entanto, na tentativa de impedir a ação do Conselheiro e recuperar o prestígio da Igreja oficial junto às populações oprimidas, o bispo do Ceará emitiu uma circular aos vigários, em 16 de fevereiro de 1882. Porém, suas instruções não surtiram efeito, mesmo porque alguns padres tinham interesse na atuação do Conselheiro, que resultava sempre em boa renda para suas paróquias. E ele seguiu invicto, apesar das muitas perseguições e até tentativas de internação em hospício de alienados.

Em meados de 1893 o movimento chegou a Canudos, ao norte da Bahia. Antônio Conselheiro e seus seguidores ocuparam uma fazenda abandonada, cercada pela caatinga árida, junto a um antigo arraial à margem do rio Vaza-Barris. Ali fundaram o povoado de Belo Monte, que cresceu rapidamente, recebendo gente de todo o sertão. A todo momento chegavam enfermos, nervosos, aleijados, loucos, à demanda de cura. As pequenas casas eram construídas de materiais como saibro, refugos e pedras misturadas ao barro, em regime de mutirão e num ritmo alucinante, sem planejamento nem formalidades. Foi diferente com a nova igreja, construída majestosamente, com paredes grossas, ao lado da pequena capela do arraial.

Além dos motivos religiosos, o povo encontrou em Belo Monte a terra da promissão. Dizia-se que ali corria um rio de leite e os barrancos eram de cuscuz de milho. Ao redor do povoado, a terra era cultivada por todos. A colheita, as criações, tudo era propriedade comum e repartido em igualdade, assim como a renda do que sobrava para vender, como mandioca ou milho e o couro de cabra.

O Conselheiro seguia o ritmo da tradição missionária dos sertões, recomendada pelo Padre Ibiapina. Na introdução do culto, apresentava seu oratório ambulante para que os devotos beijassem as imagens dos santos. Seguiam-se as cantorias vespertinas com o terço na boca da noite e as cantorias matutinas com o ofício da madrugada. Ele era criativo e livre na condução dos benditos e ladainhas, com seu ritmo e musicalidade típicos e numa adaptação do latim.

Na imponente torre da nova igreja, o sino regulava a vida, dava o ritmo do trabalho e anunciava a hora da ave-maria para os quase vinte e cinco mil moradores de Belo Monte, que se reuniam para ouvir as pregações do Conselheiro. Ali, sem polícia nem criminalidade, quem cometesse algum delito mais sério seria punido com a expulsão do povoado. Não se cobravam impostos. Eram proibidas bebida alcoólica e prostituição, se bem que a prática de sexo fora das bênçãos do matrimônio era tolerada e não se discriminavam as mães solteiras.

Porém, o ritmo desse gigante povoado pautado na religião alterou-se quando, por solicitação do governo do Estado da Bahia, em 1895, chegaram dois frades capuchinhos italianos para realizar as Santas Missões. Sua racionalidade eclesiástica contrastava com a racionalidade mística do Beato Conselheiro. À abertura da missão, em 13 de maio, reuniram-se na praça cerca de quatro mil pessoas, muitas vindas de longe. O Conselheiro manteve-se respeitoso ante a pregação, mas os canudenses perceberam a ligação daqueles capuchinhos com o governo e ficaram desconfiados, vibrando apenas nos seus vivas espontâneos à Santíssima Trindade, ao Bom Jesus, ao Divino Espírito Santo e a Antônio Conselheiro.

Um dos dois frades, João Evangelista, mostrou-se escandalizado com a cerimônia que chamou de "beija" das imagens. Em sintonia com as autoridades católicas, temerosas da crescente perda da hegemonia da Igreja junto à população mais carente, reprovou o culto como mesclado de superstições. Mas também estava em sintonia com as autoridades civis e policiais, que percebiam no movimento germens da negação do sistema social estabelecido. Por isso, enveredou-se numa propaganda do regime republicano, com insistência no dever de obediência às autoridades estaduais. Então, os habitantes de Belo Monte rejeitaram os frades, que tiveram de interromper as pregações e retornar a Salvador.

O conflito era também com os latifundiários, desesperados porque perdiam para Canudos a abundante mão de obra que costumava estar facilmente disponível a seus abusos. Ademais, nos sertões nordestinos havia um caos generalizado, com a queda na produção do açúcar e contingentes cada vez maiores de semiescravos errantes, já que o fim do trabalho escravo, em 1888, não fora precedido de uma ampla reforma fundiária. E em todo canto se levantavam movimentos de rebeldia.

Canudos foi tragicamente massacrado depois de uma guerra civil que durou quase um ano, de 12 de novembro de 1896 a 5 de outubro de 1897. A primeira expedição da polícia estadual chegou porque o juiz de Juazeiro, Arlindo Leone, o mesmo que já havia tentado prender o Conselheiro, aproveitou-se da tensão com os latifundiários, bem como da ocasião dos boatos que se espalhavam, e pediu à polícia estadual reforço para a proteção de Juazeiro. O Tenente Pires Ferreira, ali chegando com uma tropa de cem soldados, marchou para destruir Canudos. Porém, sua tropa foi derrotada pelos adeptos do Conselheiro.

Em apoio à resistência dos canudenses, uma grande rede foi constituída pelos nordestinos, não só com homens armados, mas também com mulheres e crianças. Assim, enquanto as tropas inimigas enfrentavam toda sorte de dificuldades, inclusive a fome, devido ao boicote dos comerciantes da região, os de Belo Monte recebiam mantimentos, armas e roupas, vindas de diversas localidades do interior da Bahia.

Seguiu-se a segunda expedição com seiscentos soldados e a terceira com mil e duzentos. A quarta começou com quatro mil e quinhentos e depois dobrou esse contingente. Mais da metade do Exército brasileiro foi mobilizada, além de dezenas de batalhões militares de seis Estados da Federação. Porém, Canudos não se rendeu. Seu último foco de resistência surpreendeu a Euclides da Cunha. Num cemitério a céu aberto, os heróis que se mantinham vivos eram um velho, dois homens e uma criança.[11] Ao final do dia estavam todos mortos.

Canudos era a antítese do latifúndio e não foi tolerado. Ao menos um testemunho deixou de seguir as desculpas pelo seu extermínio, como antro de fanáticos, retardatários selvagens, centro de conspiração contra a República. Era o de César Zama, médico, intelectual e deputado: "Nada de extraordinário se passava com relação a Antônio Conselheiro e aqueles que o acompanhavam. Ninguém ignora que gênero de vida levavam os canudenses: plantavam, colhiam, criavam, edificavam e rezavam...".[12]

O Movimento dos Muckers

Foi uma mulher, Jacobina Mentz Maurer, quem liderou o movimento dos que foram chamados muckers, ocorrido a partir de 1867 entre imigrantes alemães do Vale do Rio dos Sinos, no Rio Grande do Sul.

Até meados do século XX, os escritos sobre esse movimento e sua líder alimentaram na população um imaginário fortemente negativo, de fanáticos religiosos avessos aos avanços da ciência. Essa

---

[11] CUNHA, op. cit., p. 611.

[12] ZAMA, César. *Libelo republicano acompanhado de comentários sobre a campanha de Canudos*. Typografia do Diário da Bahia, 1899.

memória negativa foi alimentada principalmente pela obra do padre jesuíta alemão Ambrósio Schupp, várias vezes reeditada. Ele chegou ao Brasil em 1874, um pouco depois do trágico desfecho do movimento.[13]

Podemos lembrar sucintamente os fatos.[14]

Num pequeno povoado de São Leopoldo, ao sopé do morro do Ferrabraz, morava o casal João Jorge Maurer e Jacobina Mentz Maurer. Eles eram protestantes anabatistas. Moradores em número cada vez maior dirigiam-se à sua casa, já que Maurer era curandeiro, mas logo se destacou o carisma de Jacobina que, não obstante ser quase analfabeta, lia e explicava a Bíblia aos fregueses do marido. Ela era descendente da família Mentz, que na Alemanha se havia separado de sua comunidade religiosa por considerá-la liberal e racionalista.

Crescia mais e mais a admiração por Jacobina e se intensificavam as peregrinações a essa casa, enquanto outros a criticavam e chamavam seus adeptos de *muckers*, que se traduz por beatos, santarrões. Ela ameaçava seus adversários anunciando a proximidade do fim do mundo em meio a grandes calamidades. A partir de certo momento, proibiu seus fiéis de frequentarem a igreja e de enviarem seus filhos à escola. Também lhes proibiu bebida alcoólica, bailes e jogos. No entanto, o que ocorria ali no Ferrabraz era espalhado de boca em boca, chegando distorcido a São Leopoldo, onde se acrescentava a maledicência, o deboche e a difamação. Assim, levantaram-se acusações, como a de que Jacobina pretendia ser a encarnação de Cristo, que teria escolhido doze apóstolos e que pregava a troca de esposas.

Espalhou-se a narrativa de um suposto fato que teria como mentor intelectual João Jorge Klein: estavam prometidos acontecimentos

---

[13] SCHUPP, Ambrósio. *Os Muckers*. 3. ed. Porto Alegre: Selbach & Mayer, s.d.
[14] Segundo BROD, Brenno. Messianismo popular: os muckers. In: VV.AA. *História da Igreja no Brasil: ensaio e interpretação a partir do povo. Segunda época*, cit., pp. 223-226.

especiais para a sessão do dia de Pentecostes de 1872, na casa dos Maurer. Os devotos começaram com cantos, mas Jacobina permaneceu no quarto ao lado. Ao abrirem a porta, todos a viram estática em seu leito. Muito impressionados, fecharam a porta e, ao abrirem-na outra vez, não a viram mais. Maurer anunciou que ela estava junto de Deus. Fechada a porta e aberta novamente, Jacobina apareceu vestida de branco e coroada de flores, entrando na sala com os olhos estáticos. Klein prostrou-se diante dela, exclamando: "Sim, eu sei que tu és o Cristo". E ela respondeu: "Sim, eu sou. Quem crer em mim terá a vida eterna. Sofrerei, mas ressuscitarei".[15]

A veracidade desse fato foi veemente negada pela irmã de Jacobina, muitos anos depois. Já os que perseguiam os muckers chegavam a atribuir-lhes a culpa por todos os crimes e atentados, sujeitando-os a interrogatórios e prisão. Suas reuniões foram proibidas. Os muckers chegaram a escrever suas queixas e enviá-las ao imperador, mas não tiveram resposta. Houve incêndios em suas casas, assassinatos e uma intervenção das Forças Armadas, em 1874, com cinco ataques que deixaram um saldo de oitenta mortos. A casa de Jacobina foi queimada, com mulheres e crianças. Os pouco mais de cem membros do movimento que resistiam também se armaram, mas foram vencidos pelos canhões dos militares. Estes, com mais de quinhentos soldados, em 2 de agosto de 1874 atacaram o último reduto, de dezessete muckers. Todos foram mortos, inclusive Jacobina.

Entre os membros desse movimento, na maioria protestantes, também havia católicos. No entanto, a paróquia católica de São Leopoldo, conforme ficou anotado em seu Livro de Tombo, realizou sermão na "língua brasileira", missa cantada e *Te Deum*, em ação de graças pela extinção do movimento, chamado de "seita perniciosa de fanáticos".

---

[15] PETRY, Leopoldo. *O episódio do Ferrabraz*. São Leopoldo, 1957.

No contexto social estavam os problemas da colonização alemã, ali iniciada em 1824. Os colonos, sem apoio do governo imperial, já não tinham a harmonia do início e dividiam-se entre ricos e pobres. Assim, entre os colonos abandonados na pobreza econômica, sem assistência cultural nem religiosa, o movimento eclodiu como reação, com seu caráter messiânico. Condenava os ricos, exigia de quem ingressasse o perdão das dívidas, praticava a igualdade e o comunismo de base. Jacobina pregava contra os grandes e poderosos, considerando aquela gente pobre e humilde como os "eleitos de Deus", conforme a Bíblia.[16]

No contexto religioso havia a piedade genuinamente evangélica de Maurer e Jacobina. Os pobres proletários que haviam emigrado da Alemanha trouxeram sua piedade revivalista e a Bíblia da família. Andavam milhas para batizar os filhos. Mas agora os filhos deles haviam perdido os sinais de religiosidade e só tinham uma referência religiosa vaga, tradicionalista, em meio à tendência iluminista e a um ateísmo materialista mesclado com um mal digerido darwinismo. Os que conservavam a piedade revivalista chocavam-se com isso, como os muckers, que exteriorizavam a fé e defendiam os valores da piedade popular.[17]

O Movimento do Contestado[18]

O movimento do Contestado ocorreu no Sul do país, numa região de terras férteis com rica produção de erva-mate e madeira, cuja pertença era "contestada" pelos governos estaduais do Paraná

---

[16] QUEIROZ, Maria Isaura P. de. *Réforme et révolution dans lês sociétés traditionelles.* Paris, 1968, pp. 69-71.

[17] DREHER, Martin. O Movimento Mucker na visão de dois pastores evangélicos. In: Protestantismo em Revista. *Revista eletrônica do Núcleo de Estudos do Protestantismo (NEPP) da Escola Superior de Teologia*, v. 2, jan./dez. 2003.

[18] Fazemos diálogo com: QUEIROZ. *O messianismo no Brasil e no mundo*, cit. QUEIROZ, Maurício Vinhas de. *Messianismo e conflito social.* São Paulo: Ática, 1981. MONTEIRO, Duglas Teixeira. *Os errantes do novo século.* São Paulo: Livraria Duas Cidades, 1974.

e de Santa Catarina. Muitos lavradores ali sobreviviam de suas pequenas propriedades, mas passaram a sofrer ameaças, agressões e expulsão, da parte de latifundiários que tentavam apoderar-se de suas terras, como também de empresas estrangeiras favorecidas pelo governo brasileiro, sob o presidente da República Hermes da Fonseca.

O conflito agravou-se no final do século XIX, quando o presidente concedeu a uma companhia norte-americana a construção de uma estrada de ferro, que passou a interligar os Estados de São Paulo e Rio Grande do Sul. Essa companhia tomou posse de uma extensa faixa de terra e tratou logo de viabilizar a sua desocupação, expulsando os pequenos agricultores e atraindo para a gigantesca obra cerca de oito mil operários. Concluída a estrada de ferro, instalou-se a exploração madeireira em mais de cento e oitenta mil hectares, com a expulsão de muitos outros pequenos agricultores, além de causar a falência de fazendeiros. E ao povo da região juntaram-se milhares de operários desempregados e sem teto.

Naquele ambiente de insegurança, fome e delinquência, o atendimento religioso da parte da Igreja Católica era através de frades franciscanos alemães, mas predominava um modo alternativo de religião popular, pautado na tradição de diversos místicos peregrinos sem vínculo com Ordens ou congregações instituídas. Realçaram-se os que o povo chamava de monges.

O primeiro foi o Monge João Maria de Agostini, ou de Santo Agostinho, que migrou da Itália. Na véspera do Natal de 1844 ele chegou a Sorocaba, no interior de São Paulo, e declarou sua profissão como "eremita solitário", como consta num dos livros de inscrição de estrangeiros. Tomou os caminhos dos tropeiros e peregrinou por muitos lugares, chegando até o Uruguai, mas permaneceu mais tempo em Santa Catarina. Erguia cruzeiros e capelas, organizava procissões, pregava, dirigia rezas, benzia as roças e o gado, dava conselhos, ministrava batizados e casamentos. Em Santa Maria, Rio Grande do Sul, uma capela por ele construída passou a atrair multidões de devotos. O presidente da província, temendo pela segurança, expulsou o monge em 1848.

Espalhou-se sua fama de curador. A todos que o procuravam para a cura de algum enfermo fazia rezar com ele e depois dava para levar um chá de "vassourinha do campo", erva que se tornou conhecida como "vassourinha do monge", considerada milagrosa. Ele recusava hospedagem nas casas. Armava sua barraca debaixo de árvores, perto de alguma nascente de água ou riacho, onde abria seu oratório ambulante, acendia o fogo e preparava a sua comida. Cada lugar de seu pouso passava a ser considerado sagrado. As pessoas ali chegavam de longe para buscar água e cinzas da fogueira, como também para rezar na Semana Santa. E como o monge peregrinava solitário, a partir de certo momento desapareceu.

Passado algum tempo apareceu o segundo Monge João Maria, também ele estrangeiro. Era Atanás Marcaf, provavelmente de origem síria. Vivia de esmolas, abstinha-se de carne e não dormia dentro das casas. Reunia os homens para rezar novenas e terços. Suas pregações, em tom apocalíptico e milenarista, enchiam de espanto e admiração os ouvintes. Dizia estar cumprindo uma penitência e ter a missão de ensinar. Criticava a República como regime dos coronéis e ordem do demônio, acreditando ser o regime monárquico a ordem de Deus.

Em 1897 ele foi procurado pelo vigário de Lajes e Curitibanos, Frei Rogério Neuhaus, que, tentando convencê-lo a desistir de suas atividades religiosas, lhe perguntou quem lhe havia dado essa missão. A resposta do monge foi a de que tirava a sua pregação das Sagradas Escrituras, enquanto os padres falsificavam a verdadeira religião e ensinavam mentiras aos caboclos. E quanto ao mandato para a missão, afirmou: "Eu nasci no mar, criei-me em Buenos Aires, e faz onze anos que tive um sonho percebendo nele claramente que devia caminhar pelo mundo durante quatorze anos, sem comer carne nas quartas-feiras, sextas-feiras e sábados, e sem pousar na casa de ninguém. Vi-o claramente".

Ao povo ele afirmou muitas vezes que, ao término de sua missão, iria retirar-se no morro do Taió, conforme uma ordem recebida de Deus, mas que um dia retornaria, ou mandaria alguém para consolar o seu povo. Por isso, os devotos nunca acreditaram em sua morte, que deve ter ocorrido entre 1904 e 1908, ou ficaram na expectativa da sua ressurreição. Com o seu desaparecimento, cresceu sua fama de santo e milagreiro. Uma foto sua, tirada em 1898, passou a fazer parte dos oratórios das casas.

A partir de 1912 surgiu o Monge José Maria. Tratava-se de Lucena de Boaventura, um desertor do Exército Nacional, ou da Força Policial do Paraná. Ele apareceu em Campos Novos logo após ter surgido um rumor de que ali ressurgiria João Maria. Foi preso devido às suas práticas como curandeiro, mas fugiu e foi a Curitibanos, onde continuou suas atividades de cura. Já no ano anterior, os jornais de Florianópolis haviam noticiado o aparecimento de um "irmão de João Maria" que se fazia chamar de Monge José Maria.

De fato, José Maria mantinha uma espécie de parentesco espiritual com o segundo João Maria, desde sua aparência física, com cabelos corredios e compridos, barba espessa, pés descalços ou usando tamancos e meias grossas que lhe prendiam a boca das calças. Mas, diferentemente dos monges anteriores, deixava-se seguir por muitos fiéis, aceitava donativos ao dar conselhos e receitas, sabia ler e escrever e consultava as muitas receitas que trazia escritas. Também levava consigo a *História de Carlos Magno e dos Doze Pares de França,* da qual lia capítulos para seus seguidores. Esse livro, bastante conhecido no interior do Brasil e principalmente no Nordeste, exaltava a coragem pessoal, a luta contra os infiéis e a fraternidade entre os campeões.

Ao que tudo indica, ele incorporou a lenda de Carlos Magno ao universo ideológico do movimento que organizou e dirigiu, na busca de um nexo entre um presente intolerável e um passado percebido como a ordem justa e boa. Assim, ele constituiu os seus "Pares de França", um corpo de elite e guarda de honra, com vinte e quatro homens que o acompanhavam, todos em cavalos brancos e com a bandeira do movimento, branca e com cruz verde. O monge era cercado por essa guarda e por um grupo de virgens. Estas, em algumas ocasiões, chegaram a assumir o comando das expedições.

O movimento do Contestado, constituído por camponeses expulsos de suas pequenas propriedades, ex-operários da ferrovia e fazendeiros prejudicados pela empresa madeireira, seguia uma expressão popular e mais autônoma de catolicismo, com um acento messiânico e oposição à política da República. Seu primeiro ajuntamento foi organizado em Taquaruçu, considerada cidade santa. Ali também se estabeleceu uma monarquia dirigida pelo monge, que todos acreditavam ser João Maria ressuscitado.

A partir de Taquaruçu o movimento estabeleceu uma rede de redutos da Guerra do Contestado. Nos redutos, as cerimônias de forma eram parte da religião. Cada um que ingressava tinha que passar por um ritual de purificação. Seguiam-se os ritos católicos de batismo, casamentos e exéquias. Todos tinham nome de algum santo católico. Duas vezes por dia rezava-se o terço, seguido de sermão ou leitura. Às sextas-feiras e domingos, a cerimônia terminava com o ritual de beijar as imagens que estavam no interior da igreja. O ambiente era alegre e festivo, com procissões pomposas, não obstante a proibição de bailes, danças e jogos.

As regras eram rigorosas, principalmente quanto à moral familiar e sexual. Na divisão do trabalho, aos soldados cabia a construção de cabanas, o treino das armas e as correrias dos piquetes, enquanto as mulheres cuidavam da casa e dos filhos, do trabalho na roça e do tratamento dos animais domésticos. A economia era igualitária, dividindo-se tudo conforme as necessidades das pessoas, embora houvesse privilégios para os chefes, as virgens e os Pares de França. Entre os seguidores do monge cultivava-se o desprezo pelo dinheiro e pelos bens materiais.

José Maria morreu em combate na Batalha do Irani, em novembro de 1912. Silenciosamente, seus seguidores depositaram o corpo do monge numa cova rasa, cobrindo-o com tábuas para facilitar sua ressuscitação. Ocorre que todos aguardavam a Guerra de São Sebastião, uma guerra santa já anunciada vinte anos antes pelo Monge João Maria. E José Maria, pouco antes da Batalha do Irani, confirmara que, dentro de um ano, viria São Sebastião com seu exército encantado, ocasião em que ele também voltaria.

Virgens videntes passaram a transmitir as ordens do Monge José Maria, em meio a conflitos e disputas de comando entre os chefes. Crescia a expectativa da Guerra de São Sebastião e da volta do Monge, enquanto se espalhava a crença de que também os mortos em combate ressuscitariam. E os adeptos do movimento passaram a construir em Taquaruçu o que chamaram de Nova Jerusalém, de onde sairiam para atacar a cidade de Lages e erguer na Vila de Curitibanos uma Cidade Santa, que seria governada pelos monges.

A Nova Jerusalém ficou pronta no Natal de 1914, mas os seguidores do movimento, atacados de surpresa pelas tropas do Exército, tiveram que fugir. Restou o reduto de São Miguel, sob o comando de Deodato Manuel Ramos, autoritário e violento a ponto de ser chamado "flagelo de Deus". Este último líder foi preso em agosto de 1916. Os rebeldes do Contestado resistiram durante quase quatro anos, mas sucumbiram ante a truculência e o numeroso efetivo das tropas do governo, além das muitas mortes por fome e epidemia de tifo.

QUESTÕES

1) Anote quais são, a seu ver, as características comuns aos movimentos sociorreligiosos apresentados; o que foi alternativo na forma de cristianismo que eles praticaram.

2) Elabore um quadro que mostre: de um lado, os principais problemas sociais do povo brasileiro no final do Império e durante a República Velha; de outro, as respostas concretas que os pobres deram a esses problemas, movidos pela religião.

3) Expresse sua reflexão perante a destruição de projetos, sonhos e realizações concretas trazidos por esses movimentos sociorreligiosos.

IV
Política autoritária e cristianismo da libertação

Objetivos

- Apresentar o cristianismo da libertação e especialmente a Igreja Católica em processos de renovação, no Brasil, ao revés da política de autoritarismo e repressão militar.
- Provocar a discussão a respeito do papel do cristianismo em contextos de injustiça social e violação dos direitos humanos.

A Igreja Católica entre aceleração eclesial e fechamento político

No cenário das duas guerras mundiais, desde a Revolução Russa de 1917, a maioria dos cristãos na América Latina convenceu-se de que o diabo seria "vermelho". Esse pavor do comunismo agravou-se com a grave crise do capitalismo, notadamente com a quebra da bolsa de valores de Nova Iorque em 1929. Amenizada a pressão do centro desenvolvido sobre os países periféricos, estes passaram a desenvolver nacionalismos, modernização nacional e industrialização, mas também políticas populistas, na forma fascista ou stalinista.[1]

Para a Igreja Católica no Brasil, nas décadas de 1940 e 1950 foram fundamentais algumas influências de movimentos católicos

---

[1] DREHER, M. N. *A Igreja Latino-americana no contexto mundial*. São Leopoldo: Sinodal, 1999, p. 191.

com práxis voltada para a justiça social, sobretudo a partir da França e da Bélgica. Seguiu-se o Concílio Vaticano II, propulsor de renovação e de grande abertura eclesial. Porém, desde 1964 a política brasileira fechou-se numa ditadura militar que se estenderia por duas décadas.[2]

O Exército, extremamente repressor, também tinha seus conflitos internos, evidenciados na rebeldia dos tenentes contra os generais e altos oficiais. Essa agitação tenentista, que começou em 1922 e culminou na revolução de 1930, foi bem aproveitada por setores dissidentes das oligarquias rurais. Em 1930, eles criaram a Aliança Liberal, que lançou Getúlio Vargas para a presidência da República e impôs pelas armas a sua posse. O governo Vargas, respaldado pelo aparelho militar, pautou-se numa aliança entre a velha oligarquia rural e os setores industriais emergentes. Na oposição constituiu-se a Aliança Nacional Libertadora (ALN), em 1935, que agrupou comunistas e muitos políticos nacionalistas interessados na reforma agrária, autonomia do país e melhor distribuição de renda.

A ALN teve um imediato crescimento e foi proibida por Getúlio Vargas. Mas a alta hierarquia das Forças Armadas consolidou sua ideologia anticomunista. Agrupou-se em torno de Vargas e em 1937 instaurou a ditadura do Estado Novo.

A Igreja Católica, em âmbito mundial, reconhecia que perdera a classe operária. No Leste europeu o clero aliara-se à aristocracia rural e à burguesia emergente. A partir dessa constatação, o padre belga Joseph Cardijn, que era filho de um mineiro, em 1923 fundou a JOC (Juventude Operária Católica), base dos movimentos

---

[2] Sobre as renovações da Igreja, ver: SERVUS MARIAE. *Para entender a Igreja no Brasil: a caminhada que culminou no Vaticano II (1930-1968)*. Petrópolis: Vozes, 1994, pp. 47-158. DUSSEL, E. *História da Igreja latino-americana (1930-1985)*. São Paulo: Paulinas, 1989, pp. 52-54. LÖWY, Michael. *A Guerra dos Deuses: religião e política na América Latina*. Petrópolis: Vozes/Clacso/OPP, 2000, pp. 135-154; 249-253. Para entender o golpe militar desde seus antecedentes: ARQUIDIOCESE DE SÃO PAULO. *Brasil: nunca mais*. 3. ed. Petrópolis: Vozes, 1985, especialmente pp. 53-76.

especializados da Ação Católica. Teve o apoio do Papa Pio XI, que recomendava uma grande comoção social e política para que a evangelização dos pobres fosse abraçada com autenticidade.

Na década de 1930 fundaram-se os primeiros grupos da JOC no Brasil. Ao mesmo tempo, num modo tradicional e sob a tutela do clero, difundiam-se por todo o país os Círculos Operários Católicos, que promoviam muitas obras assistenciais e educativas, cooperativas e sindicatos católicos, mas também eram anticomunistas e intransigentes defensores da ordem estabelecida.

A doutrina social da Igreja, inaugurada pela encíclica *Rerum Novarum*, de Leão XIII, era um forte apelo. Mas ela tinha de ser adaptada às novas situações do capitalismo europeu, especialmente depois do triunfo da União Soviética. Acirravam-se as polêmicas com os partidos comunistas, militantemente ateus, mas que apoiavam as justas reivindicações das massas trabalhadoras. Nessa preocupação, Pio XI lançou em 1931 a *Quadragesimo Anno*. Faleceu em fevereiro de 1939, alguns meses antes de ser deflagrada a Segunda Guerra Mundial, sendo sucedido por Pio XII.

Na Europa havia um movimento que propunha a renovação da Igreja Católica, com atitude ecumênica, chamando para um retorno às fontes do cristianismo e ensaiando renovação nos campos da teologia, espiritualidade, liturgia e catequese. Também se percebia a necessidade de um ajuste da missão às novas realidades.

Na realidade brasileira, a injusta estrutura agrária permanecia no imobilismo, enquanto o surto industrial atraía fortes correntes de migração interna, causando um inchaço caótico nas periferias das grandes cidades. Vargas tomou a massa operária urbana como um de seus polos de sustentação política e, habilmente, introduziu uma legislação trabalhista que alimentava na população carente a esperança de dias melhores. Entretanto, seguia para a Amazônia o "exército da borracha", um grande fluxo migratório de nordestinos atraídos para, em condições extremamente hostis e devastando a floresta, garantirem o suprimento de borracha aos países aliados da Segunda Guerra, que haviam buscado o Brasil como peça estratégica no Atlântico Sul.

Os chefes militares brasileiros chegaram a festejar as vitórias nazistas iniciais, mas, diante da vitória das forças aliadas, ficaram divididos, abrandando-se assim a repressão no país. O Estado Novo trouxe algumas conquistas nacionalistas que, mesmo diminutas e incipientes, eram contrárias aos interesses da política norte-americana. Por isso houve uma conspiração contra o governo Vargas, com apoio da cúpula militar. Vargas foi deposto por um golpe de Estado, logo após o fim da guerra, em outubro de 1945. Seguiu-se uma curta fase de liberdades democráticas, interrompida já em 1947 pelo novo presidente, o Marechal Eurico Gaspar Dutra. Em seu governo, de política direitista, autoritária e antipopular, os militares brasileiros alinharam-se ideologicamente com os militares norte-americanos.

A Igreja, sensibilizada com o drama das vítimas do êxodo rural e em meio a uma efervescência de debates ideológicos, desde 1945 multiplicou iniciativas de renovação pastoral, especialmente nos campos da catequese, apostolado dos leigos e acesso à Bíblia. Começava um período de intensa criatividade popular, no contraponto do crescente autoritarismo político. Na liderança eclesiástica despontava o Padre Helder Camara, com seu marcante carisma.

Nascido em Fortaleza, Ceará, ele recebeu no seminário uma formação orientada para a contrarreforma e, por um breve tempo, aderiu ao movimento integralista. Porém, com sua inteligência e dedicação aos estudos a partir da cultura francesa, inclusive como leitor entusiasta de Sainte-Beuve, Claudel, Péguy e Saint-Exupéry, revelou-se um grande humanista. Conhecia bem os problemas educacionais do Brasil e propunha novas orientações pedagógicas, as quais buscou aplicar na renovação catequética a partir da arquidiocese do Rio de Janeiro, juntamente com o Padre Álvaro Negromonte. Não tardaria a ser convocado pelo governo a atuar como membro do Conselho Federal de Educação.

Em 1947 ele foi nomeado assessor nacional da Ação Católica Brasileira, que seguia o modelo italiano. Logo a fez passar à modalidade belga-francesa, conhecida como Ação Católica Especializada, que, através do método ver-julgar-agir, fazia análise da realidade com a mediação das ciências sociais, favorecendo a consciência crítica. Também propunha a espiritualidade cristã dentro da ação transformadora da sociedade. Enquanto organização eclesial, articulava as realidades regionais e partia do laicato para exercer influência nos diversos segmentos e ambientes específicos da sociedade. Daí as agremiações da JOC (Juventude Operária Católica), JUC (Juventude Universitária Católica), JEC (Juventude Estudantil Católica), JAC (Juventude Agrária Católica) e JIC (Juventude Independente Católica).

A Ação Católica Especializada foi reconhecida oficialmente pelo episcopado brasileiro em 1950 e cresceu notavelmente nessa década. Muitos ativistas da JUC e da JOC passaram a desmentir o discurso desenvolvimentista, denunciando a dominação estrangeira como causadora do empobrecimento. E um número significativo de católicos, homens e mulheres, despertava para a responsabilidade social e política.

Helder Camara foi ordenado bispo em abril de 1952, designado para atuar como auxiliar na arquidiocese do Rio de Janeiro. No mesmo ano viu concretizados seus esforços para a criação da CNBB (Conferência Nacional dos Bispos do Brasil), com o mesmo modo de organização da Ação Católica Especializada.

Isso ocorria em meio a um conturbado ambiente político. Getúlio Vargas fora eleito novamente presidente da República, favorecido pelo descontentamento com o governo Dutra. De volta ao poder com sua bandeira nacionalista, agora se confrontava com os interesses norte-americanos já consolidados, que avassalavam a economia brasileira, enquanto chefes militares comandavam planos para depô-lo novamente. A inesperada notícia do seu suicídio, em 24 de agosto de 1954, provocou enérgicas manifestações populares em todo o país, dirigidas contra símbolos do capital norte-americano. A direita militar, obrigada a interromper sua conspiração, seguiu atuando em torno da Escola Superior de Guerra, fundada em 1949. Foi ali que se estruturou a ideologia chamada "doutrina de segurança nacional".

Em 1955 realizou-se, no Rio de Janeiro, um Congresso Eucarístico Internacional, junto com a primeira Conferência Geral do Episcopado da América Latina, que fundou o CELAM (Conselho Episcopal Latino-Americano). Nesses eventos foi fundamental a atuação de Dom Helder Camara, tanto assim que o cardeal francês e arcebispo de Lyon, Dom Pierre-Mariae Gerlier, interpelou-o amigavelmente a colocar seu excepcional talento de organizador a serviço dos pobres. Gerlier estava chocado com a miséria das favelas do Rio de Janeiro. Sem titubear, Dom Helder Camara abraçou a causa dos pobres, começando por criar a Cruzada São Sebastião, depois o Banco e a Feira da Providência, sintonizado com as ideias de Lebret de "civilização solidária" e "desenvolvimento integral". Nessa causa seria fiel até sua morte.[3]

Em janeiro de 1956 foi empossado o novo presidente eleito, Juscelino Kubitschek, cuja campanha desenvolvimentista tinha o slogan "Crescer cinquenta anos em cinco". Sucedeu-o o também eleito Presidente Jânio Quadros, com um fenômeno populista que cresceu rapidamente. A política de Quadros, de abertura internacional e autoritarismo interno, foi inexplicavelmente truncada por uma renúncia em 25 de agosto de 1961, o que causou uma crise institucional. O vice-presidente, João Goulart, herdeiro principal do nacionalismo getulista da década de 1950, teve o nome impugnado por três ministros militares. Porém, uma ampla mobilização popular contra esse veto levantou-se em todo o país, notadamente no Rio Grande do Sul, sob o comando do Governador Leonel Brizola. Os militares da cúpula tiveram de recuar novamente, receosos de uma guerra civil. Mas conseguiram retirar poderes do presidente, impondo o sistema parlamentarista de governo.

---

[3] A respeito de Dom Helder Camara pode-se ler: ROCHA, Zildo (Org.) *Helder, o Dom: uma vida que marcou os rumos da Igreja no Brasil*. Petrópolis: Vozes, 1999.

Goulart conseguiu restabelecer o presidencialismo um ano depois, através de um plebiscito que lhe deu esmagadora maioria. A seu favor estavam os movimentos populares e sindicais, que cresciam rapidamente e aceleravam a luta por reformas estruturais. Os trabalhadores conquistaram reajustes salariais. No campo, eram fortes as Ligas Camponesas. Reivindicava-se uma nova estrutura educacional, reforma agrária e contenção da remessa de lucros. Em todo o país, a pressão por reformas de base envolvia estudantes, artistas, muitos setores das classes médias urbanas e também uma frente nacionalista no âmbito parlamentar.

Os segmentos ativistas da Igreja Católica tinham a influência do pensamento francês, que chegava através da teologia, do movimento de economia humanista liderado pelo Padre Lebret e do socialismo personalista de Mounier. Desde 1959 também chegavam influências da revolução socialista cubana. Junto com a Ação Católica Especializada, diversas organizações e forças envolviam intelectuais leigos católicos, além de religiosos, especialmente dominicanos e jesuítas. Assim, entre 1960 e 1962 afirmou-se no Brasil uma "esquerda católica", precursora do cristianismo da libertação.[4]

Nesse segmento, foram os jovens da JUC que assumiram posições mais radicais. Sua busca por uma forma de socialismo compatível com o Evangelho cristão, ao participarem de movimentos de cultura popular na aliança operário-estudantil, trouxe tensões, principalmente com o episcopado. Para terem autonomia, muitos membros da JUC, juntamente com ativistas do MEB (Movimento de Educação de Base), em 1962 fundaram a AP (Ação Popular), que seria violentamente desbaratada pela repressão militar.[5]

De 1962 a 1965 realizou-se em Roma o Concílio Vaticano II. A participação dos bispos do Brasil nesse evento mundial, o

---

[4] LÖWY, op. cit., pp. 135-154.

[5] Ver SOUZA, Luiz Alberto Gómez de. *A JUC: os estudantes católicos e a política*. Petrópolis: Vozes, 1984, p. 144.

mais importante da Igreja Católica no século XX, teve especial importância.[6]

O episcopado brasileiro era um dos mais numerosos do mundo. Embora com uma representatividade modesta nas comissões conciliares, desde o início destacou-se por uma forma amadurecida de participar, com colegialidade, articulação e coesão. Para começar, chegou a Roma com um plano emergencial de pastoral de conjunto, feito no mesmo ano de 1962, atendendo a uma solicitação do Papa João XXIII. Esse Plano de Emergência mantinha a velha perspectiva de autodefesa da Igreja Católica contra a ameaça do naturalismo, protestantismo, espiritismo e marxismo, mas também se pautava em alguns referenciais de renovação teológica da Europa.

Entretanto, os bispos brasileiros convocados para o Concílio Vaticano II, com sua pluralidade de posicionamentos e ideologias, ali se valeram da estrutura e método do seu colegiado, a CNBB. Moviam-se no interior das muitas e complexas redes de articulação que atuavam nos bastidores do concílio. Assim, num grupo de oposição às renovações, alinhado com o arcebispo francês Marcel Lefebvre, atuaram os brasileiros Dom Geraldo de Proença Sigaud e Dom Antônio de Castro Mayer. Mas, a maioria esteve nos fóruns que influenciavam a renovação, como o grupo Igreja dos Pobres, a organização de peritos denominada Opus Angeli, e a rede denominada "O Ecumênico". Esta rede, articuladora de conferências episcopais de todos os continentes, contou com a liderança de Dom Helder Camara e de seu amigo chileno Dom Manuel Larrain, bispo de Talca. Ambos eram vice-presidentes do CELAM e tinham a seu redor os seiscentos bispos convocados da América Latina.

O colegiado brasileiro, com a liderança de Dom Helder Camara, também proporcionou a vantagem de se hospedarem quase todos no mesmo lugar, durante as quatro sessões conciliares. Era uma

---

[6] Neste assunto, seguimos: BEOZZO, José Oscar. *A Igreja do Brasil no Concílio Vaticano II: 1959-1965*. São Paulo: Paulinas, 2005.

casa de religiosas, em Roma, chamada *Domus Mariae*, que funcionou como centro de articulação e também de intensa reciclagem cultural, teológica e pastoral. Realizaram-se ali noventa conferências, sempre com numerosa audiência e participação de padres conciliares. Os bispos brasileiros puderam renovar sua visão acerca dos problemas do mundo contemporâneo e da Igreja, bem como manterem um significativo intercâmbio com a Igreja no Brasil, principalmente através de um boletim semanal da CNBB, além de uma intensa e constante correspondência de Dom Helder Camara.[7]

Enquanto isso, no Brasil aguçava-se a conspiração contra o governo em vigor, inclusive com apoio da CIA, agência central de inteligência dos Estados Unidos. No Congresso havia frontal oposição ao governo. A saída encontrada por Goulart foi a elaboração de um plano trienal, que traria um avanço considerável à economia do país. Ele contava com o apoio de muitas organizações e movimentos dedicados à conscientização, notadamente os voltados à democratização do ensino, reforma universitária e educação popular na perspectiva do método Paulo Freire. Porém, sem apoio político para lançar seu plano trienal, Goulart passou a ancorar-se nas esquerdas mais radicais. Tudo isso levava a um clima de alta emotividade nacional.

Em abril de 1963, na ocasião do lançamento da encíclica *Pacem in Terris,* do Papa João XXIII, a comissão central da CNBB reuniu-se e emitiu uma mensagem ao Povo de Deus, insistindo em que eram inadiáveis as reformas rural, empresarial, tributária, administrativa, eleitoral e educacional. Porém, católicos conservadores mobilizavam-se, buscando alertar os bispos da iminência de uma revolução comunista e convencê-los de que estariam sendo inocentes úteis nas mãos dos radicais de esquerda. Como efeito dessa campanha, ao longo da década de 1960 permaneceram divisões no episcopado brasileiro.

---

[7] Ver CAMARA, Dom Helder. *Obras Completas.* T. I/1, Recife: Ed. Universitária da UFPE, t. I/1, 2004; Recife: CEPE, t. II/1, II/2 e II/3, 2009.

Dom Helder Camara, como bispo auxiliar no Rio de Janeiro e secretário-geral da CNBB, passou a ser pressionado por pessoas de prestígio social a retirar o apoio que vinha dando às reformas de base, às mudanças estruturais e às bandeiras defendidas pelas esquerdas. Tentavam fazê-lo apoiar as manifestações anticomunistas que, em grandes passeatas de cunho religioso, ocupavam as ruas das grandes cidades brasileiras. Eram principalmente as "Marchas da Família com Deus pela Liberdade", com aval da grande imprensa. Por sua recusa, o bispo passou a ser marginalizado e até hostilizado. E logo veio de Roma a sua transferência para o Pernambuco, como arcebispo de Olinda e Recife.

Nos primeiros meses de 1964 o movimento por reformas atingiu as bases militares e a crise política chegou ao auge. Em 13 de março, numa concentração de mais de duzentas mil pessoas no Rio de Janeiro, em frente à estação Central do Brasil, o presidente Goulart fez um comício aclamando algumas das reformas de base, as quais assinou ali. Foi uma demonstração de grande força, na presença de todo o seu ministério e de vários governadores. Por outro lado, alastravam-se a propaganda anticomunista e a agitação contra o governo. No final de março, um levante dos marinheiros e fuzileiros navais foi o estopim para a ação da cúpula militar, que desfechou o seu golpe em 1º de abril.

O golpe militar, com o pretexto de salvar a civilização ocidental cristã do comunismo ateísta, objetivava defender a oligarquia dominante no país. Todas as propostas nacionalistas de desenvolvimento através das reformas de base foram arquivadas, implantando-se um modelo econômico caracterizado por concentração de renda e desnacionalização da economia.

Na primeira semana de abril de 1964, ao tomar posse como arcebispo de Olinda e Recife, na presença do comando do IV Exército e do novo governador do Pernambuco, Dom Helder Camara pronunciou uma mensagem deixando clara a sua abertura ao diálogo, à participação e ao serviço dos pobres. Entretanto, sua ausência na capital do país trazia dificuldades à CNBB naquele momento crítico.

No final de maio, a comissão central da CNBB reuniu-se em caráter extraordinário, junto com os bispos responsáveis pelos secretariados regionais e todos os arcebispos metropolitanos. Alguns já expressavam sua preocupação porque arbitrariedades e torturas começavam atingir líderes operários e leigos cristãos atuantes. Porém, numa declaração oficial, os bispos mostraram-se aliviados porque, como entendiam, as Forças Armadas haviam evitado que se consumasse a implantação do regime bolchevista no Brasil. E finalizavam com agradecimentos:

> Ao rendermos graças a Deus, que atendeu às orações de milhões de brasileiros e nos livrou do perigo comunista, agradecemos aos militares que, com grave risco de suas vidas, se levantaram em nome dos supremos interesses da nação, e gratos somos a quantos concorreram para libertarem-na do abismo iminente.[8]

Os membros da hierarquia católica enganaram-se ao pensar que essa intervenção militar no país seria por um breve tempo. Ademais, o governo imposto era contrário à interferência da Igreja nas questões políticas, econômicas e sociais. As instituições católicas, sobretudo as que estavam sob suspeita de defender ideologias de esquerda, passaram a ser discriminadas e a ter cortes de verbas. Crescia o número de pessoas torturadas e assassinadas, entre as quais estavam muitos católicos do laicato, das congregações e ordens religiosas e também membros do clero. Do Vaticano, a Comissão Justiça denunciou o fato. E Dom Helder Camara, em 1970, denunciou em Paris essas violações à ordem constitucional e aos direitos humanos.

No Brasil, diante de tantas vítimas da repressão e do agravamento da pobreza, a Igreja Católica passou a um maior comprometimento com o povo. Enquanto instituição, nesses anos de ditadura ela se tornou praticamente o único abrigo das bases populares em

---

[8] Declaração publicada em 2 de junho de 1964. Apud CASTRO, Marcos. *A Igreja e o autoritarismo*. Rio de Janeiro: Zahar, 1985, pp. 17-18.

resistência. Já em 1966, o primeiro grito de alerta partiu de um grupo de leigos da Ação Católica Operária de Recife, através de um documento intitulado "Nordeste, desenvolvimento sem justiça".

Nesse mesmo ano, a CNBB lançou o seu Plano de Pastoral de Conjunto, marcado pelas experiências e reciclagens vividas durante o Concílio Vaticano II. Esse ambicioso projeto de pastoral acatava e apoiava as novas experiências, especialmente as emergentes comunidades eclesiais de base. Elas surgiram da iniciativa da base leiga e popular, que constituía Igreja em nova forma, engajada nas práticas transformadoras da realidade social. Foram percebidas primeiro em regiões rurais do Nordeste brasileiro, no início dos anos 1960. Teriam um grande crescimento e expansão na década de 1970 e primeira metade da de 1980, em praticamente toda a América Latina, sendo reconhecidas como a mais genuína concretização do cristianismo da libertação.

Cristianismo da libertação

Segundo Michael Löwy, o cristianismo da libertação, também chamado Igreja dos Pobres, é um vasto movimento social-religioso surgido no início da década de 1960, envolvendo movimentos religiosos laicos como os da Ação Católica Especializada, padres, bispos, membros de ordens religiosas, redes pastorais com base popular, comunidades eclesiais de base (CEBs) e múltiplas organizações populares e sindicais com atuação de membros dessas comunidades. Como reflexo nasceu a Teologia da Libertação, que se expressou num corpo de textos produzidos desde 1970. Desse modo, o cristianismo da libertação envolveu Igrejas, teologia, cultura religiosa, rede social, fé e práticas transformadoras.[9]

O movimento popular e as CEBs, em diversos países da América Latina, mas especialmente no Brasil, foram assumindo os pensamentos da Teologia da Libertação, que se afirmou como reflexão sobre a práxis dos pobres organizados em comunidades e

---

[9] LÖWY, op. cit., pp. 56-57.

movimentos. A libertação era vista como uma luta pacienciosa e persistente do povo latino-americano em situação de perseguição e opressão.[10]

Um ramo da Teologia da Libertação era constituído por teólogos protestantes, sendo um dos principais representantes o metodista argentino Miguez Bonino. Em sua maioria, eles só contaram com o suporte do Conselho Mundial de Igrejas (CMI), pois não tinham o aval de suas denominações. E tiveram de assumir certas responsabilidades próprias, já que a tradição da Reforma de Lutero era a de evitar a política explícita e manter laços reais com o capitalismo liberal. Por outro lado, a Teologia da Libertação tinha aspectos em comum com o protestantismo, como a valorização da Bíblia e da comunidade local.[11]

O trabalho dos teólogos da libertação protestantes se fazia principalmente através da ISAL (Igreja e Sociedade na América Latina), que tinha sua sede em Montevidéu, Uruguai. Como organização ecumênica serviu de lar também para teólogos católicos como Hugo Assmann e Pablo Richard, em momentos de conflito com a hierarquia católica. Um representante importante no Brasil foi o presbiteriano norte-americano Richard Shaull, que foi professor de teologia na cidade paulista de Campinas. Por buscar atuar numa aliança fraternal com marxistas e católicos progressistas, enfrentou conflitos com sua Igreja. A seu lado outros se destacaram, como Rubem Alves. Entre os biblicistas, em cooperação com católicos em instituições ecumênicas, merece destaque Milton Schwantes.[12]

Da parte dos católicos, os primeiros textos de Teologia da Libertação, no Brasil, foram produzidos por Hugo Assmann, em 1970 e 1971. Depois passaram a destacar-se Leonardo Boff e seu irmão Clodovis Boff, João Batista Libânio, José Comblin e diversos outros, teólogos e teólogas. E com o incremento da exegese bíblica,

---

[10] DREHER. *A Igreja Latino-americana...*, cit., p. 195.
[11] LÖWY, op. cit., pp. 176-202.
[12] DREHER. *A Igreja Latino-Americana...*, cit., pp. 194-196.

passaram a destacar-se o carmelita Carlos Mesters, o dominicano Gilberto Gorgulho e Ana Flora Anderson.[13]

Um marco propulsor do cristianismo da libertação e divisor de águas para a Igreja Católica na América Latina foi a Segunda Conferência Geral do CELAM, em 1968. Realizada em Medellín, na Colômbia, apesar do assustador aparato militar que a cercou, essa conferência concretizou o impulso renovador do Concílio Vaticano II de um modo original, na realidade específica do continente. Condenou veementemente a injustiça estrutural, assumiu a missão no sentido da libertação integral das pessoas humanas e das coletividades e consagrou a opção pelos pobres, doravante sempre mantida e atualizada. A Terceira Conferência, realizada em Puebla no ano de 1979, foi o ponto de chegada de uma década de experiências e engajamentos ao impulso da Conferência de Medellín, legitimadas pelo Vaticano II.

O pontificado de Paulo VI era favorável aos passos mais corajosos da Igreja no Brasil, que também contava com um significativo grupo de bispos jovens, conhecidos como "geração de Medellín", que se despojaram de privilégios, passando à solidariedade efetiva com as vítimas do sistema social injusto.

Obviamente esses bispos foram perseguidos, principalmente desde 13 de dezembro de 1968, quando o presidente General Artur da Costa e Silva baixou o AI 5 (Ato Institucional de número 5). Embora mantivesse a Constituição Brasileira de 1967, esse Ato concedia praticamente um poder totalitário ao presidente da República e suspendia várias garantias constitucionais, como a de *habeas-corpus* em casos de práticas consideradas crimes políticos. Podemos lembrar alguns dos inúmeros fatos graves que atingiram a Igreja Católica, no Brasil da ditadura militar.[14]

---

[13] Ibid.

[14] DUSSEL, Enrique. *De Medellín a Puebla: uma década de sangue e esperança.* São Paulo: Loyola, 3 v., 1981. PRANDINI, F.; PETRUCCI, V. A.; DALE, R. (Org.). *As relações Igreja-Estado no Brasil.* 6 v. São Paulo: Loyola/ CPV, 1986-1987. ARQUIDIOCESE DE S. PAULO, op. cit.

Em 27 de abril de 1969 foi encontrado morto, com marcas de tortura e pendurado numa árvore, o Padre Henrique Pereira Neto. Jovem de 28 anos de idade, ele era professor de sociologia, capelão da JEC e da JUC de Recife e secretário de Dom Helder Camara.

No início de novembro de 1969, foram presos em diversos lugares os frades dominicanos Fernando de Brito, Yves do Amaral Lesbaupin, Tito de Alencar Lima, Giorgio Callegari, João Antonio Caldas Valença, Roberto Romano da Silva e Carlos Alberto Libânio Cristo, conhecido como Frei Betto. Permaneceriam quase quatro anos na prisão. O motivo era o de terem prestado ajuda humanitária e fraterna a perseguidos políticos, facilitando-lhes a fuga do país. Embora esta fosse uma prática usual na história da Igreja Católica, nem todos os bispos solidarizaram-se com os frades. O cardeal arcebispo de São Paulo, Dom Agnelo Rossi, em entrevista à imprensa negou qualquer relação direta com eles, alegando que não haviam sido presos comungando ou atendendo a confissões. Frei Tito, depois de extremas, prolongadas e repetidas seções de tortura, que também lhe deixaram sequelas psicológicas profundas, tentou o suicídio como oportunidade de mostrar o que estava ocorrendo nos cárceres brasileiros. De fato, teve de ser levado para o hospital militar em São Paulo.[15]

Para poder ir vê-lo, o superior provincial da ordem dominicana recorreu ao Cardeal Rossi. Este, após falar por telefone com o Governador Abreu Sodré, encarregou Dom Lucas Moreira Neves de falar com o juiz auditor, Nelson Guimarães. Dom Neves era bispo auxiliar em São Paulo, pertencia à Ordem dominicana e desde a JUC dos anos 1950, no Rio de Janeiro, era conhecido desse juiz. O provincial, através de muita insistência, teve a permissão do juiz para, acompanhado de Dom Neves, fazer uma visita a Frei Tito, mas com a condição de que nada do que vissem e ouvissem fosse revelado. Tempos depois, por ocasião do julgamento desse frade, a

---

[15] Ver a obra escrita por Frei Betto, um dos dominicanos presos e torturados: *Batismo de sangue*. São Paulo: Círculo do Livro, 1982, especialmente pp. 236 e 269.

província dominicana do Brasil pediu a Dom Neves que desse um depoimento, um simples relato acerca do estado em que o vira no hospital. O bispo recusou-se, alegando não querer prejudicar suas atividades pastorais. Assim, as responsabilidades por aquelas torturas nunca foram apuradas.[16]

Sob a presidência do General Emílio Garrastazu Médici, desde outubro de 1969, as pessoas consideradas subversivas eram perseguidas através de uma integração de organismos do Estado. Foram várias as ondas de detenção para averiguações e inquéritos, que resultaram em muitas prisões ilegais, torturas, difamações, exílios, assassinatos, desaparecimentos e provocações. Os bispos do Brasil tinham posições desencontradas, mas uniam-se nos momentos extremamente difíceis.[17] Alguns deles sempre se posicionaram contra o regime instaurado, como Dom Paulo Evaristo Arns, nomeado arcebispo de São Paulo em novembro de 1970, e que receberia o título de cardeal em março de 1973. A seu respeito, um dos dominicanos presos deixou este testemunho:

> ... Dom Paulo tornara-se nosso defensor e amigo. Quando bispo auxiliar de São Paulo, responsável pela região Norte, ele fora proibido pelos militares de nos visitar no Presídio Tiradentes. Nomeado arcebispo, desafiou a ordem e fez questão de estar conosco antes de tomar posse. Sua atividade à frente da Sé paulista nascia de um gesto concreto em defesa dos direitos humanos. Corajoso, lúcido, dotado de extrema sensibilidade para as questões sociais, Dom Paulo não marcaria data nem hora para nos levar apoio nos momentos mais difíceis do cárcere...[18]

Os dominicanos foram mantidos por muito tempo no Presídio Tiradentes, em São Paulo, em prisão preventiva e sem julgamento. Frei Tito, incluído na lista dos banidos do país em troca

---

[16] Ibid.
[17] DUSSEL. *De Medellín a Puebla*, cit., v. 1, p. 187.
[18] BETTO, op. cit., p. 199.

da libertação do embaixador suíço que havia sido sequestrado por ativistas de esquerda, foi conduzido ao Chile e depois à França, amparado por sua Ordem. Porém, as profundas sequelas que ficaram em sua mente faziam-no continuar vivendo o terror das torturas, numa longa agonia que o levou ao suicídio, em 12 de agosto de 1974. Para os demais, em julgamento no Supremo Tribunal Federal, a pena de prisão foi reduzida de quatro para dois anos, quando eles já haviam cumprido quase quatro. Foram soltos em meados de março de 1974.

Entre os bispos que não se deixavam intimidar estava Dom Pedro Casaldáliga, da prelazia de São Félix do Araguaia, defensor dos indígenas, dos lavradores e dos pobres em geral. Ameaçado de expulsão do país, em junho de 1973 teve sua prelazia invadida pelos militares, que revistaram e fotografaram todos os arquivos. No mês seguinte puseram a residência do bispo em estado de sítio, além de aprisionarem quatro padres e oito leigos colaboradores da prelazia, submetendo-os a interrogatórios sob torturas. Dom Casaldáliga não foi morto graças à ampla solidariedade da parte da Igreja e de outras organizações.

Em 30 de outubro daquele mesmo ano, sem nenhuma explicação, o governo militar fechou a Rádio Nove de Julho, da arquidiocese de São Paulo.

Um membro da comunidade israelita de São Paulo, o jornalista Wladimir Herzog, foi assassinado nos porões do DOI-CODI em 1975. Por sua ligação com o Partido Comunista Brasileiro foi preso e torturado até a morte, nas dependências do II Exército. Numa nota, a polícia deu à imprensa a versão de que Herzog se suicidara na prisão.[19]

---

[19] Ver JORDÃO, Fernando. Dossiê Herzog: prisão, tortura e morte no Brasil. Apud CASTRO, Marcos de. *64: conflito Igreja x Estado*. Petrópolis: Vozes, 1984. ARQUIDIOCESE DE S. PAULO, op. cit., pp. 258-259.

Essa versão foi convictamente rejeitada pelo Cardeal Arcebispo Arns. Este, por ocasião do sétimo dia da morte de Herzog, decidiu realizar um culto religioso na Catedral da Sé, em São Paulo, para o qual convidou outros representantes religiosos. Em vão o governador do Estado tentou convencê-lo a cancelar o ato, sob a alegação de que um chefe católico não poderia rezar por um suicida. O culto realizou-se, apesar do grande aparato montado pelas Forças Armadas de São Paulo, inclusive causando um congestionamento que paralisou o tráfego. À frente, juntamente com o cardeal católico, estiveram o Pastor Jaime Wright, da Igreja Presbiteriana Unida, e o Rabino Henry Sobel, recém-chegado dos Estados Unidos para presidir à Congregação Israelita Paulista. Entre os cerca de oito mil católicos que compareceram, estavam alguns judeus e protestantes.

O Pastor Wright, filho de missionários norte-americanos, era infatigável na procura de um irmão desaparecido, Paulo Stuart Wright. Não sabia que ele já havia sido morto. Paulo era sociólogo, ligado a movimentos populares e operários. Foi deputado estadual em Santa Catarina, mas teve seu mandato cassado em 1964 por pressão do comandante naval daquele Estado. Após um ano de exílio em Cuba, via México, regressou ao Brasil, onde atuou na clandestinidade por oito anos como líder da AP, da qual era um dos fundadores. Chegou a ser expulso da Igreja Presbiteriana, que depois dos anos de ditadura reveria sua posição. Em setembro de 1973 foi sequestrado pelo II Exército e morto sob torturas no DOI-CODI de São Paulo. Nunca se soube o que foi feito com seus restos mortais.[20]

Entretanto, o Pastor Wright tornou-se um incansável defensor dos direitos humanos de quem quer que fosse. Liberado por sua Igreja para atuar em favor dos perseguidos pela repressão militar, por quase dez anos dedicou-se a essa tarefa, num gabinete dentro da cúria metropolitana, ao lado daquele do Cardeal Arns. Os dois

---

[20] Ver: *Dossiê dos mortos e desaparecidos políticos a partir de 1964*. Recife: Companhia Editora de Pernambuco, 1995.

tratavam-se como irmãos e, quando havia casos mais complicados, o cardeal lhe encaminhava os perseguidos pela porta dos fundos, dizendo levá-los para o seu "bispo auxiliar". O pastor, com sua convicção religiosa e sensibilidade humana, falava publicamente e sem medo sempre que se realizavam celebrações ecumênicas, recitando trechos bíblicos referentes a pessoas desaparecidas ou sofredoras.[21]

Jaime Wright e Henry Sobel prestariam destacada colaboração ao Cardeal Arns e a um reduzido grupo de especialistas, no projeto de pesquisa chamado "Brasil: Nunca Mais", desenvolvido em sigilo de 1979 a 1985. Através de múltiplos caminhos reuniram-se cópias de mais de um milhão de páginas de processos políticos transitados pela Justiça Militar brasileira entre abril de 1964 e março de 1979, especialmente os que chegaram ao Superior Tribunal Militar. Essa documentação, toda microfilmada em duas vias, teve uma via cuidadosamente guardada fora do país.[22]

Em setembro de 1976, a linha dura dos militares, através do braço clandestino de uma organização terrorista, sequestrou o bispo de Nova Iguaçu, na Baixada Fluminense, Dom Adriano Hypólito. Seu carro, na verdade emprestado por um sobrinho, explodiu em frente à sede da CNBB. O bispo foi torturado e, duas horas depois, abandonado nu num subúrbio do Rio de Janeiro, com os pés e mãos amarrados e banhado em mercúrio cromo. Através de telefonemas anônimos a importantes meios de comunicação, a autoria do atentado foi assumida pela Aliança Anticomunista Brasileira. Esse terrorismo branco do próprio regime atuou fortemente até outubro de 1978, completando pelo menos vinte e quatro ações contra entidades, sendo treze atentados a bomba e muitas ameaças, depredações e assaltos.

---

[21] Entrevista concedida por Dom Paulo Evaristo Arns a José Maria Mayrink, publicada no *Jornal do Brasil*, em 13 jun. 1999.

[22] Cópias de um conjunto desses microfilmes foram distribuídas entre universidades, bibliotecas, centros de documentação e entidades de defesa dos Direitos Humanos, no Brasil e no exterior. Também foi editado, em português e em inglês, o livro: *Brasil: Nunca mais*. Petrópolis: Vozes, 1985.

Exatamente um ano depois do atentado a Dom Hypólito, a polícia militar, sob o comando do Coronel Erasmo Dias, invadiu a PUC (Pontifícia Universidade Católica) de São Paulo, impedindo a realização de um ato público. Ali estavam cerca de duas mil pessoas, entre alunos, professores, funcionários e outros manifestantes. O pretexto era o de acabar com uma suposta ponta de lança do Partido Comunista que ali se teria estabelecido. Foram graves as agressões e depredações. Quase mil pessoas foram conduzidas para interrogatórios e trinta e sete foram indiciadas na Lei de Segurança Nacional. Invasões da polícia militar ocorreram também em templos católicos, em diversos lugares do país.

Desde 1970, a Igreja Católica do Brasil tornou-se a mais avançada do continente, com sua posição mais corajosa perante o regime militar, inclusive emitindo documentos radicais, e com sua abertura para abrigar as diversas organizações rebeldes ao regime imposto. Fazia críticas e denúncias do autoritarismo, das violações aos direitos humanos, do modelo de desenvolvimento em vigor e do capitalismo, apontado como raiz do mal. Pela defesa dos direitos humanos, o Cardeal Arns recebeu o título de *Doutor Honoris Causa,* concedido em 1977 pela Universidade de Notre Dame, Estados Unidos.[23]

Na base eclesial, as CEBs e as pastorais sociais contavam com a atuação de muitos membros de congregações religiosas, principalmente mulheres. As CEBs forneciam aos novos movimentos sociais e políticos um abundante contingente de participantes e líderes. Elas ajudaram a criar a democracia das bases como uma nova cultura política no Brasil, em oposição ao autoritarismo militar, clientelismo, populismo e verticalismo. Graças a essa nova cultura, os membros dessas comunidades eclesiais, com apoio de teólogos e bispos da libertação, contribuíram para a construção do maior e mais radical movimento trabalhista de toda a história do Brasil.[24]

---

[23] *A Guerra dos Deuses,* cit., pp. 135-154.
[24] Ibid.

Essa linha de atuação também foi abraçada por importantes segmentos do protestantismo. Na Igreja Evangélica de Confissão Luterana do Brasil (IECLB), por exemplo, constituíram-se pastorais engajadas em movimentos sociais, cujos integrantes faziam diálogo com partidos de esquerda e alguns até participavam de movimentos socialistas. Através de um discurso socioprofético, essa Igreja constituiu sua pastoral popular como um movimento de obreiros e obreiras socialmente engajados, envolvidos em lutas sociais de maiorias e minorias oprimidas. No Rio Grande do Sul houve luteranos que se tornaram participantes ativos do Movimento dos Trabalhadores Rurais Sem Terra (MST).[25]

A partir da França, que recebia denúncias das torturas e arbitrariedades cometidas pelos militares no Brasil, esses luteranos tiveram uma atuação mais crítica dentro da realidade brasileira e puseram-se na defesa dos direitos humanos. Isso se deu desde 1970, quando a V Assembleia da Federação Luterana Mundial (FLM) foi transferida de Porto Alegre para Evian, na França.[26]

A causa dos direitos humanos foi firmemente abraçada por muitos cristãos, num fórum ecumênico, principalmente através do Conselho Mundial de Igrejas (CMI), que em sua V Assembleia, em 1975, decidiu dar atenção especial às vítimas de tortura na América Latina. Dois anos depois, o CMI publicou uma declaração sobre a tortura, na qual dizia:

> A tortura é endêmica, brota no escuro, no silêncio. Convocamos as Igrejas para trazer a público sua existência, quebrar o silêncio, revelar as pessoas e estruturas das nossas sociedades que são responsáveis por essa mais desumanizante de todas as violações dos direitos humanos.[27]

---

[25] HOFFMAN, Arzemiro. A identidade luterana e seus desdobramentos na Igreja Evangélica de Confissão Luterana no Brasil nas últimas décadas. In: WEINGAERTNER, Martin (Ed.). *Perfil luterano em debate*. Curitiba: Encontro, 2003, p. 21.

[26] SCHUNEMANN, Rolf. *Do gueto à participação: o surgimento da consciência sociopolítica na IECLB entre 1960 a 1975*. São Leopoldo: Sinodal, 1992, p. 46.

[27] Conselho Mundial de Igrejas, Genebra, Suíça, agosto de 1977. In: ARQUIDIOCESE DE S. PAULO, op. cit., pp. 294-297.

O ecumenismo passou a ser praticado também em movimentos sociais, notadamente através da Comissão Pastoral da Terra (CPT), vinculada à CNBB. Criada em 1975, já em seus primórdios a CPT passou a ter uma atuação ecumênica, à medida que católicos e luteranos juntos atuavam, valendo-se das proposições do Concílio Vaticano II, das reflexões a partir da Teologia da Libertação e da Teologia da Revolução, esta última desenvolvida por Richard Schaull, e da pedagogia de Paulo Freire.

O Brasil voltou ao governo civil após uma lenta e gradual distensão do regime de Segurança Nacional. Já na condução da Igreja Católica, o que ocorreu foi certo fechamento, sob o longo pontificado de João Paulo II, principalmente através da nomeação de muitos bispos conservadores, o que incidiu na substituição da maioria dos membros da CNBB. É verdade que continuaram ativas as CEBs e as pastorais populares, sobretudo a da terra e a indigenista, com apoio de diversos bispos. Algumas organizações prosseguiram de forma relativamente autônoma. No entanto, a Igreja Católica no Brasil já não tinha a mesma força social e política do período anterior.[28]

QUESTÕES

1) Elabore um quadro de compreensão da renovação da Igreja Católica no Brasil desde 1940, fazendo constar: problemas e conflitos, apelos e influências, passos de renovação.
2) Liste alguns nomes e fatos que lhe chamaram a atenção dentro do cristianismo da libertação.
3) A partir do título "Brasil, nunca mais!", escreva um apelo aos cristãos de todas as Igrejas.

---

[28] LÖWY, op. cit., pp. 153-154.

V
Religiões no Brasil contemporâneo

Objetivos

- Introduzir uma compreensão dos processos de pluralização religiosa e de mutações no interior do cristianismo, no Brasil contemporâneo.
- Chamar à discussão e reflexão sobre o respeito às identidades diferentes no campo religioso brasileiro.

A diversificação religiosa

A imigração alterou profundamente o rosto da religião no Brasil, trazendo luteranos, anglicanos, batistas, presbiterianos, muçulmanos, budistas e outros. Mas também trazendo católicos da Suíça, Baviera, Palatinado, Vêneto, Tirol e Polônia, cuja forma de catolicismo era muito diferente da que encontraram neste país. O catolicismo que aqui encontraram era diferente já na sua implantação: lusitano e em guerra contra os mouros, portador de uma fusão de tradições ibéricas, açorianas e cristãs-novas. E essa fusão aqui se refundiu com tradições africanas e indígenas.[1]

Foi uma longa trajetória, com diversos processos de sincretismo. No século XIX acrescentaram-se o espiritismo europeu e alguns fragmentos do catolicismo romanizado. De uma complexa interação de ideias e símbolos religiosos resultou um substrato religioso-cultural, que guarda determinados valores nas camadas mais

---

[1] DREHER. *A Igreja latino-americana...*, cit., pp. 204-210.

profundas da vida social do povo brasileiro. A esse substrato Bittencourt Filho chama de "matriz religiosa brasileira".[2]

Entretanto, a massa dos católicos vinha de um longo tempo de escravidão, com a obrigatoriedade indiscutível do batismo e sem oportunidade dos outros sacramentos. A família constituída segundo os padrões morais da religião era praticamente ausente. Assim, o povo católico apropriou-se do batismo para constituir família de outra maneira, num parentesco espiritual com base no compadrio e numa forma festeira de catolicismo.[3]

Por sua vez, o protestantismo não foi trazido da Europa. Exceção foram os imigrantes alemães luteranos, que trouxeram consigo as raízes da Reforma de Lutero. Mas, a vertente calvinista da Reforma, que só penetrou no Brasil décadas mais tarde e já bastante filtrada, veio dos Estados Unidos, através de um reavivamento já enfraquecido e com tendência para o fundamentalismo.[4] É importante ver esse processo desde a Inglaterra.[5]

Na Inglaterra, num polo oposto ao da aristocracia do anglicanismo, o movimento puritano operou mudanças ao introduzir, a duras penas, o princípio do voluntarismo em matéria de religião. A associação voluntária permitia o desenvolvimento do denominacionalismo, isto é, a formação de pequenos grupos religiosos locais, autônomos ou quase autônomos. Essas congregações locais constituem o primeiro nível de consciência religiosa do indivíduo, raramente preocupado com sua pertença à Igreja nacional ou mundial.

O denominacionalismo foi intensamente desenvolvido pelos ingleses adeptos do puritanismo que emigraram para as colônias norte-americanas. Imbuídos de um espírito messiânico, eles foram

---

[2] BITTENCOURT FILHO, José. *Matriz religiosa brasileira: religiosidade e mudança social*. Petrópolis: Vozes/ Koinonia, 2003, pp. 27 e 41.

[3] DREHER. *A Igreja Latino-Americana...*, cit., p. 205.

[4] Ibid., p. 235.

[5] Conforme MENDONÇA; VELASQUES FILHO. *Introdução ao protestantismo no Brasil*. São Paulo: Loyola, 1990.

ocupando as terras do oeste e do sul, coniventes com a escravidão e convictos de serem portadores de uma verdade religiosa, cultura e moralidade superiores. Desenvolveram uma religião civil que, mesmo sendo uma nova forma de cristandade, preserva as históricas formas puritanas de ser Igreja. Dali dos Estados Unidos partiram os missionários que estabeleceram o protestantismo no Brasil, com suas características puritana, pietista e revivalista, e como religião civil pragmática que propunha a transformação da sociedade mediante a transformação dos indivíduos.

As congregações ou denominações protestantes, no Brasil chamadas geralmente de evangélicas, no início de sua expansão eram principalmente rurais. Ocupavam as brechas deixadas pelo rarefeito campo religioso católico, na esteira da produção do café, desde o Vale do Paraíba, avançando no interior de São Paulo e dali para diversas direções. Mas também muitos grupos católicos desassistidos pelo clero aceitavam a mensagem protestante, já que a mudança do catolicismo para o protestantismo não alterava substancialmente a vida daqueles pequenos grupos. Havia falta tanto de padres como de pastores e eles já tinham o hábito de reunir-se e praticar sua religião sob a liderança de pessoas leigas. A distinção no protestantismo estava na substituição da devoção aos santos pela Bíblia e na prática religiosa norteada por uma ética resumida no decálogo, com cosmovisão dualista e milenarista acomodativa e com indiferença radical para com o mundo presente.

No Brasil fixaram-se os diversos ramos da Reforma Protestante, cada qual com diversas Igrejas: o anglicano, constituído pelos protestantes ingleses, mas também os episcopais e os metodistas; o luterano, sendo os ligados à Alemanha e os ligados aos Estados Unidos; o reformado, que também incluía os presbiterianos, os congregacionais e os reformados europeus. Ainda, os paralelos à Reforma: batistas e menonitas.

A partir da década de 1930, as Igrejas protestantes históricas adquiriram cada vez mais características urbanas e padrões de classe média, ao menos em sua aspiração. Sem uma retradução dos seus discursos, cânticos e pregação para as novas realidades sociais, restringiram-se ao moralismo tradicional e entraram em crise, enquanto do meio das massas em crescente empobrecimento, a busca de resposta aos problemas imediatos se foi dirigindo crescentemente para as denominações pentecostais.

Segundo a opinião de Gouvêa Mendonça, o ímpeto conversionista que havia alimentado o crescimento do protestantismo no Brasil acabou se esvaziando por diversos fatores. Um deles foi a reação da Igreja Católica, reorganizada, com novo dinamismo interno e reforçada por um grande contingente de imigrantes católicos. Outro fator foi um efeito duplo produzido pelo movimento ecumênico: o lado mais liberal do protestantismo passou a uma abertura maior e o lado mais conservador teve um fechamento mais sensível.[6]

Estava instaurada uma dinâmica diversificação do campo religioso brasileiro. A Constituição brasileira da República estabelecia liberdade de culto, mas nem sempre a prática correspondia à determinação da lei.

Os imigrantes japoneses, por exemplo, foram obrigados a abandonar traumaticamente o seu xintoísmo nacionalista. Os primeiros, que chegaram em 1908 a bordo do navio Kasato Maru, o governo japonês estimulou a se converterem ao catolicismo, temendo reações antinipônicas. Também proibiu que migrassem para o Brasil missionários de religiões japonesas, mas alguns deles vieram de forma anônima e aqui oficiaram ritos fúnebres. Às vezes organizavam cultos e reuniões de pregação, se bem que a prática das tradições religiosas japonesas era nas casas e com muita discrição. Já para a conversão ao catolicismo havia estímulo e até pressão. Na escola primária, seus filhos chegavam a ser ridicularizados como pagãos e ameaçados de expulsão. E os próprios japoneses passaram

---

[6] Ibid., p. 139.

a buscar o batismo católico, por causa da tradição do compadrio, que permitia a seus filhos terem padrinhos brasileiros.[7]

Após a Segunda Guerra Mundial, o Japão passou por aceleradas mudanças. No Brasil, os japoneses imigrados redefiniram sua identidade grupal num trânsito estratégico bem-sucedido entre as culturas dos dois países. A partir de 1952 fundaram-se missões oficiais do budismo. De 1953 a 1962, um novo fluxo migratório de japoneses trouxe de lá novos movimentos religiosos e também realimentaram as tradições japonesas. Atualmente, reafirma-se uma identidade japonesa mais associada ao budismo ou às novas religiões. E os decasséguis tendem mais a aderir ao movimento pentecostal.[8]

Mas também o xintoísmo conseguiu implantar-se no Brasil, apesar de ser uma religião étnica japonesa, que precisa da sua geografia sagrada de origem. Junto aos *kami*, entidades sobrenaturais cultuadas nessa antiquíssima religião de harmonia com a natureza, a forte propensão dos japoneses ao sincretismo os fez absorver elementos religiosos do catolicismo popular, do espiritismo e dos cultos afro-brasileiros.[9] Em 1967 foi inaugurada em Arujá, São Paulo, a *Kaminoya Iwatoyama*, local de veneração da divindade vinda do Grande Templo de Ise. Fundada por Suzuko Morishita, a Mestra Tachibana, é chamada *Brasil Di-Jingu*, ou Grande Templo do Brasil.

A imigração também trouxe judeus ao Brasil. Calculam-se 71.360 entre 1840 e 1942. Eles chegavam aos portos de Santos, Rio de Janeiro e Recife, logo procurando seus conterrâneos e também algum trabalho. A princípio iam quase todos para o interior dos

---

[7] GONÇALVES, Ricardo Mário; GONÇALVES, Yvonete Silva. As religiões dos imigrantes japoneses no Brasil. In: DREHER, Martin N. (Org.). *Imigrações e história da Igreja no Brasil*. Aparecida, SP: Editora Santuário/Cehila, 1993, pp. 167-182.

[8] SHOJI, Rafael. Budismo étnico em perspectiva comparada: herança das missões japonesas no Brasil. *REVER (Revista de Estudos da Religião)*, PUC-SP/Paulinas, Ano 11, n. 2, pp. 62-86, jul./dez. 2011.

[9] GONÇALVES; GONÇALVES, op. cit.

Estados, mantendo contato constante com a capital. Os solteiros iam buscar uma esposa na Europa ou na África do Norte e quase sempre se casavam dentro da sua comunidade. Assim que melhoravam sua situação econômica, mudavam-se para a capital do respectivo Estado. Posteriormente, a grande maioria migrou para a cidade de São Paulo.[10]

Na década de 1880, começaram a chegar árabes, que se fixaram principalmente nas cidades de São Paulo e Rio de Janeiro. Entre esses árabes havia muçulmanos e cristãos. Os árabes muçulmanos, que geralmente chegaram já adultos, assimilaram os padrões da cultura brasileira como forma de interação social, mas preservaram parte da sua tradição. No entanto, os imigrantes muçulmanos eram principalmente sírios, libaneses e palestinos, que se agrupavam através da sua prática religiosa. Os oriundos do Líbano e da Síria construíram em São Paulo a primeira mesquita do país. Trata-se da Mesquita Brasil, com biblioteca e escola corânica anexadas ao templo, cuja construção se iniciou em 1929. Eles eram muçulmanos e também cristãos. Atualmente vem aumentando o número de convertidos ao islamismo, quase sempre sunitas, que buscam no Corão alternativas de resposta a questões geradas pela desigualdade social. São motivados pela fé, tolerância e busca de unidade entre as pessoas humanas.[11]

As religiões afro-brasileiras só puderam sair da clandestinidade na década de 1920. Via de regra, seus adeptos não romperam o vínculo com o catolicismo. Nas diversas regiões do país, o povo de santo seguiu com seus diversos ritos, interligado por múltiplas teias de linhagens, origens e influências.[12] Entretanto, nos anos 1930

---

[10] BLAY, Eva Alterman. Judeus na Amazônia. In: SORJ, Bila (Org.). *Identidades judaicas no Brasil contemporâneo*. Rio de Janeiro: Imago Editora, 1997, p. 49.

[11] NABHAN, Neusa Neif. *Islamismo: de Maomé a nossos dias*. São Paulo: Ática, 1996, pp. 117-121.

[12] PRANDI. Reginaldo. O candomblé e o tempo: concepções de tempo, saber e autoridade da África para as religiões afro-brasileiras. *Revista Brasileira de Ciências Sociais*, São Paulo, n. 47, p. 44, 2001.

ainda vigorou a repressão policial contra os cultos afro-brasileiros, comandada pelo Estado. Depois, a repressão continuou de maneira sutil, com a exigência de uma espécie de registro civil para o funcionamento dos seus locais de culto. E ainda nos dias atuais ocorre uma espécie de guerra santa contra eles, empreendida por segmentos do chamado "neopentecostalismo", até mesmo com agressão física e moral. Em defesa dos afro-brasileiros, a partir dos anos 1980 multiplicaram-se movimentos que punham a luta pela liberdade religiosa numa plataforma política. Porém, essa perspectiva não ganhou força.[13]

Patrícia Birman considera mais eficaz a perspectiva que, a partir da ECO-92 no Rio de Janeiro, ligou essa política das diferenças a novos elos religiosos, num círculo mais amplo de relações. Uma representante desse empenho foi Mãe Beata de Iemanjá, que, a partir dos fundamentos cosmológicos da tradição dos orixás, fez de seu terreiro um espaço de participação política e de articulação com vários movimentos, inclusive feministas, no esforço comum pela paz. Para além da guerra santa, o candomblé de Mãe Beata, que já tinha seus nexos com o catolicismo, a cultura negra e a sociedade nacional, abriu-se à universalidade e às novas tendências de espiritualidade.[14]

O espiritismo kardecista teve um significativo crescimento nas últimas décadas. Mesmo depois da morte do médium Chico Xavier em 2002, continua a difundir-se no Brasil e noutros países, graças à vasta literatura que produz e ao prestígio de seu trabalho social. Sua renovada vitalidade se mostra num movimento federado

---

[13] BIRMAN, Patrícia. Percursos afro e conexões sociais: negritude, pentecostalismo e espiritualidades. In: TEIXEIRA, F.; MENEZES, Renata (Org.). *As religiões no Brasil: continuidades e rupturas*. Petrópolis: Vozes, 2006, pp. 189-205.

[14] Ibid.

internacional, em congressos e encontros e na tradução em várias línguas das obras de Allan Kardec e de Chico Xavier.[15]

Mas o espiritismo também se torna cada vez mais uma espécie de subcultura religiosa autônoma e descentralizada, pela influência de uma nebulosa espiritualista, especialmente nas camadas médias urbanas, junto com as experiências religiosas privadas. E, à medida que se incrementa a real diversidade religiosa brasileira, tende-se a diminuir o espiritismo oculto na identificação católica. Por outro lado, emerge outro ocultamento, no grupo dos que se declaram sem religião, pois muitos espíritas entendem sua doutrina como "natural", e não como uma religião.[16]

É importante ter em conta a situação cultural totalmente diferente que se instaurou no mundo todo, com a queda das ideologias e o advento de uma pluralidade de modos de pensar e agir. Tende-se à privatização dos problemas sociais e éticos e à busca de interesses particulares sem subordinação a qualquer valor, a não ser o da própria vantagem imediata e quase instintiva. A moda, mais que noutros tempos, passou a ser sinal do precário e provisório, do rompimento com esquemas precedentes, de novos amálgamas e novas reciclagens. Surgem novos movimentos religiosos, uns com espiritualidade individual, como os neo-hindus; outros mais fundamentalistas, como a Igreja de Moon, ou da Unificação; outros ainda na busca da saúde física e espiritual.[17]

Cristianismo plural e em mutações

O Brasil entrou no século XXI como um país ainda de maioria católica, mas com uma efervescência de mutações em seu campo religioso.

---

[15] LEWGOY, Bernardo. Incluídos e letrados: reflexões sobre a vitalidade do espiritismo kardecista no Brasil atual. In: TEIXEIRA; MENEZES, op., cit.

[16] Ibid.

[17] TERRIN, Aldo Natale. *Introdução ao estudo comparado das religiões*. São Paulo: Paulinas, 2003, pp. 315-330.

Na década de 1970, uma equipe de pesquisadores da religião coordenada por Ferreira de Camargo estudou a influência das religiões nos processos de mudança da sociedade brasileira. Resultou, pela primeira vez no Brasil, a exposição de um quadro sistematizado da sua diversidade religiosa.[18]

Constatava-se que o protestantismo histórico ia perdendo fiéis desde os anos 1930, enquanto aumentava o número dos pentecostais. E desde 1940 o catolicismo passava por um declínio numérico, moderado e constante, o que evidenciava suas inconsistências históricas como religião obrigatória. Além disso, a sociedade brasileira já havia perdido os referenciais exclusivamente religiosos. Aceleravam-se os processos de urbanização e industrialização, acompanhados de um aumento das desigualdades sociais, com efeitos sobre os movimentos religiosos. Surpreendentemente, a religião passava a modernizar-se junto com a sociedade. O campo religioso se transformava para adequar-se às novas situações.[19]

Os números do Censo anunciam o fim da hegemonia do catolicismo. A porcentagem dos católicos na população brasileira foi de 91,1% em 1970, 89,2% em 1980, 83,3% em 1991, 73,6% em 2000, 64,6% em 2010. Em direção contrária, o número dos evangélicos, sobretudo pentecostais, passou de 15,4% em 2000 para 22,2% em 2010. No entanto, o fenômeno do grande crescimento do pentecostalismo vem ocorrendo no mundo todo. No Brasil, chamou mais atenção o aumento das pessoas que se declaram sem religião: 7,4% em 2000, que passou a 8% em 2010.[20]

Esses sem religião diferenciam-se da minoria de ateus ou agnósticos declarados. Geralmente são os que perderam seus antigos

---

[18] Ver CAMARGO, Cândido Procópio Ferreira de (Coord.). *Católicos, protestantes, espíritas*. Petrópolis: Vozes, 1973.
[19] SOUZA, Beatriz Muniz de; MARINO, Luís Mauro Sá. A compreensão de um paradoxo. In: Id. (Org.). *Sociologia da religião e mudança social: católicos, protestantes e novos movimentos religiosos no Brasil*. São Paulo: Paulus, 2004, pp. 8-9.
[20] Dados do IBGE, 2010. Religiões.

vínculos, passando a viver uma religiosidade mais subjetiva, ou os que buscam caminhos alternativos, sem vínculo com uma instituição ou tradição religiosa, no fórum das experimentações e de um intenso trânsito entre religiões, pertencimentos e movimentos.

Contudo, a imensa maioria da população brasileira segue declarando-se cristã, distribuindo-se entre católicos, evangélicos e pentecostais. As outras tradições religiosas são numericamente bastante minoritárias, se bem que os números frios dos dados das pesquisas não podem medir a intensidade nem o alcance da sua influência. Acrescente-se que, após um longo tempo de submetimento, escravização, exclusivismo católico e intolerância, desenvolveram-se dinamismos culturais que permitem o recurso a ambiguidades, ambivalências, sincretismos, dupla ou múltipla pertença religiosa. Assim, as pertenças religiosas do povo brasileiro resultaram complexas.

Aliás, a religiosidade matricial brasileira tem força agregadora, está sempre em mutação e é pouco afeita à delimitação de fronteiras entre os diferentes sistemas simbólicos e religiosos. Atualmente vem sendo retomada e revitalizada de novas maneiras, especialmente pelas novas formas de pentecostalismo, que, em resposta às demandas mágicas da sociedade de consumo, provocam a reformulação de antigas crenças e práticas cristãs.[21]

A receptividade do pentecostalismo foi explosiva no Brasil durante o século XX. Segundo dados do IBGE, em 1930 os pentecostais eram 9,5% de toda a população dos cristãos protestantes históricos, chamados evangélicos. No ano 2000 eles já somavam 77,8% da população evangélica.

As denominações neopentecostais, surgidas a partir da década de 1970, são menos ascéticas e mais pragmáticas, administram seus

---

[21] CAMPOS, Leonildo Silveira. A inserção do protestantismo de missão no Brasil na perspectiva das teorias do imaginário e da matriz religiosa. *Estudos Teológicos*, São Leopoldo, v. 52, n. 1, pp. 143-157, jan./jun. 2012.

templos num modo empresarial, utilizam-se da mídia para fazer propaganda religiosa e colocam no centro da sua teologia a prosperidade neste mundo. Sua teologia também alimenta uma batalha espiritual contra as outras denominações religiosas, sobretudo as afro-brasileiras e o espiritismo, cujos fiéis somam uma parcela bastante minoritária da sociedade brasileira. A explicação desta perseguição pode estar na tentativa de monopolizar as mediações mágicas e principalmente aquilo que essas denominações têm como o seu maior bem: a experiência do avivamento em forma de êxtase religioso. Entende-se que os politeístas "pagãos" devem ser barrados dessa experiência religiosa, só permitida dentro do monoteísmo cristão.[22]

É verdade que, na religião cristã, o modo de conversão é racional. Porém, o movimento pentecostal recuperou no cristianismo a experiência extática, sem intermediários e enfatizando o monoteísmo na figura do Espírito Santo, com a legitimação bíblica do pentecostes. E entre o neopentecostalismo e as religiões afro há um espaço sem fronteiras delimitadas, onde transitam extensas camadas da população brasileira, principalmente do meio popular, em busca de experiências místicas de êxtase, transe, possessão. O transe religioso é, historicamente, um elemento central para muitos grupos étnicos e sociais que, no Brasil, entraram em contato entre si. Segundo as tradições e crenças desses grupos, foi através do transe que divindades africanas romperam suas linhagens e se aculturaram na nova terra. Crê-se que esses deuses e deusas, bem como os "índios" e escravos negros que alcançaram a condição de divindades, como caboclos e pretos velhos, descem aos corpos de seus novos filhos negros, mestiços e brancos.[23]

---

[22] SILVA, Vagner Gonçalves da. Transes em trânsito: continuidades e rupturas entre neopentecostalismo e religiões afro-brasileiras. In: TEIXEIRA, F.; MENEZES, Renata (Org.). *As religiões no Brasil: continuidades e rupturas*. Petrópolis: Vozes, 2006, pp. 207-227.

[23] Ibid.

Sem dúvida, há diferenças entre o êxtase religioso dos cristãos pentecostais e o transe religioso dos fiéis de religiões afro. Porém, a adesão de multidões ao pentecostalismo faz diluir-se a fronteira entre os conteúdos destes dois sistemas, estabelecendo-se um trânsito permanente, que facilita a ocorrência de experiências místicas correlatas à do transe. Isso se evidencia mais na Igreja Universal do Reino de Deus, que realça em seu culto o transe das divindades da umbanda, afirmando por contraste sua identidade neopentecostal.[24]

No entanto, muitos cristãos no Brasil têm um modo racional e conscientizado de adesão e de fidelidade às suas comunidades de fé. Conscientes dos valores de sua religião, seguem-na principalmente através de um processo de conversão, com adesão voluntária e fervorosa.

No caso do catolicismo, Ferreira de Camargo mostra a diferença entre o modo tradicional, em que o indivíduo vê a comunidade religiosa como algo natural e já dado na cultura, e o modo que ele denomina "internalizado". O modo de participação internalizado é aquele através do qual, de modo consciente e deliberado, o fiel adota os valores, normas e práticas da religião. Seja através de movimentos ideológicos de natureza sacral ou através de reavivamento da fé tradicional, o fiel passa a encontrar na formulação sacral transformada a visão ideológica que lhe dá sentido para a vida e que legitima as normas coerentes com novos papéis sociais.[25]

No entanto, entre os católicos há diferentes processos de internalização religiosa. O messianismo brasileiro que eclodiu no Brasil desde o século XVI constitui uma forma extremada e sectária de internalização. E, dadas as diferentes formas de percepção da realidade e o pluralismo de projetos de vida, a internalização do catolicismo se expressa através de diferentes linhas axiológicas. Ela pode

---

[24] Ibid.
[25] CAMARGO, op. cit., pp. 48-49, 77-78.

ter a função de legitimar os modos de viver modernos. Também pode ter a função de contestação, questionando a incompatibilidade das injustiças socioeconômicas estruturais diante das exigências da ética cristã e priorizando os valores que levam à transformação social.[26]

Essa função de contestação aparece na internalização dos participantes do cristianismo da libertação, como os membros das CEBs. Eles tecem cotidianamente a teia de sentidos que sustenta a sua opção e são eles próprios que constituem a comunidade numa nova forma, dentro dos dinamismos da sociedade moderna.[27] Para esses e outros segmentos do catolicismo que continuam seguindo as proposições do Concílio Vaticano II e os rumos da teologia latino-americana de libertação, a internalização tem sido importante, especialmente em momentos de conflito com determinados segmentos da hierarquia da Igreja.

As maiores tensões aconteceram entre 1984 e 1986, quando de Roma partiram documentos críticos em relação à Teologia da Libertação e abriu-se um processo contra o teólogo brasileiro Leonardo Boff. Teólogos e teólogas sofreram restrições nas suas atividades de ensino e publicações. O Instituto Teológico do Recife (ITER) foi fechado pelo arcebispo local. E o arcebispo do Rio de Janeiro, sendo também grão-chanceler da PUC, afastou do magistério nessa universidade vários teólogos. Essa crise levou muitos teólogos e teólogas a se organizarem num fórum próprio, constituindo a Sociedade de Teologia e Estudos da Religião (SOTER), um espaço civil, ecumênico e inter-religioso.[28]

Alvo das maiores atenções e de apoio efetivo passaram a ser os novos movimentos leigos católicos. Embora o estímulo à autonomia do laicato e a ênfase nos carismas mais que na instituição

---

[26] Ibid., pp. 80-82.
[27] STEIL, Carlos Alberto. CEBs e catolicismo popular. In: BOFF, Clodovis et al. *As comunidades de base em questão*. São Paulo: Paulinas, 1997, p. 80.
[28] BEOZZO. *A Igreja do Brasil no Concílio Vaticano II*, cit., pp. 540-541.

tenham vindo do Concílio Vaticano II, esses movimentos floresceram numa relação ambígua com o Concílio, distantes da sua proposta de presença ativa e transformadora no mundo.[29]

São múltiplos os novos movimentos católicos, também eles de catolicismo internalizado. Pode-se lembrar, por exemplo, os Cursilhos da Cristandade, o Neocatecumenato, o Movimento de Renovação Carismática (RCC), os Arautos do Evangelho. Entre suas características estão uma disposição militante de autodefesa da Igreja Católica e a ênfase na piedade intimista mais que na práxis de transformação social.

A RCC, com sua grande pluralidade interna, constitui atualmente no Brasil uma das forças mais organizadas e motivadas da Igreja, não só pela experiência religiosa dos indivíduos, mas também pela legitimidade dada pelo Papa Paulo VI já em 1973 e, depois, continuamente ratificada e ampliada durante o pontificado de João Paulo II. Consequentemente, tem uma organização moderna e bastante eficaz em todo o país.[30]

Esse movimento tem forte penetração nos seminários, além de ser marca predominante do clero jovem e dos que ingressam nas congregações religiosas. Nos últimos anos, no Brasil têm-se destacado figuras carismáticas de padres com grande prestígio midiático, principalmente cantores, fundadores de organizações e pregadores de TV ou rádio, além de pregadores leigos, bandas musicais e organizadores de shows. O movimento cresceu significativamente do ponto de vista da comunicação, com programas de rádio e televisão que atingem quase todo o território nacional, além do campo editorial, fonográfico e discográfico.[31]

---

[29] Ibid., p. 543.
[30] VALLE, Edênio. A Renovação Carismática Católica: algumas observações. *Estudos Avançados*, v. 18, n. 52, set./dez./2004, p. 101.
[31] Ibid., p. 103.

Sua linha é de uma evangelização direta, centrada no testemunho pessoal e grupal, aliada a manifestações massivas ao modo dos pentecostais evangélicos. É fenômeno predominantemente urbano, mas contrapõe-se às tendências culturais de dessacralização, pluralismo e permissividade. Seu objetivo principal, que é o de renovar interiormente as pessoas e a comunidade cristã, exerce certo freio à relação com o mundo político e com os problemas sociais. Aliás, sua tendência é a de ver a realidade social como um projeto de moralização.[32]

Por outro lado, a Igreja Católica no Brasil conta com uma continuidade dos passos anteriores, com apoio de diversos bispos, como se evidenciou por ocasião da V Conferência Geral do CELAM, em maio de 2007. Essa Conferência realizou-se no Brasil, no santuário de Aparecida, em meio ao constante fluxo de multidões de pessoas devotas, o que mostra a rica expressão simbólica do catolicismo popular brasileiro.

Em toda a América Latina, a preparação se fez na contramão do cristianismo da libertação, o que provocou uma positiva reação das Igrejas locais desde suas bases, constituindo uma espécie de opinião pública que acabou influenciando os participantes da Conferência.[33] A Igreja do Brasil, particularmente, participou ampla e intensamente através de múltiplas atividades pastorais e acadêmicas, além de enviar ao CELAM um documento que sintetizou as reflexões e propostas saídas de suas bases eclesiais. Esse documento fazia ver alguns traços importantes do seu perfil contemporâneo.[34]

---

[32] Ibid., pp. 101-102.

[33] BRIGHENTI, Agenor. Crônica do desenrolar da V Conferência. In: AMERÍNDIA. *V Conferência de Aparecida: renascer de uma esperança*. São Paulo: Paulinas, 2008, pp. 26-27.

[34] CNBB. Síntese das contribuições da Igreja no Brasil à Conferência de Aparecida. 61. Reunião Ordinária do Conselho Permanente, Brasília, DF, 24 a 27 de outubro de 2006. Ver também: CELAM. *Documento de Aparecida: texto conclusivo da V Conferência Geral do Episcopado Latino-americano e do Caribe*. Brasília/ São Paulo: Edições CNBB/Paulinas/Paulus, 2007.

Mostrava-se ali uma Igreja não mais vista só como a sua hierarquia. Fiel ao método ver-julgar-agir, partia de um diagnóstico dos problemas sociais, entre os quais incluía o novo desafio do pluralismo religioso. Tinha firme convicção de ter passado por uma profunda renovação a partir do Concílio Vaticano II, deixando para trás sua forma medieval, colonial, romanizada e, num corte tridentino, alicerçada no clero e na sacramentalização. Assim, reafirmava o primado absoluto da Palavra, a sua base laical, o exercício da colegialidade e sua presença no mundo em relação de diálogo e serviço.

Em âmbito latino-americano, reconhecia as contradições do processo de evangelização em quinhentos anos de história. Mas também apontava diversos frutos da renovação e trazia as históricas opções continentais, reafirmando-as como irrenunciáveis: a opção pelos pobres com seus rostos concretos, a práxis de libertação, a centralidade da justiça social, o profetismo, as CEBs, a inculturação do Evangelho, a colegialidade em âmbito local, nacional e continental.

A diminuição numérica dos católicos impactava, mas era tomada como oportunidade de repensar a ministerialidade, superando-se o centralismo do ministro ordenado e criando-se novos ministérios laicais. Propunha-se à V Conferência cogitar a possibilidade de reinserir na vida pastoral os padres que deixaram o ministério, bem como pensar na admissão de mulheres no ministério ordenado, além de permitir a elas exercerem as tarefas de direção e coordenação eclesial. Essas propostas não foram acatadas pelo CELAM, mas alimentaram bastante a reflexão e os debates nas bases e nos bastidores da V Conferência.

No entanto, o Brasil do início do século XXI, de imensa maioria cristã, precisa adequar-se ao seu crescente pluralismo religioso. Além de buscar entender os apelos que estão por trás da massiva adesão ao pentecostalismo, tem que aprender a lidar com as peculiaridades do fenômeno religioso mundial e brasileiro. Nesta direção podemos dialogar com Pierre Sanchis.[35]

---

[35] Esse autor coordenou, no ISER (Instituto de Estudos da Religião), o Grupo de Estudos do Catolicismo, entre 1985 e 1989. Como resultado desse trabalho publicou: *O catolicismo no Brasil atual*. São Paulo: Loyola, 1992, 3 v. Ver também seu texto:

Nas sociedades pós-modernas, avança a secularização e ocorre a absolutização do indivíduo. O indivíduo tende a fazer bricolagem de ideias e práticas religiosas e as instituições perdem força. A religião se preserva modernizando-se, tornando-se cada vez mais individualizada, tolerante e plural, na coexistência harmoniosa com os diferentes. Mas entra em tensão com muitas formas de comunitarismo, nacionalismo, fundamentalismo e integrismo.

No Brasil de catolicismo obrigatório, historicamente o povo aprendeu a declinar-se no plural, adotando o sincretismo como moldura para continuamente definir e redefinir suas identidades. O processo de colonização quebrou a organicidade do mundo natural e religioso dos nativos, desenraizando-os e lhes impondo um catolicismo pré-moldado.

Na época colonial, da "casa grande e senzala", onde a convivência no mesmo espaço era violentamente desigual, o catolicismo era o português, medieval, festeiro, santeiro e tropical, ressaltando a afirmação e a negação do pecado, com porosidade dos valores e visões do mundo.

Na época dos "sobrados e mucambos" veio a repressão de Pombal, a cultura de Coimbra, a romanização da Igreja, a filosofia de Kant, a razão moderna, a consciência ética, a organização e institucionalização, a burocracia e a técnica. Com a razão moderna impôs-se o ideal universal de identidades coerentes, sem ambiguidades nem sincretismo, como já vinham defendendo os jesuítas, mas agora com reforço dos bispos romanizadores, congregações religiosas estrangeiras, grandes colégios religiosos, protestantismo de missão, estruturas eclesiásticas e missões populares. Os imigrantes europeus acrescentaram tendências diversas e pressões.

O campo religioso será ainda hoje o campo das religiões? In: HOORNAERT, E. et al. *História da Igreja na América Latina e no Caribe, 1945-1995: o debate metodológico*. Petrópolis/São Paulo: Vozes/Cehila, 1995, pp. 81-131.

Assim, a massa dominada, condenada à instabilidade e à mistura, teve que situar-se numa expansão sem raízes, comandada e regulada por duas entidades abstratas: o Estado e a Igreja. Foi preciso aprender a convivência dos "diferentes" numa pluralidade sem centro e sem eixo organizador, formando identidade como um sintagma inacabado. Por isso, o pluralismo tradicional brasileiro é marcado por indefinição, ambiguidade, ambivalência e porosidade, justamente as linhas de força do pluralismo pós-moderno.

O modo brasileiro é o de um tranquilo pluralismo ou alternância, respeitando as diferenças sem fazer oposição. Um paradigma desta atitude é Mãe Menininha do Gantois, católica e yalorixá. São duas identidades religiosas assumidas explicitamente, mas sem confusão, respeitando as competências e lugares de cada uma.

Atualmente, o potencial da tradição sincrética brasileira é aproveitado num novo processo, que busca equilibrar a identidade porosa e plural com o sujeito moderno e a individualidade exacerbada. Dos afro-brasileiros aos pentecostais, tende-se a uma racionalização modernizadora através de movimentos religiosos periféricos às instituições e até fora delas, conservando o sincretismo.

O movimento pentecostal parece ser o que mais introduz nas camadas populares a modernidade identitária e ética, trazendo as adesões pessoais feitas de rupturas, bem como as trajetórias individuais. Por outro lado, no neopentecostalismo aparece a força da tradição sincrética brasileira, que mitiga a transcendentalização através de "sacramentais", ritualização intensa, mediação institucional e realce ao demônio.

No entanto, como preservar as identidades quando a religião é reduzida a um "clima", à experiência do momento, buscando-se a tradição e a memória coletiva só de modo seletivo? Aqui pode ser fundamental o papel das instituições religiosas, a serviço do engajamento de todos por uma sociedade fraterna, que respeite as identidades diferentes, num jogo aberto.

QUESTÕES

1) Faça um quadro das diferentes religiões no Brasil desde os grandes fluxos de imigração. Anote o que lhe chama a atenção no processo de afirmação de cada uma delas.

2) Retome a parte do "Cristianismo plural e em mutações", anotando palavras-chave para a compreensão desse processo. Exponha essas palavras-chave de um modo criativo, propondo uma discussão.

3) Escreva uma reflexão com o tema do respeito às identidades diferentes no campo religioso brasileiro.

Considerações finais

Somemos, não ache que religião afraca.
Senhor ache o contrário.
Guimarães Rosa[1]

A extensa e rica *Pindorama*, Terra das Palmeiras, como a chamavam os Tupi, desde 1500 nunca mais foi a mesma. Seus filhos e toda a sua venerável antiguidade foram surpreendidos por cristãos de além-mar, messianicamente militantes no combate aos não cristãos. Em meio à tragédia da conquista e colonização, a ressacralização como Terra de Santa Cruz misturou-se à nova destinação do território, doravante objeto de exploração capitalista.

O Brasil nasceu não só a partir de um drástico desmatamento das florestas de pau-brasil, mas também a custo de muita gente desfeita, desapossada de suas terras, escravizada no corpo e despojada de sua alma. Quase por um milagre consolidou-se a macroetnia que é o povo brasileiro, guardando sua singularidade bizarra, suas insuspeitadas potencialidades e um importante dinamismo cultural que opera nas disparidades, contradições e antagonismos.[2]

Sendo assim, nem o terror da Inquisição conseguiu garantir que vigorasse a única religião estabelecida. Nos furos da totalização do espaço colonizado como cristandade católica se foi instaurando e crescendo o pluralismo religioso. Além de outras religiões também vieram outros cristianismos, tanto assim que os primeiros mártires da fé cristã foram três protestantes calvinistas franceses, na Guanabara.

---

[1] ROSA, João Guimarães. *Grande Sertão: veredas*. 19. ed. Rio de Janeiro: Nova Fronteira, 2001, p. 39.

[2] Ver RIBEIRO. *O povo brasileiro*. São Paulo: Companhia das Letras, 1995, pp. 20-22, 72-73.

É digna de nota a fé muçulmana praticada às escondidas por negros escravos haussás, malês e de outros grupos étnicos, que, por difíceis artimanhas, adquiriam de livreiros franceses o Alcorão. Liam-no em árabe. Altivos, com seu islamismo negro e fetichista, chegaram a resistir contra a imposição do cristianismo e lideraram muitas insurreições de escravos. Igualmente merecem ser lembrados os judeus assumidos que, no Pernambuco feito colônia holandesa, conviviam com uma pluralidade judaica, estando em terra de catolicismo obrigatório e governados por protestantes calvinistas. Ali estavam judeus novos e também cristãos-novos nascidos no Brasil, estes já bastante desconhecedores das tradições do judaísmo. Também havia uma diversidade de tradições religiosas dos escravos africanos e os nativos em resistência que seguiam seus pajés. Todos sob o pânico da sempre iminente perseguição inquisitorial.

Faz pensar a trajetória do catolicismo hegemônico. Ele cumpriu o seu papel de prover ideologia para a manutenção da ordem estabelecida, dobrando as mentes e mantendo a escravaria resignada. Mas não por inteiro. Não faltaram missionários oficiais e padres questionadores do *status quo,* empenhados na defesa da vida e da liberdade dos nativos, bem como na liderança de movimentos revolucionários pela emancipação, república e abolição da escravatura. Instaurada a República sem abolição das oligarquias dominantes e feita a abolição da escravatura sem justiça em favor das tantas vítimas da escravidão negra, a massa dos empobrecidos e flagelados da seca no Nordeste identificou no Padre Cícero Romão Batista o seu padrinho e santo, não obstante a desaprovação por parte das autoridades da Igreja.

O catolicismo popular é de tradição leiga e foi forjado num formato alternativo. É abraçado por adesão e por necessidade de sobreviver na extrema precariedade e risco. É povoado de muitos santos, pois, na intermediação com um Deus apontado insistentemente como juiz implacável e representado como amigo só dos senhores deste mundo, tornaram-se fundamentais os protetores e amigos celestes, infalivelmente presentes na terra ao lado de seus devotos penitentes e festeiros. Os pobres e oprimidos tiveram de retraduzir o próprio Filho de Deus como um santo da sua proximidade e intimidade, o São Bom Jesus da Paixão. A seu lado, a Mãe de Jesus introduzida pelos senhores da colônia como a Senhora da Conceição foi apropriada e ressignificada como Nossa Senhora Aparecida, da Piedade, das Dores, dos Navegantes, do Círio de Nazaré, sempre Mãe e Madrinha na intimidade da pessoa devota.

Permeado de arranjos, vivido pelas bordas e ao revés do sistema estabelecido, o catolicismo popular tornou-se religião provedora de plausibilidade para o conformismo e para a resistência, ao redor de eremitas anônimos, capuchinhos andarilhos em missões volantes, beatas e beatos no serviço aos necessitados, conselheiros e monges populares, líderes messiânicos de movimentos sociorreligiosos.

Ao mesmo tempo, seguiu seu curso a cristandade católica, instituída como simbiose de religião e nação. Mas ela sofreu fortes abalos desde que começaram a soprar no Brasil os ventos iluministas. Surpreendida pelas intervenções pombalinas que a deixaram debilitada e esvaziada da forte presença jesuíta, conseguiu reorganizar-se, num feitio antimoderno e fortemente centrado em Roma. Instaurada a República, juridicamente a nação separou-se da Igreja, enquanto as levas de imigrantes acentuavam a pluralidade religiosa, ampla e explícita.

Na história mais recente do país muitos cristãos, de diversas Igrejas, amadureceram em seu testemunho religioso através da práxis transformadora da sociedade, somando forças com os movimentos sociais, mas movidos pelo Evangelho cristão. Para os católicos foram importantes as influências do catolicismo social, às quais se somaram criativas experiências eclesiais e pastorais ao impulso do Concílio Vaticano II e também a tradição eclesial latino-americana inaugurada em Medellín, no ano de 1968. A Igreja Católica, não por inteiro, mas em segmentos significativos, rompeu sua aliança com o governo, extremamente autoritário e repressor, passando a sintonizar mais com sua base leiga e popular.

No entanto, estamos numa nova época da humanidade, com novos padrões culturais, mudanças aceleradas, paradoxos, tendência forte ao relativismo e, no polo contrário, ao fundamentalismo religioso. Ocorre uma descristianização. Porém, o Brasil religioso que entrou no século XXI tem uma face cristã quase por inteiro, não obstante os muitos diferentes modos de ser cristão e o crescente livre trânsito entre diferentes religiões. Entre evangélicos, católicos e seguidores de novas tendências religiosas, expande-se a adesão ao pentecostalismo, numa pluralidade de formas.

Essa realidade faz apelo às Igrejas cristãs no sentido de um caminhar conjunto.

A unidade das Igrejas tem em conta as diferenças doutrinais e estruturais. Ortodoxos, católicos romanos e anglicanos têm em suas Igrejas uma estrutura episcopal, enquanto os batistas são fortemente congregacionais e os pentecostais constituem um ramo peculiar no cristianismo. Diferenças ainda maiores estão nas Igrejas nativas. Por isso, a unidade dos cristãos supõe a capacidade de conviver com as diferenças, ao mesmo tempo que cada Igreja cultiva o seu carisma específico.[3]

Além disso, na relação com o pluralismo social e religioso, as Igrejas têm que renovar a sua autoidentidade. No Brasil, católicos e luteranos têm feito esforços de diálogo mútuo nesse sentido. O Concílio Vaticano II favoreceu uma nova autocompreensão da Igreja Católica, como Igreja situada no mundo e a serviço dele, de coração aberto para os seres humanos, em atitude de escuta e diálogo. Esse diálogo se propõe com todos os cristãos e com todas as pessoas de boa vontade no mundo. Também com a cultura plural, numa relação de laicidade, tolerância e respeito à liberdade religiosa.[4]

---

[3] BRAKEMEIER, Gottfried. A autocompreensão da Igreja Evangélica de Confissão Luterana no Brasil (IECLB) em confronto com o pluralismo social e religioso. *Telecomunicação*. Porto Alegre, v. 41, n. 1, pp. 6-15, jan./jun. 2011.

[4] HACKMANN, Geraldo Luiz Borges. Autocompreensão da Igreja Católica Romana em relação ao pluralismo social e religioso. *Telecomunicação*, cit., pp. 16-32.

Também é importante escutar e auscultar os apelos da história religiosa do povo brasileiro. Ela pode nos mostrar heranças e potencialidades oportunas a um caminhar conjunto, na perspectiva de uma convivência cada vez mais humanizada e solidária, capaz de manter sustentáveis todas as formas de vida no Brasil e em todo o planeta. Como afirma Rubem Alves, por detrás dos mitos, ritos e cerimônias mágicas podemos perceber os contornos, ainda que tênues, do ser humano com seus sonhos religiosos, que se transformam em fragmentos utópicos de uma nova ordem a ser construída.[5]

Temos as lições dos Tupi-Guarani, na teimosia das migrações rumo à *Ivy maran'ei*, a Terra sem Mal. A força das suas narrativas sagradas, sempre ressignificadas, torna plausível a luta pela terra e pela vida digna já neste mundo, sem se perder o horizonte do paraíso na eternidade.

Os escravos negros e seus descendentes viveram a experiência religiosa da migração dos próprios deuses e deusas que, por amor aos deportados e escravizados, deslocaram-se da África e fixaram morada junto deles. Nos grupos de caboclos do Maranhão, os olhos da fé viram os espíritos do universo religioso dos nativos migrarem para os corpos dos catimbozeiros negros, homens e mulheres, em danças rituais no interior de seus casebres. Entenderam que os voduns aceitaram nomes brasileiros, o comando dos espíritos de "índios" e a simplificação da magia, para servirem à humanidade sofredora, sobretudo as crianças e os pobres.

O caminho também é o do tempo, com seu ritmo sagrado. A escravidão o quebrou e, para recriá-lo, emprestou-se do catolicismo o ritmo do ano litúrgico, justapondo-se ao altar dos santos o universo dos orixás e voduns e o universo da pajelança, mas sem misturar as pedras sagradas, moradas dos deuses. E com intrincados intercâmbios se chegou a uma diversidade de religiões.

---

[5] ALVES, Rubem. *O que é religião*. 5. ed. São Paulo: Brasiliense, 1984 (Coleção Primeiros Passos, 31).

O persistente e crescente fenômeno das romarias que se dirigem aos santuários, em todas as regiões do país, traz suas heranças históricas. No ciclo do ouro, muitas vidas foram sacrificadas nos caminhos labirínticos, nos subterrâneos das minas. Por cima e em contraste, os caminhos do ouro iam de Vila Rica e de Ouro Preto para Portugal e dali para a Inglaterra. Ao redor dos santuários, as irmandades restabeleciam laços de coesão entre os da mesma cor, à revelia de um catolicismo em ostensiva hierarquização social racista. E o povo, em meio às convulsões sociais, seguia as andanças de missionários e missionárias leigos. Esse catolicismo dos "de baixo", combatido pelas autoridades eclesiásticas como ignorância, fanatismo e superstição, hoje percorre caminhos urbanos, persistente e empenhado em adaptar-se em meio à crescente secularização.

Nesses caminhos estão também as minorias religiosas apresentadas pelas estatísticas. É importante ter em conta sua ausência de contorno nítido e a falta de condições sociais e políticas para a afirmação da sua identidade, bem como suas múltiplas versões internas e, não raro, a manutenção de uma relação visceral com o catolicismo. Elas não podem chegar a ser maioria, mas são bem mais do que minorias. Nesta categoria estão as religiões mediúnicas, que incluem o espiritismo e os cultos afro-brasileiros. Atualmente, seus fiéis identificam-se por termos variados, inclusive como neoesoterismo, misticismo e Nova Era.[6]

Enfim, o potencial religioso deste país, incluindo-se os ateus empenhados em ser humanistas e defensores de todas as formas de vida, não deve ser menosprezado. Cada caminho ou religião tem algo a compartilhar e a aprender dos outros. "Mestre não é quem sempre ensina, mas quem de repente aprende. Por que é que todos não se reúnem, para sofrer e vencer juntos, de uma vez? Eu queria formar uma cidade da religião".[7]

---

[6] GIUMBELLI, Emerson. Minorias religiosas. In: TEIXEIRA, F.; MENEZES, Renata (Org.). *As religiões no Brasil: continuidades e rupturas.* Petrópolis: Vozes, 2006, pp. 229-247.

[7] ROSA, op. cit., p. 326.

Fontes e referências bibliográficas

Documentos

ALMEIDA, Candido Mendes de. *Memórias para o extinto Estado do Maranhão cujo território compreende hoje as províncias do Maranhão, Piauí, Grão-Pará e Amazonas.* Rio de Janeiro: Tip. do Comércio de Brito e Braga, 1864-1874.

ANAIS DA BIBLIOTECA NACIONAL RIO DE JANEIRO. Tipografia de G. Leuzinger & Filhos, 1881. v. 9.

ANCHIETA, José de. O Auto de São Lourenço. In: Id. *Teatro de Anchieta: obras completas.* São Paulo: Loyola, 1977. v. 3.

_____. Informação da Província do Brasil para o nosso padre, 1585. In: Id. *Cartas, informações, fragmentos históricos e sermões.* Belo Horizonte/São Paulo: Itatiaia/Edusp, 1988.

ARCHIVUM SOCIETATIS IESU ROMANUM (ASIR).

ARNS, Dom Paulo Evaristo. Entrevista concedida a José Maria Mayrink, publicada no *Jornal do Brasil*, em 13 jun. 1999.

ARQUIVO DA INSPETORIA SALESIANA SÃO JOÃO BOSCO. Belo Horizonte.

ARQUIVO HISTÓRICO ULTRAMARINO. Bahia, C.A., 26, doc. 8814.

BENÍCIO, Manuel. *O Rei dos Jagunços: crônica histórica e de costumes sertanejos sobre os acontecimentos de Canudos, documentada e comentada por Manuel Benício, ex-correspondente do Jornal do Commercio junto às forças legais contra Antônio Conselheiro.* Rio de Janeiro: Tipografia do Jornal do Comércio, 1899.

BETTENDORF, Pe. João Filipe, s.j. *Crónica da Missão dos Padres da Companhia de Jesus no Estado do Maranhão.* 2. ed. Belém: Fundação Cultural Trancredo Neves, 1990.

BIKER, Júlio F. J. *Collecção de tratados e concertos de pazes que o estado da Índia portuguesa fez com os reis e senhores com quem teve relações nas partes da Ásia e da África Oriental*. Lisboa: Imprensa Nacional, 1981. v. II.

CÂMARA, Dom Helder. *Obras Completas*. Recife: Ed. Universitária da UFPE, 2004. t. I/1; Recife: CEPE, 2009. t. II/1, II/2 e II/3.

CARDIM, Fernão. *Tratados da terra e gente do Brasil*. São Paulo: Companhia Editora Nacional, 1978.

CARTA PASTORAL COLETIVA DO EPISCOPADO BRASILEIRO. 19 mar. 1890. In: RODRIGUES, Anna M. M. (Sel. Org.). *A Igreja na República*. Brasília: Ed. UnB, 1981, p. 54.

CASTRO, Silvio. *A Carta de Pero Vaz de Caminha: o descobrimento do Brasil*. Porto Alegre: L&PM/História, 1985.

CELAM. *Documento de Aparecida: texto conclusivo da V Conferência Geral do Episcopado Latino-Americano e do Caribe*. Brasília/São Paulo: Edições CNBB: Paulinas/ Paulus, 2007.

CNBB. Síntese das contribuições da Igreja no Brasil à Conferência de Aparecida. 61ª Reunião Ordinária do Conselho Permanente, Brasília, DF, 24 a 27 de outubro de 2006.

COMISSÃO RESPONSÁVEL MARIA DO AMPARO A. ARAUJO et al. *Dossiê dos mortos e desaparecidos políticos a partir de 1964*. Recife: Companhia Editora de Pernambuco, 1995.

CONDAMINE, Charles-Marie de. Viagem na América Meridional descendo o rio das Amazonas (1743-1744). Brasília: Senado Federal, 2000. v. I e II.

D'ABBEVILLE, Claude. *História da missão dos padres capuchinhos na ilha do Maranhão e terras circunvizinhas*. São Paulo/Belo Horizonte: Edusp/Itatiaia, 1975.

INSTITUTO BRASILEIRO DE GEOGRAFIA E ESTATÍSTICA (IBGE). Censo 2012, Religiões.

KIDDER, Daniel P. *Reminiscências de viagens e permanência no Brasil: Rio de Janeiro e Província de São Paulo*. Trad. de Moacir N. Vasconcelos. Brasília: Senado Federal, Conselho Editorial, 2001.

LEITE, Serafim. *História da Companhia de Jesus*. Rio de Janeiro: Imprensa Nacional/ INL, 1947. v. IX.

_____. *História da Companhia de Jesus no Brasil*. Lisboa/Rio de Janeiro: Portugália/Civilização Brasileira/ INL, 1938-1949. 11 v.

_____. *Cartas do Brasil e mais escritos do P. Manuel da Nóbrega, com introd. e notas históricas e críticas.* Coimbra: Opera Omnia, 1955.

_____. *Cartas dos primeiros jesuítas do Brasil.* São Paulo: Comissão do IV Centenário da Cidade de São Paulo, 1954-1958. 3 v.

_____. *História da Companhia de Jesus no Brasil.* São Paulo: Loyola, 2004. 4 v.

_____. *Monumenta Brasiliae.* Roma: Edição de Serafim Leite, sj, 1956-1968. 5 v.

LEME, D. Sebastião. Carta Pastoral saudando seus diocesanos. Petrópolis: Vozes, 1916.

MENDIETA, Frei Geronimo de. *História eclesiástica indiana.* México: Ed. Porrúa, 1980. 5 v.

NÓBREGA, Manuel da. *Cartas do Brasil (1549-1560).* Rio de Janeiro: Imprensa Nacional, 1886.

_____. Informação das terras do Brasil. In: LEITE, Serafim (Org.). *Cartas dos primeiros jesuítas no Brasil (1538-1543).* São Paulo: Comissão do IV Centenário da Cidade de São Paulo, 1954. v. I.

_____. *Cartas do Brasil e mais escritos do padre Manuel da Nóbrega.* Coimbra: Ópera Omnia, 1955.

_____. Diálogo da Conversão do Gentio. In: LEITE, Serafim. *Cartas dos primeiros jesuítas do Brasil.* São Paulo: Comissão do IV Centenário da Cidade de São Paulo, 1957, doc. 51, v. II, pp. 317-435.

PASTORAL COLETIVA DO EPISCOPADO AO CLERO E AOS FIÉIS DAS DUAS PROVÍNCIAS ECLESIÁSTICAS DO BRASIL. Rio de Janeiro: Leuzinger, 1900.

REGIMENTO DO GOVERNADOR E CAPITÃO GENERAL TOMÉ DE SOUZA DADO EM ALMERIM. Portugal, 17 de dezembro de 1548. Salvador: Fundação Gregório de Mattos, 1998.

TAUNAY, Affonso d'E. Na Bahia colonial: 1610-1764. *Revista do Instituto Histórico e Geográfico Brasileiro*, Rio de Janeiro, 1921, t. 90, v. 144.

THEVET, André. *As singularidades da França Antártica.* São Paulo/Belo Horizonte: EDUSP/Itatiaia, 1978.

VESPUCCI, Amerigo. Nota d'uma lettera venuta d'Amerigo Vespucci a Lorenzo di Piero Francesco de' Medici l'anno 1502 da Lisbona della loro tornata delle nuove terre... In: GASBARRO, Nicola (Org.). *1492: ... apparve la terra*. Milano: Giuffré, 1992.

VIEIRA, Antônio. *Obras completas do Padre Antônio Vieira*. Porto: Artes Gráficas, 1993 (Sermões: v. I).

_____. *Sermões* [Org. e introd. Alcir Pécora]. São Paulo: Hedra, 2003. v. 1.

ZAMA, César. Libelo republicano acompanhado de comentários sobre a Campanha de Canudos. Typografia do Diário da Bahia, 1899.

Livros, revistas e outros

AÇÃO PELA CIDADANIA. *Yanomami: a todos os povos da terra*. Brasília/São Paulo: OAB, CIMI, NDI/CCPY, CEDI, 1990.

ADONIAS, Isa. A cartografia vetustíssima do Brasil até 1530. *Revista do Instituto Histórico e Geográfico Brasileiro*, Rio de Janeiro, n. 287, pp. 77-132, abr./jun. 1970.

AGNOLIM, Odone. *O apetite da antropologia*. São Paulo: Humanitas, 2005.

_____. *Jesuítas e selvagens: a negociação da fé no encontro catequético--ritual americano-tupi (séc. XVI-XVII)*. São Paulo: Humanitas/Fapesp, 2007.

AGUIAR, Luiz Antonio Farah. *Canudos: santos e guerreiros em luta no sertão*, 2005.

ALMEIDA, Ronaldo de. A expansão pentecostal: circulação e flexibilidade. In: TEIXEIRA, F.; MENEZES, Renata (Org.). *As religiões no Brasil: continuidades e rupturas*. Petrópolis: Vozes, 2006. pp. 111-121.

ALVARENGA, O. (Org.). *Registros sonoros do folclore musical brasileiro*. São Paulo: Discoteca Pública Municipal, 1949 (v. III: Catimbó).

ALVES, Rubem. *O que é religião*. 5. ed. São Paulo: Brasiliense, 1984 (Coleção Primeiros Passos, 31).

AMARAL, R. *Sítio de Pai Adão: ritos africanos no xangô do Recife*. Governo do Estado de Pernambuco, Secretaria da Cultura, Fundação do Patrimônio Histórico e Artístico do Pernambuco. CD, 2005.

AMBIRES, Juarez Donizete. Jacob Roland: um jesuíta flamengo na América Portuguesa. *Revista Brasileira de História*, São Paulo, v. 25, n. 50, jul./dez. 2005.

ANDRADE, Antonio Alberto de. *Contribuição dos oratorianos portugueses para a formação do Brasil*. V Colóquio Internacional de Estudos Luso-Brasileiros: Coimbra, 1965, pp. 5-9.

ARISTÓTELES. *A política*. Rio de Janeiro: Tecnoprint, 1980.

ARQUIDIOCESE DE SÃO PAULO. *Brasil: nunca mais*. 3. ed. Petrópolis: Vozes, 1985.

ARRUDA, João. *Canudos: messianismo e conflito social*. Fortaleza, CE: Edições UFC/SECULT, 1993.

ASSIS, Ângelo A. F. de. Inquisição, Religiosidade e Transformações Culturais: a sinagoga das mulheres e a sobrevivência do judaísmo feminino no Brasil colonial – Nordeste, séculos XVI--XVII. *Revista Brasileira de História*, São Paulo, v. 22, n. 43, pp. 47-66.

ASSUNÇÃO, Paulo de. *A terra dos Brasis: a natureza da América portuguesa vista pelos primeiros jesuítas (1549-1596)*. São Paulo: Annablume, 2000.

AZZI. *A crise da cristandade e o projeto liberal*. São Paulo: Paulinas, 1991.

_____. O *altar unido ao trono: um projeto conservador*. São Paulo: Paulinas, 1992.

_____. Ordens religiosas masculinas. In: VV.AA. *História da Igreja no Brasil: ensaio e interpretação a partir do povo. Primeira Época*. 4. ed. São Paulo/Petrópolis: Paulinas/Vozes/Cehila, 1992.

_____. Episcopado. In: VV. AA. *História da Igreja no Brasil. Primeira Época*, cit.

_____. *Razão e fé: o discurso da dominação colonial*. São Paulo: Paulinas, 2001.

_____. *A Teologia Católica na formação da sociedade colonial brasileira*. Petrópolis: Vozes, 2005.

_____. *História da Igreja no Brasil: ensaio e interpretação a partir do povo. Terceira Época – 1930-1964*. Petrópolis: Vozes, 2008. t. II/3-2.

BANDEIRA, Moniz. *Presença dos Estados Unidos no Brasil*. Rio de Janeiro: Civilização Brasileira, 1973.

BARROS, Antonio E. A. *Tensões, interações e conflitos numa terra de voduns, encantados e orixás*. Vitória da Conquista: IV Encontro Estadual de História, ANPUH-BA, 29/07 a 1/08 de 2008.

BASTIAN, Jean-Pierre. O protestantismo na América Latina. In: DUSSEL, E. (Org.). *Historia Liberationis: 500 anos de História da Igreja na América Latina*. São Paulo: Paulus, 1992. pp. 467-513.

BASTIDE, Roger. *Brasil terra de contrastes*. 4. ed. São Paulo: Difusão Europeia do Livro, 1971.

_____. *As religiões africanas no Brasil: contribuição a uma sociologia das interpretações de civilizações*. São Paulo: Pioneira, 1971.

BENATTE, Antonio Paulo. Os pentecostais e a Bíblia no Brasil: aproximações mediante a estética da recepção. *REVER (Revista de Estudos da Religião)*, PUC-SP, n. 1, jan./jun./2012.

BENCI, Jorge. *Economia cristã dos senhores no governo dos escravos*. São Paulo: Grijalbo, 1977.

BEOZZO, José Oscar. Pe. Júlio Maria: uma teologia liberal-republicana numa Igreja monarquista e conservadora. In: VV. AA. *História da Teologia na América Latina*. 2. ed. São Paulo: Paulinas, 1981.

_____. Evangelho e Escravidão na Teologia Latino-Americana. In: RICHARD, Pablo (Org.). *Raízes da Teologia Latino-Americana*. São Paulo: Paulinas, 1987.

_____. A Igreja na crise final do império. In: VV. AA. *História da Igreja no Brasil: ensaio e interpretação a partir do povo. Segunda Época*. 3. ed. São Paulo/Petrópolis: Paulinas/Vozes/ Cehila, 1992, t. II/2, pp. 257-295.

_____. A Igreja frente aos estados liberais: 1880-1930. In: DUSSEL, E. (Org.). *Historia Liberationis: 500 anos de História da Igreja na América Latina*. São Paulo: Paulus, 1992.

_____. *A Igreja do Brasil no Concílio Vaticano II: 1959-1965*. São Paulo: Paulinas, 2005.

_____. O Diálogo da Conversão do Gentio: a evangelização entre a persuasão e a força. In: VV. AA. *Conversão dos cativos: povos indígenas e missão jesuítica*. São Bernardo do Campo: Nhanduti Editora, 2009.

BETTO, Frei. *Batismo de sangue*. São Paulo: Círculo do Livro, 1982.

BIDEGÁIN, Ana Maria. *História dos cristãos na América Latina*. Petrópolis: Vozes, 1993. t. I.

_____. A Igreja na emancipação (1750-1830). In: DUSSEL, E. *Historia Liberationis*, cit., pp. 123-160.

BIRMAN, Patrícia. Percursos afro e conexões sociais: negritude, pentecostalismo e espiritualidades. In: TEIXEIRA, F.; MENEZES, Renata (Org.). *As religiões no Brasil: continuidades e rupturas*, cit., pp. 189-205.

_____. *O que é umbanda*. São Paulo: Abril Cultural/Brasiliense, 1985. pp. 94-106 (Coleção Primeiros passos, 34).

BITTENCOURT FILHO, José. *Matriz religiosa brasileira: religiosidade e mudança social*. Petrópolis: Vozes/ Koinonia, 2003.

BLAY, Eva Alterman. Judeus na Amazônia. In: SORJ, Bila (Org.). *Identidades judaicas no Brasil Contemporâneo*. Rio de Janeiro: Imago Editora, 1997.

BRAKEMEIER, Gottfried. A autocompreensão da Igreja Evangélica de Confissão Luterana no Brasil (IECLB) em confronto com o pluralismo social e religioso. *Telecomunicação*, Porto Alegre, v. 41, n. 1, pp. 6-15, jan./jun. 2011.

BRANDÃO, Carlos Rodrigues. *De tão longe eu venho vindo: símbolos, gestos e rituais do catolicismo popular em Goiás*. Goiânia: Editora da UFG, 2004.

BRIGHENTI, Agenor. Crônica do desenrolar da V Conferência. In: AMERÍNDIA. *V Conferência de Aparecida: renascer de uma esperança*. São Paulo: Paulinas, 2008.

BROD, Brenno. Messianismo popular: os muckers. In: VV. AA. *História da Igreja no Brasil, Segunda Época*, cit., pp. 223-226.

BUARQUE DE HOLANDA, Sérgio (Org.). *História geral da civilização brasileira*. São Paulo: Difel, 1985. t. II, v. 2.

CACCIATORE, Olga Gudolle. *Dicionários de Cultos Afro-brasileiros*. Rio de Janeiro: Brasiliense, 1977.

CAMARGO, C. P. Ferreira de. *Kardecismo e umbanda: uma interpretação sociológica*. São Paulo: Pioneira, 1961.

_____. (Coord.). *Católicos, protestantes, espíritas*. Petrópolis: Vozes, 1973.

CAMÕES, Luiz de. *Os Lusíadas* [ed. escolar comentada pelo prof. Otoniel Mota]. 5. ed. São Paulo: Melhoramentos, s/d.

CAMPOS, Leonildo Silveira. Protestantismo histórico e pentecostalismo no Brasil: aproximações e conflitos. In: GUTIÉRREZ, Benjamim F.; CAMPOS, L. Silveira (Ed.). *Na força do Espírito – os pentecostais na América Latina: um desafio às igrejas históricas*. São Paulo: Associação Literária Pendão Real, 1996.

_____. A inserção do protestantismo de missão no Brasil na perspectiva das teorias do imaginário e da matriz religiosa. In: ESCOLA SUPERIOR DE TEOLOGIA. *Estudos Teológicos*, São Leopoldo, v. 52, n. 1, pp. 143-157, jan./jun. 2012.

CANO, Luis. *Las Ordenes Religiosas en los Trinta Pueblos Guaranies después de la expulsión de los jesuítas: los franciscanos*. Separata del Tercer Congreso de Historia Argentina y Regional, Santa Fé. Panamá, Julio de 1975. Buenos Ayres: Academia Nacional de Historia, 1977.

CARRATO, José Ferreira. *Igreja, iluminismo e escolas mineiras coloniais*. São Paulo: Comp. Ed. Nacional, 1963.

CASTRO, Marcos de. *64: conflito Igreja x Estado*. Petrópolis: Vozes, 1984.

_____. *A Igreja e o autoritarismo*. Rio de Janeiro: Zahar, 1985.

CLASTRES, Hélène. *A Terra sem Mal*. São Paulo: Brasiliense, 1978.

CLASTRES, Pierre. *Arqueologia da violência: pesquisas de antropologia política*. São Paulo: Cosac & Nafty, 2004.

COMBLIN, Joseph J. *Padre Ibiapina*. São Paulo: Paulus, 2011.

_____. *Padre Cícero de Juazeiro*. São Paulo: Paulus, 2011.

COUTO, Jorge. Os jesuítas e a escravatura dos negros no Brasil. In: GADELHA, Regina Maria A. F. (Ed.). *Missões Guaranis: impacto na sociedade contemporânea*. São Paulo: Educ/Fapesp, 1999.

CUNHA, Euclides da. *Os Sertões*. 5. ed. Rio de Janeiro: Editora Francisco Alves, 1914.

CUNHA, Manuela C. da (Org.). *História dos índios no Brasil*. São Paulo: Companhia das Letras/ Secretaria Municipal da Cultura/ Fapesp, 1998.

CUNHA, Manuela C. da; CASTRO, Eduardo V. de. Vingança e temporalidade: os Tupinambá. *Anuário Antropológico*, 85. Rio de Janeiro, 1985.

DELLA CAVA, Ralph. *Milagre em Joaseiro*. 2. ed. Rio de Janeiro: Paz e Terra, 1976.

DIAS, Carlos M. (Dir.). *História da colonização portuguesa no Brasil*. Porto: Litografia Nacional, 1921-1924. v. II.

DREHER, Martin N. *A Igreja latino-americana no contexto mundial*. São Leopoldo: Sinodal, 1999 (Coleção História da Igreja, v. 4).

_____ *História do povo luterano*. São Leopoldo: Sinodal, 2005.

_____. O Movimento Mucker na visão de dois pastores evangélicos. In: Protestantismo em Revista. *Revista eletrônica do Núcleo de Estudos do Protestantismo* (NEPP), da Escola Superior de Teologia, v. 2, jan./dez. 2003.

DURÁN ESTRAGÓ, Margarita. As reduções. In: DUSSEL, E. *Historia Liberationis*, cit., pp. 514-530.

DUSSEL, Enrique. *História da Igreja Latino-Americana (1930-1985)*. São Paulo: Paulinas, 1989.

_____. *De Medellín a Puebla: uma década de sangue e esperança*. 3 v. São Paulo: Loyola, 1981.

EDELWEISS, Frederico. *Frei Martinho de Nantes: capuchinho bretão missionário e cronista em terras baianas*. Bahia: Universidade Federal da Bahia, 1979. v. 83.

FARIA, Sheila de Castro. *A Colônia em movimento: fortuna e família no cotidiano colonial*. 2. reimp. Rio de Janeiro: Nova Fronteira, 1998.

FAUSTO, Carlos. *Os índios antes do Brasil: descobrindo o Brasil*. Rio de Janeiro: Jorge Zahar Ed., 2000.
FERRETTI, Sérgio F. *Querebantan de Zomadonu: etonografia da Casa das Minas*. São Luís: Edufma, 1985.
_____. *Repensando o sincretismo*. São Paulo: Edusp/Fapema, 1995.
_____. Religiões de origem africana no Maranhão. In: *Culturas africanas*. Documentos da reunião de peritos sobre as sobrevivências das tradições religiosas africanas nas Caraíbas e na América Latina. São Luís, MA: UNESCO, 1985. pp. 158-172.
FRAGOSO, Hugo. Os aldeamentos franciscanos do Grão-Pará. In: HOORNAERT, E. (Org.). *Das reduções latino-americanas às lutas indígenas atuais: IX Simpósio Latino-americano da CEHILA, Manaus, 29 de julho a 1 de agosto de 1981*. São Paulo: Paulinas, 1982.
_____. A Igreja na formação do Estado liberal (1840-1875). In: VV. AA. *História da Igreja no Brasil, Segunda Época*, cit., pp. 141-253.
GADELHA, Regina Maria. Jesuítas e Guarani: a experiência missional triunfante. In: Id. *Missões Guaranis*, cit.
GANDAVO, Pero de Magalhães. *Tratado da Terra do Brasil: história da província de Santa Cruz*. Belo Horizonte: Itatiaia, 1980.
GIUCCI, Guillermo. *Frei Gaspar de Carvajal*. São Paulo: Scritta, 1992.
GIUMBELLI, Emerson. Zélio de Morais e as origens da umbanda no Rio de Janeiro. In: SILVA, V. G. (Org.). *Caminhos da alma: memória afro-brasileira*. São Paulo: Summus, 2001. pp. 183-217.
_____. Minorias religiosas. In: TEIXEIRA, F.; MENEZES, Renata (Org.). *As religiões no Brasil*, cit., pp. 229-247.
GOMES, Laurentino. *1822: como um homem sábio, uma princesa triste e um escocês louco por dinheiro ajudaram D. Pedro a criar o Brasil – um país que tinha tudo para dar errado*. Rio de Janeiro: Nova Fronteira, 2010.
GONÇALVES, Ricardo Mário; GONÇALVES, Yvonete Silva. As religiões dos imigrantes japoneses no Brasil. In: DREHER, Martin N. (Org.). *Imigrações e História da Igreja no Brasil*. Aparecida, SP: Editora Santuário/Cehila, 1993. pp. 167-182.

GOULART, Maurício. *A escravidão africana no Brasil: das origens à extinção do tráfico*. 3. ed. rev. São Paulo: Alfa-Ômega, 1975.

GRIJP, Klaus van der. As missões protestantes. In: VV. AA. *História da Igreja no Brasil, Primeira Época*, cit.

GUIDON, Niède. As ocupações pré-históricas do Brasil. In: CUNHA, Manoela Carneiro (Org.) *História dos índios do Brasil*. São Paulo: Companhia das Letras, 1998.

HACKMANN, Geraldo Luiz Borges. Autocompreensão da Igreja Católica Romana em relação ao pluralismo social e religioso. *Telecomunicação*, cit., pp. 16-32.

HAUCK, João F. A Igreja na emancipação (1808-1840). In: VV. AA. *História da Igreja no Brasil*, cit., t. II/2, pp. 11-139.

HOFFMAN, Arzemiro. A identidade luterana e seus desdobramentos na Igreja Evangélica de Confissão Luterana no Brasil nas últimas décadas. In: WEINGAERTNER, Martin (Ed.). *Perfil luterano em debate*. Curitiba: Encontro, 2003.

HOLLENWEGER, Walter J. De Azusa Street ao fenômeno de Toronto: raízes históricas do movimento pentecostal. *Revista Concilium*, n. 265/3, 1996.

HOORNAERT, Eduardo. *Formação do catolicismo brasileiro – 1550-1800*. 2. ed. Petrópolis: Vozes, 1978.

_____. *História do cristianismo na América Latina e no Caribe*. São Paulo: Paulus, 1994.

_____. *Os anjos de canudos: uma revisão histórica*. 3. ed. Petrópolis: Vozes, 1998.

_____. Os movimentos missionários. In: VV. AA. *História da Igreja no Brasil, Primeira Época*, cit.

_____. A evangelização do Brasil durante a primeira época colonial. In: VV. AA. *História da Igreja no Brasil, Primeira Época*, cit.

_____. A cristandade durante a primeira época colonial. In: VV. AA. *História da Igreja no Brasil, Primeira Época*, cit.

_____. As missões carmelitanas na Amazônia (1693-1755). In: HOORNAERT, E. (Org.). *Das reduções latino-americanas às lutas indígenas atuais*, cit., pp. 161-174.

_____. A Igreja no Brasil. In: DUSSEL, E. *Historia Liberationis*, cit., pp. 297-332.

HOORNAERT, E. (Coord.). *História da Igreja na Amazônia*. Petrópolis: Vozes, 1992.

INSTITUTO NACIONAL DE ANTROPOLOGIA E HISTÓRIA (INAH). Notícias, n. 161, 15 maio 2014.

JORDÃO, Fernando. Dossiê Herzog: prisão, tortura e morte no Brasil. Apud CASTRO, Marcos de. *64: conflito Igreja x Estado*. Petrópolis: Vozes, 1984.

JÚLIO MARIA, Pe. *O catolicismo no Brasil (Memória histórica)*. 2. ed. Rio de Janeiro: Agir, 1950.

LANTERNARI, Vittorio. *As religiões dos oprimidos: um estudo dos modernos cultos messiânicos*. São Paulo: Editora Perspectiva, 1974.

LEWGOY, Bernardo. Incluídos e Letrados: reflexões sobre a vitalidade do espiritismo kardecista no Brasil atual. In: TEIXEIRA, F.; MENEZES, Renata (Org.). *As religiões no Brasil: continuidades e rupturas*, cit., pp. 172-188.

LÖWY, Michael. *A Guerra dos Deuses: religião e política na América Latina*. Petrópolis: Vozes/Clacso/OPP, 2000.

MARIANO, Ricardo. *Neopentecostais: sociologia do novo pentecostalismo no Brasil*. São Paulo: Loyola, 1999.

MARTINS, Cristiane. Sobre Contatos e Fronteiras: um enfoque arqueológico. *Amazônica – Revista de Antropologia*, v. 4, n. 1, 2012.

MASSARÃO, Leila Maria. Combates no Espírito: renovação carismática católica, teorias e interpretações. *Revista Aulas, Dossiê Religião*, n. 4, abr./jul. 2007.

MAZZOLENI, Gilberto. *Maghi e Messia del Brasile*. Roma: Bulzoni, 1993.

MEGGERS, Betty. *Amazônia: a ilusão de um paraíso*. Belo Horizonte: Itatiaia/Edusp, 1987.

MELIÁ, Bartolomeu. El Guarani Conquistado e Reducido. Asunción: Biblioteca Paraguaya de Antropologia, 1988.

_____. La tierra sin mal de los Guarani: economia y profecia. In: *America Indígena*, v. XLIX, México, 1989.

MELO E SOUZA, Laura de. *O Diabo e a Terra de Santa Cruz*. São Paulo: Companhia das Letras, 1993.

MENDONÇA, Antonio Gouvêa. Evolução histórica e configuração atual do protestantismo no Brasil. In: MENDONÇA, Antonio Gouvêa; VELASQUES FILHO, Prócoro. *Introdução ao protestantismo no Brasil*. São Paulo: Loyola, 1990. pp. 11-59.

_____. A "Questão Religiosa": Conflito Igreja vs. Estado e expansão do protestantismo. In: MENDONÇA, Antonio Gouvêa; VELASQUES FILHO, Prócoro. *Introdução ao protestantismo no Brasil*, cit., pp. 61-79.

MÉTRAUX, Alfred. *A religião dos Tupinambás*. 2. ed. São Paulo: Companhia Editora Nacional, 1979.

MIELE, Neide. Velhos "cristãos-novos" no sertão paraibano. *Revista Lusófona de Ciência das Religiões*, Edições Universitárias Lusófonas, n. 13/14, 2008.

MONTEIRO, Duglas Teixeira. *Os errantes do novo século*. São Paulo: Livraria Duas Cidades, 1974.

MONTEIRO, John Manuel. *Negros da terra: índios e bandeirantes nas origens de São Paulo*. São Paulo: Companhia das Letras, 2000.

MONTEIRO, Marianna; DIAS, Paulo. Os fios da trama: grandes temas da música popular tradicional brasileira. *Estudos Avançados*, USP, v. 4, n. 69, set. 2010.

MOTT, L. O Calundu-Angola de Luiza Pinta: Sabará, 1739. *Revista do IAC*, Ouro Preto, 1, 1994. pp. 73-82.

NABHAN, Neusa Neif. *Islamismo: de Maomé a nossos dias*. São Paulo: Ática, 1996.

NABUCO, Joaquim. *Minha formação*. Rio de Janeiro: Livraria José Olympio Editora, 1957 (Coleção Documentos Brasileiros, n. 90).

NETO, Verlan V. G.; SANTOS, Ricardo V. A cor dos ossos: narrativas científicas e apropriações culturais sobre "Luzia", um crânio pré-histórico do Brasil. *Mana*, Rio de Janeiro, v. 15, n. 2, out. 2009.

NIMUENDAJU, Kurt. *Leyenda de la creación y juício final del mundo como fundamento de la religion de los apapokuva guarani*. São Paulo: Ed. de Juan Francisco Recalde, 1944.

NINA RODRIGUES, Raimundo. *Os africanos no Brasil*. São Paulo: Brasiliana, 1977.

NOVINSKY, Anita. Ser Marrano em Minas Colonial. *Revista Brasileira de História*, São Paulo, v. 21, n. 40, 2001.

ODÊMIO, Antonio Ferrari. *Bispo S/A: a Igreja Universal do Reino de Deus e o exercício do poder*. 2. ed. São Paulo: Ave Maria, 2007.

OLIVEIRA, Carlos Estêvão de. Bebendo jurema ou a festa do ajuá. In: CÂMARA CASCUDO, L. *Antologia do folclore brasileiro*. 2. ed. São Paulo: Livraria Martins, 1984. v. 2. pp. 512-514.

OLIVEIRA, J. H. M. *Das macumbas à umbanda: uma análise histórica da construção de uma religião brasileira*. Limeira: Editora do Conhecimento, 2008.

ORTIZ, Renato. *A morte branca do feiticeiro negro: umbanda e sociedade brasileira*. São Paulo: Brasiliense, 1999.

PAGLIARO, H.; AZEVEDO, M. M.; SANTOS, R. V. (Org.). *Demografia dos povos indígenas no Brasil*. Rio de Janeiro: Editora Fiocruz/Abesp, 2005.

PETRY, Leopoldo. *O episódio do Ferrabraz*. São Leopoldo, 1957.

PIAZZA, Waldomiro. *Religiões da humanidade*. São Paulo: Loyola, 1996.

PIERSON, Donald. *O homem no vale do São Francisco*. Rio de Janeiro: Ministério do Interior, 1960. v. III.

PINTO, Zilma F. *A saga dos cristãos-novos na Paraíba*. João Pessoa: Ideia, 2006.

PIVETTA, Marcos; ZORZETTO, Ricardo. Walter Neves, o pai de Luzia. In: *Pesquisa FAPESP*, ed. 195, maio 2012.

PLATÃO. *Diálogos*. 2. ed. São Paulo: Abril Cultural, 1979.

POMPA, M. Cristina. Profetas e Santidades Selvagens: missionários e caraíbas no Brasil Colonial. *Revista Brasileira de História*, São Paulo, v. 21, n. 40, 2001.

_____. *Religião como tradução: missionários, Tupi e "Tapuia" no Brasil Colonial*. (Tese de Doutorado). Campinas, SP: Universidade Estadual de Campinas, 2001.

_____. *Religião como tradução*. São Paulo: EDUSC, 2003.

PORRO, Antônio. *As crônicas do Rio Amazonas*. Petrópolis: Vozes, 1993.

PRANDI, Reginaldo. *O candomblé e o tempo: concepções de tempo, saber e autoridade da África para as religiões afro-brasileiras*. Revista Brasileira de Ciências Sociais, São Paulo, n. 47, 2001.

PRANDINI, F.; PETRUCCI, V. A.; DALE, R. (Org.). *As relações Igreja-Estado no Brasil*. São Paulo: Loyola/CPV, 1986-1987. 6 v.

PRATES, André. *Notas históricas sobre as missões carmelitanas no Extremo Norte do Brasil (séculos XVII-XVIII)*. Recife: Convento do Carmo, 1941.

PREZIA, Benedito. *Indígenas do Leste do Brasil: destruição e resistência*. São Paulo: Paulinas, 2004. v. 2.

_____. HOORNAERT, Eduardo. *Brasil indígena: 500 anos de resistência*. São Paulo: FTD, 2000.

PRIMERIO, Fidélis Motta de. *Capuchinhos em Terra de Santa Cruz nos séculos XVII, XVIII e XIX*. São Paulo: Livraria Martins, 1942.

PROUS, André. *O Brasil antes dos brasileiros: a pré-história do nosso país*. 2. ed. revista. Rio de Janeiro: Jorge Zahar Editora, 2006.

QUEIROZ, Maria Isaura P. de. *O messianismo no Brasil e no mundo*. 3. ed. São Paulo: Alfa-Ômega, 1977.

_____. *Réforme et révolution dans lês sociétés traditionelles*. Paris, 1968.

QUEIROZ, Maurício Vinhas de. *Messianismo e conflito social*. São Paulo: Ática, 1981.

RIBEIRO, Darcy. *O povo brasileiro: a formação e o sentido do Brasil*. São Paulo: Companhia das Letras, 1995.

RIBEIRO, Domingos. *Origens do evangelismo brasileiro: escorço histórico*. Rio de Janeiro: Apollo, 1937.

ROCHA PITA. *História da América portuguesa*. Belo Horizonte: Itatiaia, 1976.

ROCHA, Zildo (Org.). *Helder, o Dom: uma vida que marcou os rumos da Igreja no Brasil*. Petrópolis: Vozes, 1999.

RODRÍGUEZ LEÓN, Mário A. A invasão e a evangelização na América Latina (século XVI). In: DUSSEL, E. (Org.). *Historia Liberationis*, cit.

ROHDE, Bruno Faria. Umbanda, uma religião que não nasceu: breves considerações sobre uma tendência dominante na interpretação do universo umbandista. *REVER (Revista de Estudos da Religião)*, PUC-SP, n. 1, pp. 77-96, 2009.

ROSA, João de Guimarães. *Grande Sertão: veredas*. 19. ed. Rio de Janeiro: Nova Fronteira, 2001.

RÖWER, Basílio. *Páginas de história franciscana no Brasil*. Petrópolis: Vozes, 1957.

RUBERT, Arlindo. A ação missionária do oratório no Brasil e a propaganda. *S. C. De Propaganda Fide Memoria Rerum*, 1622-1972, Roma, v. II., pp. 1121-1130, 1972.

SALLES, Fritz Teixeira de. *Associações religiosas no Ciclo do Ouro: introdução ao estudo do comportamento social das irmandades em Minas Gerais no século XVIII*. São Paulo: Perspectiva, 2007.

SANCHIS, Pierre. *O catolicismo no Brasil atual*. São Paulo: Loyola, 1992. 3 v.

_____. O campo religioso será ainda hoje o campo das religiões? In: HOORNAERT, E. et al. *História da Igreja na América Latina e no Caribe, 1945-1995: o debate metodológico*. Petrópolis/São Paulo: Vozes/Cehila, 1995. pp. 81-131.

SANTOS, Joana Elbein dos. *Os nagôs e a morte*. Petrópolis: Vozes, 1988.

SANTOS, Joaquim Felício dos. *Memórias do Distrito Diamantino da comarca do Serro Frio*. 4. ed. Belo Horizonte: Itatiaia, 1976.

SCARANO, Julita. *Devoção e escravidão: a irmandade de Nossa Senhora do Rosário dos Pretos no Distrito Diamantino do século XVIII*. 2. ed. São Paulo: Companhia Editora Nacional, 1978.

SCHADEN, E. *Ensaio etno-sociológico sobre a mitologia heroica de algumas tribos indígenas do Brasil*. LXI, 1946.

SCHUNEMANN, Rolf. *Do gueto à participação: O surgimento da consciência sociopolítica na IECLB entre 1960 a 1975*. São Leopoldo: Sinodal, 1992.

SCHUPP, Ambrósio. *Os Muckers*. 3. ed. Porto Alegre: Selbach & Mayer, s.d.

SCHWARCZ, L. M. Nem preto nem branco, muito pelo contrário: cor e raça na intimidade contemporânea. In: Id. (Org.). *História da vida privada no Brasil: contrastes da intimidade contemporânea*. São Paulo: Companhia das Letras, 1998. pp. 174-243.

SCHWARTZ, Stuart B. Cantos e quilombos numa conspiração de escravos haussás. Bahia, 1814. In: REIS, João José; GOMES, Flávio S. (Org.). *Liberdade por um fio: história dos quilombos no Brasil*. São Paulo: Companhia das Letras, 1996, pp. 373-406.

SERVUS MARIAE. *Para entender a Igreja no Brasil: a caminhada que culminou no Vaticano II (1930-1968)*. Petrópolis: Vozes, 1994

SHOJI, Rafael. Budismo étnico em perspectiva comparada: herança das missões japonesas no Brasil. *REVER (Revista de Estudos da Religião)*, PUC-SP/Paulinas, Ano 11, n. 2, pp. 62-86, jul./dez. 2011.

SHUMAHER, Schuma (Coord.). *Dicionário Mulheres do Brasil: de 1500 até a atualidade, biográfico e ilustrado*. Rio de Janeiro: Jorge Zahar Editor, s/d.

SIEPIERSKI, Paulo D. Contribuições para uma tipologia do pentecostalismo brasileiro. In: GUERRIERO, Silas (Org.). *O estudo das religiões: desafios contemporâneos*. São Paulo: Paulinas, 2003. pp. 71-88.

SILVA, Eliane Moura da. "Os anjos do progresso no Brasil": as missionárias protestantes americanas (1870-1920). *REVER (Revista de Estudos da Religião)*, Ano 12, n. 1, jan./jun. 2012.

SILVA, Vagner G. da. Transes em trânsito: continuidades e rupturas entre neopentecostalismo e religiões afro-brasileiras. In: TEIXEIRA, F.; MENEZES, Renata (Org.). *As religiões no Brasil: continuidades e rupturas*, cit., pp. 207-227.

SOUZA, B. José de. *O pau-brasil na história nacional*. São Paulo: Companhia Editora Nacional, 1939.

SOUZA, Luiz Alberto Gómez de. *A JUC: os estudantes católicos e a política*. Petrópolis: Vozes, 1984.

SOUZA, Silas Luiz de. *José Manoel da Conceição: o padre-pastor e o início do protestantismo brasileiro*. Rio de Janeiro: Novos Diálogos, 2011.

SOUZA, T. O. Marcondes de. *O Descobrimento do Brasil*. 2. ed. São Paulo: Michalany, 1956.

SOUZA, Beatriz Muniz de; MARINO, Luís Mauro Sá. A compreensão de um paradoxo. In: Id. (Orgs.) *Sociologia da religião e mudança social: católicos, protestantes e novos movimentos religiosos no Brasil*. São Paulo: Paulus, 2004.

STEIL, Carlos Alberto. CEBs e catolicismo popular. In: BOFF, Clodovis, et al. *As comunidades de base em questão*. São Paulo: Paulinas, 1997.

STUDART, Barão de. O Padre Martin de Nantes e o Coronel Dias de Ávila. *Revista do Instituto Histórico do Ceará*, Fortaleza, XLV, pp. 37-52.

SUESS, Paulo. *Evangelizar a partir dos projetos históricos dos outros: ensaio de missiologia*. São Paulo: Paulus, 1995.

_____. A catequese nos primórdios do Brasil. In: VV. AA. *Conversão dos cativos*, cit.

TEIXEIRA, Francisco M. P. *Frei Caneca e a resistência pernambucana*. São Paulo: Editora Ática, 1991.

TERRIN, Aldo Natale. *Introdução ao Estudo Comparado das Religiões*. São Paulo: Paulinas, 2003.

TINHORÃO, José Ramos. *Os sons dos negros no Brasil. Cantos, danças, folguedos: origens*. São Paulo: Editora 34, 2008.

TORRES, João Camilo. *História das ideias religiosas no Brasil*. São Paulo: Grijalbo, 1968.

TRINDADE, Raymundo. *Breve notícia dos Seminários de Mariana*. São Paulo: Revista dos Tribunais, 1953.

URBAN, Greg. A história da cultura indígena segundo as línguas nativas. In: CUNHA, Manuela C. da (Org.). *História dos índios no Brasil*. São Paulo: Companhia das Letras/ Secretaria Municipal da Cultura/ Fapesp, 1998.

VAINFAS, Ronaldo. *A heresia dos índios: catolicismo e rebeldia no Brasil Colonial*. São Paulo: Companhia das Letras, 1995.

_____. Deus contra Palmares: representações e ideias jesuíticas. In: REIS, João José; GOMES, Flávio S. (Org.). *Liberdade por um fio: história dos quilombos no Brasil*. São Paulo: Companhia das Letras, 1996.

_____. La Babel Religiosa: católicos, calvinistas y judíos en Brasil bajo la dominación holandesa (1630-1654). In: CONTRERAS, Jaime, et al. (Ed.). *Familia, Religión y Negocio. El sefardismo* em las relaciones entre el mundo ibérico y lós Países Bajos en la Edad Moderna. Madrid: Fundación Carlos de Amberes y Ministerio de Asuntos Exteriores, 2002, pp. 321-339.

VALLE, Edênio. A Renovação Carismática católica: algumas observações. *Estudos Avançados*, v. 18, n. 52, set./dez. 2004.

VASCONCELOS, Sergio S. D. Religião e identidade: o candomblé e a busca da identidade brasileira. *Revista de Teologia e Ciências da Religião*, Universidade Católica de Pernambuco. Ano 1, n. 1, jan. 2002.

VERGER, Fatumbi Pierre. *Orixás: deuses yorubás na África e no Novo Mundo*. 5. ed. Salvador: Corrupio, 1997.

_____. Uma rainha africana mãe de santo em São Luís. *Revista USP*, São Paulo, n. 6, pp. 151-158, jun./jul./ago., 1990.

VIEIRA, Dilermando Ramos. *O processo de reforma e reorganização da Igreja no Brasil (1844-1926)*. Aparecida, SP: Editora Santuário, 2007.

WERMERS, M. M. O estabelecimento das missões carmelitanas no Rio Negro e no Solimões 1695-1711. In: V COLÓQUIO INTERNACIONAL DE ESTUDOS LUSO-BRASILEIROS. Coimbra, 1965.

WETZEL, H. E. *Mem de Sá, terceiro governador-geral (1557-1572)*. Rio de Janeiro: Conselho Federal de Cultura, 1972.

WILLEKE, Venâncio. *Missões franciscanas no Brasil (1500-1975)*. Petrópolis: Vozes, 1974.

Impresso na gráfica da
Pia Sociedade Filhas de São Paulo
Via Raposo Tavares, km 19,145
05577-300 - São Paulo, SP - Brasil - 2015